KNAUR

Über die Autorin:

Suzanna Crampton, aufgewachsen in den USA, verbrachte in ihrer Jugend die Sommerferien auf der Farm ihrer Großeltern nahe Kilkenny. Später studierte sie Forst- und Landwirtschaft und kehrte schließlich auf die Farm ihrer Familie nach Irland zurück. Dort lebt sie gemeinsam mit Schafen, Alpakas, Pferden, Hühnern, Hunden, Katzen und natürlich mit Mr. B, der vor über zehn Jahren in ihr Leben trat.

SUZANNA CRAMPTON

Ein Schäfer auf vier Pfoten

Die wundersame
Geschichte von Mr. B,
der Hütekatze

Aus dem Englischen von
Simone Jakob

Die englische Originalausgabe erschien 2018 unter dem Titel
»Bodacious: The Shepherd Cat« bei HarperCollins.

Besuchen Sie uns im Internet:
www.knaur.de

Deutsche Erstausgabe Oktober 2019
Knaur Taschenbuch
© 2018 HarperCollins
© 2019 der deutschsprachigen Ausgabe Knaur Verlag
Ein Imprint der Verlagsgruppe
Droemer Knaur GmbH & Co. KG, München
Alle Rechte vorbehalten. Das Werk darf – auch teilweise – nur mit
Genehmigung des Verlags wiedergegeben werden.
Covergestaltung: ZERO Werbeagentur, München
Coverabbildungen: © Suzanna Crampton; Shutterstock.com
Abbildungen: © Suzanne Crampton, Julia Crampton und Susan Wilde
Satz: Adobe InDesign im Verlag
Druck und Bindung: GGP Media GmbH, Pößneck
Printed in Germany
ISBN 978-3-426-79055-7

Für meine Eltern,
Julia und Richard Crampton

»Wir missbrauchen die Natur,
weil wir sie als unser Gut ansehen.
Wenn wir die Natur als Ganzes betrachten,
zu dem auch wir gehören, fangen wir vielleicht an,
sie mit Liebe und Respekt zu behandeln.«

Aldo Leopold

Inhalt

Einleitung
11

Teil IV
Winter
177

Nachwort
243

Epilog
Die Schäferin spricht
247

Danksagung
254

Einleitung

Ich bin Mr. B, die Hütekatze, und dies ist meine Geschichte. Ich hieß nicht immer Mr. B. In meiner Kindheit im nahe gelegenen Kilkenny muss ich einen anderen Namen getragen haben, aber über diese Zeit weiß mein Mensch so gut wie nichts, denn ich war eines Tages einfach da und bin geblieben – und manche Geheimnisse muss man bewahren.

Die Schäferin hat mir die Geschichte von dem Tag, als sie mich gefunden hat, so oft erzählt und ausgeschmückt, dass beinahe ein Märchen daraus geworden ist. Sie begann damit, dass die Schäferin eines Tages in einem Blumenladen in Kilkenny nach einem roten Band für ein Geburtstagsgeschenk suchte – ein gläserner Kelch, der mit Kräutern bepflanzt war und den sie mir bis ins kleinste Detail beschrieb: Die Kräuter waren grün, die Erde braun und das Band tiefrot. (Für solche Dinge kann sich die Schäferin wirklich begeistern.) Der Laden trägt den romantischen Namen Lamber de Bie und liegt etwas versteckt in einer schmalen, gepflasterten Seitengasse, ganz in der Nähe von Kilkenny Castle. Jaszia, die Verkäuferin, erklärte der Schäferin, dass sie so kurz nach dem Valentinstag zwar kein rotes Band mehr für sie habe, aber dafür eine Katze.

»Vielleicht wäre das ja was für dich«, sagte Jaszia, die die Schäferin nur zu gut kannte. »Du weißt doch, wo dieser Laden ist, der diese neumodischen Toilettensitze verkauft, unten am Hügel auf dem Weg zum Schloss? Der Besitzerin ist ein Kater zugelaufen, den sie leider nicht behalten kann, weil sie drei Hunde zu Hause hat.«

»Ich werde ihn mir mal ansehen«, entgegnete die Schäferin, und genau das tat sie auch – sie liebt Tiere nämlich über alles und hat eine ganze Menagerie von uns auf ihrer Farm, aber davon später mehr. Sie sagt immer, sie habe mich, gleich als sie in den Laden kam, zwischen den farbenfrohen, transparenten Toilettensitzen, auf denen allerlei merkwürdige Dinge wie Stacheldraht, Stroh, ja sogar Korallenriffe und tropische Fische abgebildet waren, herumstromern sehen. Natürlich vermutete sie sofort, der Laden würde mir gehören, dabei war ich erst drei Tage dort. Als wäre ein Geschäft, das Toilettensitze verkauft, auch nur annähernd der angemessene Ort für einen Kater wie mich! Sie erzählt mir ebenfalls, dass ich, als man mich fand, ein rosafarbenes Halsband trug, auf dem tanzende blaue Mäuse abgebildet waren – offenbar eine Art Scherz, aber auch ein klarer Beweis dafür, dass ich schon damals geliebt wurde.

Die Ladeninhaberin hatte getan, was sie konnte, um meinen ursprünglichen Besitzer ausfindig zu machen, hatte sogar eine Suchmeldung in einer Radiosendung verlesen lassen, die praktisch jeder in Kilkenny gehört haben musste, doch niemand meldete sich. Das ist für mich allerdings kein Grund zur Traurigkeit, denn wäre ich nicht in das Geschäft für Toilettensitze hereinspaziert, hätte ich nie die Schäferin kennengelernt und hier, auf der Black Sheep Farm, inmitten grüner Wiesen und Felder am Ufer der Nore, ein neues Leben begonnen. Das Land befindet sich schon seit vielen Generationen im Besitz der Familie der Schäferin, und so hat jedes Gebäude und jede Wiese einen Namen und eine ungeschriebene Geschichte – wie etwa das Windrad-Feld, auf dem in den 1940er-Jahren ein Windrad stand, das sich unablässig drehte, um den Hof mit Energie zu versorgen.

In den ersten Tagen behielt mich die Schäferin im Haus – damit ich nicht fortlaufen konnte, bis ich mich bei ihr eingelebt hatte, wie sie sagt. Das war wirklich sehr aufmerksam von ihr, aber sie ahnte nicht, dass ich mich schon von dem Augenblick an auf der Farm heimisch fühlte, als ich über die Schwelle trat. Trotzdem rollte ich mich in den nächsten beiden Wochen brav vor dem AGA-Herd zusammen oder schaute durch das Fenster zu den gewaltigen Rosskastanien und den Bergen dahinter hinüber, die eine schöne Aussicht boten. Ich lernte auch einige andere Familienmitglieder kennen, was sich als nützlich erwies, weil ich mir so gleich die Position als stellvertretende Chefkatze sichern konnte.

Es war der inzwischen längst verstorbene Oscar, der mir alles über das Leben auf dem Bauernhof beibrachte – ein merkwürdig aussehender Kater, dessen schneeweißes Fell einige größere getigerte Flecken aufwies. Seine getigerten Ohren und der ebenfalls getigerte Schwanz sahen aus, als wären sie bemalt und dann nachträglich angebracht worden. Etwas später kam auch Miss Marley zu uns, deren Vorbesitzer nach Neuseeland ausgewandert waren und sich die kostspielige Quarantäne nicht leisten konnten. Sie ist eine schüchterne, bescheidene Katzendame, die geradezu vernarrt ist in ihren Beruf als Wollinspektorin. Ich überlasse ihr diese wichtige Aufgabe gern, auch wenn sie nichts weiter tut, als sich auf dem Rohwollhaufen zusammenzurollen und einzuschlafen, um die Wolle auf ihre Weichheit zu testen. Manchmal überprüft sie sogar die aus der Wolle unserer seltenen Zwartblesschafe gewebten Decken, bevor sie an weit entfernte Orte auf der ganzen Welt verschifft werden.

Ovenmitt, ein Kater, den ich gerade zur Hütekatze ausbilde, kam ebenfalls erst später zu uns auf den Hof, und das ist, um ehrlich zu sein, wohl auch besser so, denn er hat noch sehr viel zu lernen – und er ist unglaublich faul. Seinen Namen bekam er schon kurz nach seiner Ankunft auf der Farm. Die Mutter der

Schäferin hatte die Ofentür geöffnet und griff gleichzeitig nach etwas, das sie für einen Topflappen hielt, um ein Brathähnchen herauszuholen. Als sie stattdessen das bis zu diesem Zeitpunkt noch namenlose neue Mitglied unserer Menagerie zu fassen bekam, sagte sie: »Oh, ich dachte, du wärst ein Topflappen.« Und so wurde er von da an Topflappen, Ovenmitt, genannt. Sein Lebensinhalt besteht darin, seinen schwarz-grau getigerten Körper so lange und häufig wie möglich vor unserem warmen AGA-Herd auszustrecken oder es sich in der geräumigen Schüssel oben auf dem Küchenschrank, die dank der aufsteigenden Ofenhitze mollig warm ist, gemütlich zu machen. Eine seiner Lieblingsbeschäftigungen ist es, bei jeder sich bietenden Gelegenheit Miss Marley zu ärgern. Seine jüngste Spielgefährtin ist, sehr zu meinem Verdruss, unsere neue Hündin Puddlemaker (von ihr später mehr), die kaum größer ist als eine Ratte. Auf der Black Sheep Farm lernte ich auch den Hund kennen, der zu meinem besten Freund wurde, ein etwas ungepflegter Border-Collie-Foxterrier-Mischling namens Pepper, ein hübscher Bursche mit schwarzem, drahtigem Fell und grau-weiß gesprenkelter Schnauze, die ihm auch seinen Namen eingebracht hat. Im Laufe der Jahre konnte ich beobachten, wie sein gesamtes Fell immer grauer meliert wurde, was ihm ein ausgesprochen nobles Aussehen verleiht. Bei den Menschen gilt er als eine Art Einstein unter den Hunden, sie bemerken oft schmunzelnd, dass er, wäre er ein Mensch, wahrscheinlich einen Bart tragen, Pfeife rauchen und kluge Bücher schreiben würde. Hauptsächlich ist er jedoch ein hartnäckiger Jäger von Ratten, Grauhörnchen und Kaninchen, von denen es auf dem Hof nur so wimmelt. Den Weichherzigeren unter den Lesern mag das grausam erscheinen, aber ich habe einiges über die Natur gelernt während meines ländlichen Lebens hier auf dem Hof. Diese Nager würden, wenn sie sich unkontrolliert vermehren, alles ruinieren. Sie fressen und verunreinigen Heu und Getreide und nagen sogar Kabel an, was leicht zu Bränden führen kann. Gibt es zu viele Kaninchen, stecken sie sich oft mit einem verheerenden Virus namens Myxomatose oder Kaninchenpest an, an dem die ganze Population stirbt, sodass schließlich auch die Füchse und Bussarde hungern müssen. Und die Grauhörnchen verdrängen unsere heimischen Eichhörnchen und knabbern die Rinden der noch jungen Bäume an, sodass diese nicht mehr richtig wachsen oder ganz eingehen. Ihre Bäume liegen der Schäferin sehr am Herzen, und sie ist immer tief bestürzt, wenn die Rinde eines Baumes von den Grauhörnchen angenagt wurde.

Die Schäferin hatte Pepper aus dem örtlichen Tierheim geholt, wo er zusammen mit seinen Geschwistern abgegeben worden war. Jemand hatte die Welpen nicht weit von der Black Sheep Farm entfernt in einer braunen Papiertüte am Rande einer viel befahrenen Straße gefunden. Die freundliche Leiterin des Tierheims verlangte für den Hund kein Geld, ja nicht einmal eine Hundefutterspende, sondern bat die Schäferin stattdessen nur um einen kleinen Korb mit Feigen, denn sie war, wie sie sich erinnerte, vor vielen Jahren einmal auf dem Hof gewesen, und der Großvater der Schäferin hatte ihr eine köstliche, frisch gepflückte, reife Feige geschenkt. (Die Ururgroßmutter der Schäferin hatte auf der Farm vor langer Zeit ein halbes Dutzend Feigenbäume gepflanzt, die im Schutz der steinernen Gartenmauern prächtig gediehen und immer noch jeden Sommer eine üppige Feigenernte einbrachten.) Die Schäferin erklärte ihr, die Feigen seien erst in ein paar Monaten, im August, reif. Das machte der freundlichen Dame jedoch nichts aus, sie sagte, sie warte gerne, denn die Feige damals sei einfach so köstlich gewesen.

Monate später brachte die Schäferin der Tierheimleiterin schließlich tatsächlich einen kleinen Korb mit frischen Feigen. Sie hatte auch Pepper mitgenommen, um der Dame zu zeigen, zu was für einem prächtigen Hund er sich entwickelt hatte. Doch als sie die Autotür öffnete, schnupperte Pepper nur einmal kurz und weigerte sich strikt, das Auto zu verlassen. Der Arme dachte doch tatsächlich, dass die Schäferin ihn zurückbringen wollte, wie er mir später berichtete. Zitternd kauerte er sich in den Fußraum des Wagens und harrte erschrocken der Dinge, die da kommen mochten. Die Schäferin konnte ihn jedoch beruhigen und lieferte danach den Korb ab. Die Dame war hocherfreut, denn sie hatte die versprochenen Feigen schon wieder ganz vergessen.

Als ich auf die Farm kam, war Tassie die Matriarchin unter den Hunden. Die Schäferin hatte sie ebenfalls von der freundlichen Tierheimleiterin adoptiert. Sie war ein robuster kleiner Jack Russell Terrier mit rauhaarigem, weißem Fell und fürchtete sich vor nahezu allem, da sie in ihrem früheren Zuhause misshandelt worden war. Ihre größte Leidenschaft, wenn sie nicht gerade der Schäferin auf Schritt und Tritt folgte, war die Rattenjagd. Sie leistete dabei hervorragende Arbeit und folgte ihrer Beute sogar auf Bäume und Mauern. Viele Leute riefen die Schäferin häufig an und baten sie, ihnen Tassie zu bringen, wenn sie eine Ratte gestellt hatten, da sie so gut darin war, diese zur Strecke zu bringen.

Big Fellow, der große Bursche, war, soweit ich weiß, noch ein kleiner schwarzer Welpe, der in eine Einkaufstüte passte, als er auf den Hof kam. Heute ist er ein riesiger, schwarzer Deutscher Schäferhund und sieht aus wie ein Wolf. Als ich auf dem Hof noch neu war, erschreckte er mich mit seinem Gebell jedes Mal halb zu Tode, denn es war geradezu ohrenbetäubend. Aber heute weiß ich, dass sich hinter seinem Furcht einflößenden Äußeren ein Herz weich wie ein Marshmallow verbirgt.

Dann ist da noch der launische Bear, der vor noch nicht allzu langer Zeit als winziger Welpe zu uns kam und zunächst nur als Puddlemaker, Pfützenmacher, bekannt war, was mir ein passender Name für alle jungen Hunde zu sein scheint, da sie in dem Alter anscheinend nichts anderes können, als Pfützen auf dem Küchenfußboden zu hinterlassen, um die man einen großen Bogen machen muss. Als reine Promenadenmischung verfügt Bear über die hervorragende Spürnase eines Beagles, das glänzende, flauschige Fell eines King Charles Spaniels, die Beharrlichkeit eines Jack Russell Terriers und die Treulosigkeit eines Labradors. Mit seinen kurzen, stämmigen X-Beinen hat er etwas von einem uralten Corgi. Seine Mutter, die aus dem Tierheim kam, war bei ihren neuen Besitzern ohne deren Wissen trächtig geworden. Als sie beim Tierarzt kastriert werden sollte, stellte sich heraus, dass sie Junge erwartete.

Bear kann ich gerade noch ertragen, aber dann gibt es da ja auch noch unseren neuen Pfützenmacher … Eine kleine Hündin mit schwarz-braunem Fell, deren Ohren viel zu groß für ihren dürren Körper zu sein scheinen, was ihr das Aussehen eines Flughundes verleiht, und ihr keckes, kerzengerades Schwänzchen bezeichnen viele Menschen als »süß«. Mir geht sie schlicht auf den Geist, da hilft auch ihr vornehmer, peruanischer Name – Inca! – nicht viel. Wenn es nach mir geht, kann sie gar nicht schnell genug lernen, wie man sich Respektspersonen gegenüber verhält und ihnen die gebührende Achtung erweist. Bis dahin übernehme ich nur zu gern ihre Erziehung, indem ich ihr in geeigneten Momenten gezielte Pfotenhiebe versetze.

Die Schäferin ist ganz vernarrt in ihr Flughundgesicht, das sie an ihre Zeit auf Borneo erinnert, wo sie vor vielen Jahren für eine Naturschutzorganisation arbeitete. Auf einer Bootstour durch den gezeitenabhängigen Mangrovenwald konnte sie Nasenaffen in ihrer natürlichen Umgebung beobachten, die seltsam lange, flache, hervorstehende Nasen und dicke Bäuche haben. Nach dem Abstecher in den Dschungel, bei dem das Boot lautlos die Mangroveninseln umschifft hatte, um die Primaten nicht zu verschrecken, dämmerte es schon, als sie sich auf den Rückweg nach Brunei-Stadt machte, und die Luft war erfüllt vom Schnattern und von den rauschenden Flügelschlägen Abertausender Flughunde, die sich auf Futtersuche begaben. Diese großen Fledermäuse mit ihrem fuchsartigen Gesicht und den spitzen Ohren haben tatsächlich eine gewisse Ähnlichkeit mit unserem jüngsten Pfützenmacher.

In meiner ersten Zeit auf dem Hof hatte ich nicht einmal einen richtigen Namen. Ich wurde »Miezmiez« oder »Katzischatzi« gerufen, was schon ein wenig erniedrigend ist, wo ich doch mit meinen großen grünen Augen, den spitzen Ohren und dem flauschigen braun-schwarzen Fell so ein imposanter Kater bin. Die Leute erkundigen sich oft, welcher Rasse ich angehöre. Dumme Frage. Ich bin nicht einfach nur eine Rassekatze wie eine Maine Coon oder eine Norwegische Waldkatze, sondern eine Klasse für mich: eine waschechte Kilkenny-Hütekatze.

Wie dem auch sei, als mich die Schäferin endlich aus der gemütlichen Wärme des Hauses ins Freie entließ, folgte ich ihr überallhin – sie war schließlich eine nicht uninteressante Person mit ihren langen grauen Haaren und der kräftigen Stimme, die noch auf den entferntesten Feldern zu hören ist, wenn sie unsere geliebten Schafe ruft.

Als ich auf den Hof kam, hielt sie in den aus flachen, steinernen Gebäuden und Schuppen bestehenden Außenstallungen auch Pferde. An diesem Morgen lief die Schäferin zu den Ställen hinüber, wo ihr zwei Pferde über die unteren Stalltüren hinweg entgegenschauten, legte ihnen die Halfter an, öffnete die Stalltüren und sagte zu beiden mit fester Stimme »Steh!«. Und tatsächlich, sie blieben stocksteif stehen und rührten sich nicht vom Fleck, was mich zutiefst beeindruckte, und ich schlich in den Stall, um sie aus der Nähe zu betrachten. Sie waren wirklich sehr groß, hatten seidige Mähnen und glänzendes Fell, das eine rotbraunes, das andere graues, und beide waren sehr ansehnliche Tiere, was man nicht von jedem Pferd behaupten kann. Pferde sind, wie man weiß, allgemein nicht besonders helle. (Die einzige rühmliche Ausnahme ist Marco Polo, von dem ich später erzählen werde.)

»Dumme Katze«, sagte die Schäferin, als sie mich zwischen den Pferden entdeckte, und versuchte mich mit dem Stiefel sanft beiseitezuschieben, bevor sie die beiden Pferde aus dem Stall auf den gepflasterten Hof hinausführte – ich nehme an, um zu verhindern, dass ich unter ihre großen Hufe geriet. Ihre mächtigen muskulösen Leiber ragten hoch über mir auf, aber falls die Schäferin glaubte, ich würde mich vor ihnen fürchten, irrte sie sich: Angst ist mir völlig fremd. Ich lief weiter zwischen den beiden Pferden, während sie sie zum Weidegatter führte, vollkommen unbeeindruckt von ihrer Größe und dem lauten Klappern der beschlagenen Hufe auf den Pflastersteinen.

»Na so was, du bist ja ganz schön verwegen«, rief die Schäferin aus, als ich nicht zur Seite wich. Und so kam ich zu meinem Namen: verwegen, auf Englisch *bodacious,* kurz *Mr. B.*

Seitdem langweilt sie mich des Öfteren mit Geschichten über die Herkunft dieses Wortes. Anscheinend stammt es aus der Cajun-Kultur, die in den Sumpfgebieten Louisianas beheimatet ist, und bedeutet so viel wie »groß, verwegen, schön, aufsässig«, eine durchaus zutreffende Beschreibung für mich, wie ich zugeben muss. Allem Anschein nach erinnert es sie an ihre, in Katzenjahren gemessen unglaublich lang zurückliegende Zeit in New York, wo sie als temperamentvolle junge Frau oft selbst so genannt wurde. Die Black Sheep Farm ist zwar seit zweihundert Jahren in der Hand ihrer Familie, aber ein Teil ihrer Verwandtschaft kommt aus Amerika.

Und so kam ich vor neun oder zehn Jahren hierher und beschloss zu bleiben. Das Haus, der Obstgarten und die Felder hatten etwas an sich, das in mir den Wunsch weckte, mein Leben hier zu verbringen, und das nicht nur aus den üblichen Gründen – ein reichhaltiges Angebot an Futter und Nagern –, sondern weil ich mich hier zu Hause fühlte, egal, ob ich in der Ecke des Gartens, von der aus man das verblichene zartrosa Farmhaus sehen kann, in der Sonne lag oder einen Streifzug durch den Obstgarten unternahm. Außerdem wusste ich, dass die Schäferin mich brauchte. Vor meiner Ankunft war sie kaum zurechtgekommen, auch wenn Pepper getan hatte, was er konnte.

Nachdem meine Entscheidung gefallen war, musste ich nun meinen Platz in der tierischen Familie der Schäferin finden. Ich heftete mich an die Fersen von Oscar, dem weißen Kater mit den getigerten Flecken. Er schien der Chef zu sein, also folgte ich seinem Beispiel. Wenn die Lämmer unter der Rotlichtlampe lagen, legte Oscar sich dazu und rollte sich zwischen ihnen zusammen, um ihnen noch mehr Wärme zu spenden – aus vollkommen selbstlosen Gründen, wie ich betonen muss.

Oscar starb bereits im Jahr 2013, und ich muss gestehen, dass er mir sehr fehlt. Ich habe jetzt niemanden mehr, der die Bürde der Verantwortung der obersten Hütekatze mit mir trägt. Damit gehen so viele Pflichten einher; hauptsächlich Anweisungen geben, die Oberaufsicht führen und der Schäferin in den langen Stunden des Ablammens, also der Geburt der Lämmer, Gesellschaft leisten. Ich überwache die Wiesen, während die Schäferin auf den gut abgeweideten Flächen die langen Gräser schneidet. Ich helfe bei der Heuernte, kontrolliere zur Fütterungszeit die Vorräte und assistiere bei der Versorgung der neugeborenen Lämmer, die bei ihren ersten Schritten ins Leben Unterstützung brauchen.

Aber obwohl ich meine Schäfchen regelmäßig zähle, verlieren wir hin und wieder einige, die durch kaputte Zäune oder über alte, eingefallene Steinmauern auf Nachbarweiden entschlüpfen. Ich habe gelernt, die Höhen und die Tiefen des Lebens und damit auch den einen oder anderen Todesfall zu akzeptieren. Schafe zu hüten ist harte Arbeit. Meine Schäferin betreibt nachhaltige Landwirtschaft, also verwenden wir nur Naturdünger, um auf unseren Böden eine ausgewogene Vielfalt an Gräsern, Klee, Kräutern und Wildblumen heranzuziehen. Diese Pflanzen bilden wiederum die Nahrungsgrundlage für unsere Schafe, die uns Wolle liefern. Die Wolle wird geschoren, gereinigt und gesponnen und danach in einer nahe gelegenen Wollspinnerei namens Cushendale Woolen Mills in dem bezaubernden kleinen Dorf Graiguenamanagh zu schönen, warmen, von der Schäferin selbst entworfenen Decken verarbeitet. Diese Decken werden dann in die ganze Welt verschifft – selbst der irische Präsident besitzt eine. In diesem Buch kommen reichlich Schafe vor. Einige unserer Schafe dienen als Fleischlieferanten, andere werden als Zuchttiere an andere Farmen verkauft.

Verglichen mit den gewaltigen Herden in Australien und Neuseeland mit ihren Tausenden und Abertausenden weißen wolligen Schafen ist meine Herde jedoch recht überschaubar und zählt gerade einmal sechzig bis achtzig Tiere. Die meisten davon gehören zu einer seltenen Rasse, den Zwartblesschafen – große, schokoladenbraune Tiere mit lang gezogener weißer Blesse auf dem Kopf, weißer Schwanzspitze und knöchellangen weißen Socken an den Hinterbeinen. Sie sind zwar nicht allzu klug, aber im Großen und Ganzen ganz umgänglich. Sie geben reichlich Milch, aus der man leckeren Käse herstellen kann oder eine vorzügliche Eiscreme, für ein Schleckermäulchen wie mich genau das Richtige. Ihre herrlichen Vliese sind, ganz wie Espresso, von einem feinen, prächtigen, dunklen Schokoladenbraun.

Manchmal muss ich mich auch um die Schäferin kümmern. Wie bereits erwähnt, arbeitete sie früher für eine Naturschutzorganisation in Südostasien und freundete sich mit vielen exotischen Tieren an, während sie für ihren Arbeitgeber in London Informationen über Tierhaltung und tierärztliche Versorgung sammelte und erfasste. Das war zu einer Zeit, als man die Antworten auf derart fachspezifische Fragen noch nicht bei Google finden konnte. Damals infizierte sie sich mit einer Tropenkrankheit, die sie für drei Jahre ans Bett fesselte. Obwohl sie gelegentlich immer noch darunter leidet, kommt sie mit meiner Hilfe ausgesprochen gut klar und genießt die Arbeit auf dem Hof, allerdings muss ich immer wieder den Krankenpfleger spielen, wenn sie einen Rückfall erleidet. Dann lege ich mich auf sie, damit sie im Bett bleibt. Ein hartes Leben.

Ansonsten gebe ich der Schäferin Anweisungen, wenn sie kocht, und gebe acht, dass sie auch wirklich alle Eier von meinen Eierlegerinnen einsammelt. Die Eierlegerinnen glauben vielleicht, sie hätten ihre Eier gut versteckt, aber ich spüre sie trotzdem immer auf, ob hinter Strohballen oder im losen Heu verborgen. Ich führe auch die Oberaufsicht über die anderen Tiere und schrecke nicht davor zurück, den einen oder anderen Pfotenhieb auszuteilen, um sie in Schach zu halten. Wenn die Schäferin im Garten arbeitet, sorge ich oft dafür, dass das Rotkehlchen nicht alle Würmer auffrisst – schließlich brauchen wir sie, um den Boden umzugraben –, indem ich es von der Spitze der Spatengabel verjage. Miss Marley ignoriere ich, aber Ovenmitt muss ich ständig maßregeln, damit er nicht vergisst, wer der Chef ist.

Meine Arbeit hört zwar nie auf, aber mein Tag fängt für gewöhnlich erst an, wenn mir danach ist – manchmal, wenn sich die Tür der Spülküche öffnet und ich hereinkomme, um knuspriges Trockenfutter zu frühstücken, an anderen Tagen, wenn ich gemeinsam mit der Schäferin und unseren Hundekollegen die Schafe zähle. Meiner Ansicht nach ist dabei die zuverlässigste Methode, ihre Beine zu zählen und das Ergebnis durch vier zu teilen.

Ich genieße unsere Streifzüge über die Weiden, um die Mutterschafe und Lämmer zu inspizieren. Einige von ihnen sind alte Freunde von mir, die ich mit einem sanften, aber herzlichen Nasenstüber begrüße. Andere dagegen versuchen, mir einen Kopfstoß zu versetzen, also gehe ich ihnen lieber aus dem Weg. Bocklämmer können sehr streitsüchtig sein, darum muss ich ein Auge auf sie haben. Normalerweise ist bei unseren Kontrollgängen über die Wiesen, bei denen wir Mutterschafe und Lämmer zählen, Zäune und Steinmauern überprüfen und die Entwicklung der Tiere und Pflanzen in den jeweiligen Jahreszeiten im Blick behalten, aber alles in bester Ordnung. Das viele Schäfchenzählen kann aber ganz schön anstrengend sein, sodass ich mich anschließend manchmal zu einem kleinen Nickerchen vor oder auf dem Küchenherd hinreißen lasse.

Da sie den Hof seit mehr als zwanzig Jahren bewirtschaftet, ist die Schäferin halbwegs kompetent, sodass die Beaufsichtigung ihrer Arbeit erheblich mehr Vor- als Nachteile mit sich bringt, was heißt, dass ich fürs Erste nicht vorhabe, meine Aufgabengebiete zu erweitern. Aber ich liebe meine Unabhängigkeit mehr als alles andere, man sollte mich also nicht als selbstverständlich hinnehmen. Ich bin absolut nicht kinderlieb, und Dummköpfe ertrage ich nur mit Mühe. Ich bin eine schwer beschäftigte, professionelle, intelligente und – wenn ich das so sagen darf – hart arbeitende Farmkatze. Es gab schon Menschen, die mich hochheben wollten, aber sie lassen mich schnell wieder fallen, wenn ich ihnen in die Hand oder den Arm beiße. Wer mich reizt, bekommt schnell meine Krallen zu spüren. Der einzige Mensch, den ich respektiere, ist mein eigener: die Schäferin. Da sie als Frau einen Hof leitet, wird sie von männlichen Menschen oft herablassend belächelt und gefragt, wo denn der »echte Chef« sei. Sie kann dann ja schlecht auf mich deuten und »Da ist er« sagen, ohne erst recht ausgelacht zu werden, obwohl wir beide wissen, dass es nun mal so ist.

Wenn wir an kalten, nebligen Vormittagen über die wogenden grünen Hügel laufen, die zu unserem fünf Hektar großen Land auf einem zwanzig Hektar großen Hof gehören, und unser Atem in der Luft Wölkchen bildet, haben wir das Gefühl, allein auf der Welt zu sein, bis die gesamte Schafherde nach und nach blökend aus dem Nebel auftaucht und sich um uns schart. Wenn die blassen Strahlen der kalten Wintersonne die Landschaft in ein milchiges Licht tauchen und der Frost in der Morgendämmerung den Boden weiß färbt, verharren die schwarzen Schemen jenseits der Felder, bis sie zum Frühstück gerufen werden: Das Schütteln des »Zaubereimers« mit den Futterpellets lockt sie zu uns.

Natürlich ist die Winterfütterung nicht die einzige Arbeit, die getan werden muss. Besonders gern beaufsichtige ich die Impfung der Schafe und Lämmer und die Verabreichung der Wurmkur. Ich sitze dann auf dem hölzernen Arbeitstisch oder einem Vorsprung der alten Steinmauern, von wo aus ich die

Arbeit im Schafpferch gut überblicken kann. Ab und zu unterhalte ich mich mit einem der Schafe, während die Schäferin es impft oder entwurmt. Wenn die Maschinen auf dem Hof geölt oder gewartet werden müssen, stehe ich ebenfalls bereit, um sie zu kontrollieren. Ich arbeite gerne im Garten, und wenn ich nicht gerade der Schäferin beim Umgraben Anweisungen gebe, halte ich im kühlen Schatten der Buchsbaumhecken ein Schläfchen. Wenn mich jemand im Vorbeigehen weckt, rufe ich jedes Mal: »Miau!«, um Hallo zu sagen, und erhebe mich von meinem gemütlichen Fleck, um ihnen ihre nächste Aufgabe zuzuteilen. So ist die Landwirtschaft: Es gibt immer tausend Dinge zu tun, und viele davon werden nie erledigt. Je nach Wetterlage und Jahreszeit gehören auch die Wochenenden für die Bauern zu den ganz normalen Arbeitstagen, sie arbeiten nicht nach Stunden oder einer festgelegten Anzahl an Werktagen.

Bei Regen, Sonne, Wind oder Schnee streife ich über Feldwege, überquere ich winterliche Bäche und taste mich vorsichtig durch schlammige Torwege, ich bahne mir meinen Weg durch das lange Sommergras, springe auf Zaunpfähle, um von dort meine Schafherde zu inspizieren, oder wandere auf Mauern entlang, um sie von oben aus besser im Blick zu haben.

Bisher habe ich mir den buschigen Schwanz noch nie in einem Gatter eingeklemmt, bin aber schon mal auf der falschen Seite gelandet und musste unter dem Tor oder zwischen den Latten hindurchkriechen – wie demütigend. Um Missverständnissen vorzubeugen: Matschige Höfe können mir nicht mehr viel anhaben, nun, da meine Tage als Stadtkatze vorbei sind und meine einstige Jugend weit hinter mir liegt. Ich lebe im Hier und Jetzt und wünsche mir kein anderes Leben als dieses.

Teil I

Frühling

1

Eierlegerinnen und Frühjahrsblumen

Im trüben, düsteren, schmuddeligen Monat März, wenn die Osterglocken blühen, bietet sich dem Betrachter auf der Black Sheep Farm ein einzigartiger Anblick. Das sogenannte »mittlere Rasenfeld« sieht aus, als bestände es aus Abermillionen einzelner Sonnenstrahlen. Mindestens einundzwanzig verschiedene Sorten Narzissen stehen in voller Blüte. Die Großeltern der Schäferin pflanzten die Zwiebeln lange vor meiner Zeit, denn sie verdienten ihren Lebensunterhalt damit, Blumen und Gemüse auf Märkten in der Umgebung zu verkaufen.

Das Black-Sheep-Farmhaus mit seinem hübschen gelben und rosafarbenen Anstrich, der mittlerweile unter einer dicken Schicht Efeu verborgen ist, der eleganten Veranda mit den vier toskanischen Säulen (die natürlich nicht wirklich aus der Toskana stammen), dem ausladenden Schieferdach und den pittoresken Nebengebäuden aus Stein ist bereits seit Generationen im Besitz der Familie der Schäferin.

Gelegentlich nimmt sie ein staubiges altes Buch aus dem Jahr 1801 aus dem Regal, wenn sie Besuchern die Geschichte unseres Hofes erzählt. Ich muss jedes Mal niesen, wenn sie das Buch mit dem knarzenden, rissigen Ledereinband aufschlägt. Dann deutet sie auf die Passage, die ihr Urururgroßvater vor langer Zeit über Schafhaltung geschrieben hat. In dieser längst vergangenen, uns fast schon fremd vorkommenden Zeit wurde der Pflug noch von Pferden oder Eseln gezogen. Die Qualität einer Schafherde wurde damals daran gemessen, wie viel Käse aus ihrer Milch pro Tag hergestellt werden konnte. Wenn die Auen damals ihre Lämmer zur Welt brachten, behielten sie sie nur sechs Wochen bei sich, danach wurden die Mutterschafe gemolken (heute, in der modernen Landwirtschaft, werden die meisten Schafe nur ihres Fleisches wegen gehalten). Es gibt auch heute noch ein paar Schafmolkereien, und in Irland kommen ständig neue hinzu, da heute wieder viele Menschen – sehr zur Freude der Schäferin – entdecken, wie gut Schafsmilch schmeckt. Die Bauern stellten daraus einen leckeren Käse her, den sie dann einmal in der Woche im nahe gelegenen Kilkenny verkauften. Damals, als es noch keine Kühlschränke gab, hielt sich die Schafsmilch länger, wurde nicht sauer und behielt ihren feinen Geschmack besser, wenn sie zu Käse verarbeitet wurde. Also galten Schafe, die Milch gaben, aus der dann eine große Menge Käse produziert werden konnte, als ausgezeichnete Herde. Kuhmilch machte der Schafsmilch zwar Konkurrenz, verdarb aber in der Zeit, bevor es Kühlschranke gab, vergleichsweise schneller, auch wenn sie zu Butter oder Käse weiterverarbeitet wurde.

Heute stellt die Schäferin nicht nur ausgezeichnete Decken aus der Wolle ihrer Schafe her, sie erledigt auch eine Reihe anderer landwirtschaftlicher Arbeiten, die sie als kleines Mädchen bei ihren Besuchen auf der Black Sheep Farm von ihren Großeltern lernte. Damals war ihr Zuhause noch viele Tausend Meilen weit entfernt in Amerika.

Im Gegensatz zu mir ist die Schäferin nämlich nicht in Irland, sondern in New York geboren, wo ihr Vater (heute ein hochgewachsener, immer noch attraktiver, gewissenhafter und ruhiger Mann mit leicht gebeugter Haltung) in den städtischen

Krankenhäusern arbeitete. Kurz nach ihrer Geburt war die Schäferin ein kränkliches Kind. Schon bald stellte sich heraus, dass sie eine Allergie gegen Kuhmilch hatte. Ich weiß noch, wie ihre Mutter und sie, kurz nachdem ich auf dem Hof ankam, einen hohen Schrank aus der Küche ausräumten und dabei ganz hinten im obersten Fach eine große blaugraue Dose mit Sojamilch für Babys entdeckten, auf der immer noch das Preisschild und das Etikett aus einem Belfaster Laden klebten. Die Schäferin wollte die Dose zur Erinnerung aufheben, doch ihre Mutter war dagegen. »Als Baby warst du so dünn, dass alle Leute dachten, ich würde dich verhungern lassen.«

Die Schäferin hatte das Glück, all ihre Großeltern und einige ältere Verwandte kennenzulernen, die sie über die Familiengeschichte ausfragen konnte. Ihr Stammbaum ist so kunterbunt wie der von Bear, unserer Promenadenmischung. In ihrer hauptsächlich irisch-amerikanischen Ahnenreihe gibt es Vorfahren aus aller Herren Länder: aus Irland, Schottland, England, dem kolonialen Maryland und der Ukraine. Die Landwirtschaft liegt ihr allerdings zutiefst im Blut. Einer ihrer Vorfahren väterlicherseits wurde 1735 in Maryland geboren, wo er in Pleasant Valley, Washington County, eine Farm betrieb, etwa eine Meile westlich von Crampton's Gap in South Mountain, einem nördlichen Ausläufer der Blue Ridge Mountains.

Der Großvater der Schäferin väterlicherseits war ein gut aussehender Don Juan, der sowohl zwischen als auch während seiner Ehen vielen schönen, bekannten Frauen nachstellte. Er verließ seine erste Frau (die Großmutter der Schäferin), eine erfolgreiche Journalistin und Modereporterin in den 1920er-Jahren, als der Vater der Schäferin noch sehr jung und seine Schwester noch ein Baby war. Louise, seine Mutter, schaffte es als Alleinerziehende während der Weltwirtschaftskrise ihre Kinder großzuziehen, indem sie bei Benten & Bowles, einer Werbeagentur in New York, und als Herausgeberin des offiziellen Connecticut Reiseführers arbeitete. Wurde das Geld einmal knapp, durfte sie auf den abgeernteten Feldern mitfühlender Farmer die übriggebliebenen Kartoffeln und Karotten aufsammeln. Der Vater der Schäferin erinnert sich gern daran, wie es seiner Mutter stets gelang, eine Atmosphäre von Picknick und Abenteuer zu verbreiten, wenn sie die kargen Mahlzeiten über dem Kaminfeuer ihres Farmhauses im ländlichen Connecticut röstete. Heute gibt es auf der Black Sheep Farm reichlich frisches Gemüse und Lammfleisch, aber die Schäferin ist noch genauso sparsam und umsichtig, wie sie es von ihren Eltern und Großeltern lernte.

Wenn die Schäferin und ich eines Tages nicht mehr sind, wird sich meine prächtige Herde Zwartblesschafe zerstreuen, und der Hof wird neue Bewohner bekommen. Die Schäferin wünscht sich nur, dass diese neuen Bewohner, wer auch immer sie sein mögen, sich genauso gut um das Land kümmern wie sie. Sie lernte bereits als Kind, das Landleben und die vielfältigen Aufgaben, die damit einhergehen, zu lieben. Die Familie ihrer Mutter bewirtschaftet schon seit vielen Generationen das Land in diesem Teil Irlands, und in der Gemüsegärtnerei ihres irischen Großvaters mütterlicherseits lernte sie schon früh alles über den Anbau und die Ernte von Gemüse, roten und schwarzen Johannisbeeren und Himbeeren. Er brachte ihr auch bei, die Äpfel, Birnen und Pflaumen aus dem Obstgarten richtig zu ernten und zu verarbeiten. Ihre irische Großmutter zeigte ihr, wie man Blumen pflanzt, kultiviert, schneidet und für den Verkauf zu Sträußen bindet. Ihr Großvater bezeichnete sich selbst als Gemüsegärtner, doch er war auch ein talentierter Autor, der fünf hochgelobte Aufsatzsammlungen verfasste. Ihre Großmutter war Malerin, Dichterin und außerdem während des Zweiten

Weltkrieges und anderer unruhiger Zeiten Pflegemutter für viele Kinder.

In den USA, auf der Farm ihrer Verwandten in Maryland, erwarb die Schäferin die Fähigkeit, Kühe von Hand zu melken, lernte Schafe kennen und lieben und eignete sich Grundkenntnisse in der Schafhaltung an. Ihre Verwandten züchteten auch preisgekrönte Ponys, auf denen sie ohne Sattel reiten lernte. Später erfuhr sie, wie man die jungen, wilden Ponys vorsichtig an den Menschen gewöhnt. Die Leute waren oft überrascht, wenn sie einem Pferd erst den Sattel abnahm, bevor sie aufsaß. Sie erklärte dann, sie reite nicht gerne mit Sattel, da sie die Absichten des Pferdes durch den Sattel nicht erspüren könne. Nun, da sie langsam in die Jahre kommt, gönnt sie sich den Komfort eines Sattels.

Wenn die verwaisten Lämmer aus ihrem Verschlag – wo sie für gewöhnlich unter den Wärmelampen Schutz suchen – nach draußen gebracht werden, um einmal am Tag Bewegung an der frischen Luft zu bekommen und an dem frischen Gras zu knabbern, spielt die Schäferin auf der Farm sozusagen den Rattenfänger und wandert mit einer Herde Lämmer im Schlepptau über das Feld mit den gelben und weißen Narzissen, während die gesamte Hundemannschaft und mein Lehrling Ovenmitt hinter ihr hertollen. Die Lämmer spielen zwischen den Blumen Fangen, während Ovenmitt eine Mischung aus Bockspringen und Verstecken betreibt, sich urplötzlich auf die Hinterbeine stellt, die Vorderpfoten in die Luft gereckt wie ein Tanzbär, und sich auf alles stürzt, was ihm vor die Krallen kommt, sei es Hund oder Lamm. Manchmal macht er das versehentlich auch mit mir, wenn ich an ihm vorbeistreiche, um mir den Spaß anzusehen, aber ich spiele selten mit; das ist doch eher etwas für die leicht zu erheiternden jungen Hunde. Es ist fast peinlich, wie schnell er dann einen Pfotenhieb von mir versetzt bekommt, woraufhin er sofort wieder einen Buckel macht, mit angelegten Ohren und aufgerolltem Schwanz zur Seite springt und so tut, als hätte er mich absichtlich erschrecken wollen und unser Scharmützel mache ihm überhaupt nichts aus. An sonnigen Märztagen genießen wir alle diese Streifzüge über das mit Osterglocken übersäte Feld.

Bei uns gibt es Aberglauben und Ammenmärchen zuhauf, die sich wie treue Kameraden durch die Zeit und die Geschichte der Landwirtschaft ziehen. Dazu gehört auch, die Mutterschafe zu Beginn der Saison beim Ablammen (einer der vielen ländlichen Ausdrücke für die Geburt eines Lammes) der ersten weiblichen Lämmer zu beobachten. Gibt es Komplikationen, ist das ein schlechtes Zeichen für die gesamte Saison, aber wenn alles glattgeht, wird diese wahrscheinlich ohne größere Probleme verlaufen.

Noch vor kurzer Zeit fand das Lammen im März statt. Ich weiß noch, dass die Schafe, die zuerst lammten, meist zu der alten Herde der Schäferin gehörten, die aus verschiedenen Rassen bestand. Da die Lämmersaison jetzt allerdings schon früher beginnt, konzentriere ich mich stattdessen auf meine morgendlichen Rundgänge, da die Eierlegerinnen nach den Monaten der Winterruhe wieder mit dem Eierlegen beginnen. Nach der Jagd gibt es für mich nichts Spannenderes, als ihre frischen, noch warmen Eier aufzuspüren. Einige gewiefte Eierlegerinnen versuchen ihre Eier allerdings zu verstecken, also durchsuche ich die sauberen, lockeren Haufen aus goldenem Stroh und aromatischem Heu im Schafverschlag und in den Ställen, springe hinter und krieche zwischen riesige Stroh- und Heuballen. Dann und wann überrasche ich auch eine Maus oder eine Ratte, ein zusätzliches Vergnügen und ein willkommenes zweites Frühstück. Ansonsten warte ich auf eine Gelegenheit, die Schäferin über meine Entdeckung zu informieren und sie zu den Stellen zu führen, an denen ich versteckte Nester vermute. Sie sammelt die Eier ein, selbst wenn sie hinter die Stroh- oder Heuballen gekullert sind. Zur Belohnung bekomme ich dann frisches rohes Ei. Ich liebe Eier, seien es gekochte Eier, Rühreier und Spiegeleier, doch nichts geht über ein rohes, noch warmes Ei frisch aus dem Nest.

Wenn die Schäferin das Futter holt, folge ich ihr in die Ställe und streiche um die Tonne mit den Gerstenflocken für die Eierlegerinnen, damit sie sie auch findet. Jeden Morgen streut sie eine Schaufel Gerste aus, und die Eierlegerinnen picken und scharren dann fröhlich drauflos. Nach dem Frühstück ziehen sie los, um nach köstlichen Insekten, Würmern, Maden und Körnern zu suchen. Sie fressen auch Gräser und wilde Kräuter, die auf den Feldern um uns herum im Überfluss wachsen und die ihren Eidottern einen gesunden, schönen, tieforangen Farbton und einen einzigartigen, vorzüglichen Geschmack verleihen. Ihre Dotter sehen aus wie die frühe Morgensonne, Vorbote eines herrlichen Tages. Dank meines Katzenverstands bin ich zu der kulinarischen Überzeugung gelangt, dass die Ernährung der Hühner ihre Eier zu einer ausgezeichneten Nahrungsquelle macht. Eigelb ist der Lieblingsbestandteil meines Lieblingsessens und trägt obendrein noch dazu bei, dass mein Fell schön glänzt.

Noch vom anderen Ende der Felder kann ich hören, wenn ein Ei aufgeschlagen wird, sogar dann, wenn ich im Schafverschlag oder in den Ställen liege und tief und fest schlafe. Dann erreiche ich in rasendem Galopp und mit nach vorn gespitzten Ohren blitzschnell mein Ziel, egal, von wo das Geräusch kam. Die Schäferin ist der Meinung, wenn Hühner Futter mit einem intensiven, ausgeprägten Aroma bekommen, wie zum Beispiel

Knoblauch oder indisches Curry, nehmen die Eier, die in den folgenden Tagen gelegt werden, dessen Geschmack an. Da hat sie wohl recht, aber ich persönlich bevorzuge das Aroma der Insekten, Gräser und Wildkräuter unserer Farm.

Jeden Morgen laufen die vier Hunde und ich über den gepflasterten Hof zu einem mit Maschendraht bespannten Tor, an dessen Steinpfeiler ein uraltes Schild hängt, das einem sofort in den Blick fällt, wenn man das Tor öffnet. Darauf steht:

Das Tor bitte stets geschlossen halten.
Bei Zuwiderhandlung droht eine Geldstrafe
von 40 Schillingen.

Dieses Schild ist überaus wichtig, denn es bringt die Besucher zum Lachen und erinnert sie, trotz oder gerade wegen der münzkundlich veralteten Geldstrafe, daran, es zu beachten. Schillinge, Pence und Farthings gibt es zwar schon seit langer Zeit nicht mehr, aber die goldenen Regeln des Landlebens gelten weiterhin. Eine der wichtigsten Regeln ist, dass jedes Tor, das geöffnet wird, auch wieder geschlossen werden muss. Im Laufe der Jahre sind einige Mitglieder meiner reizenden Eierlegerinnen von Füchsen und gelegentlich auch von Nachbarshunden gerissen worden, die durch ein offen stehendes Tor eingedrungen waren. Die Hunde wurden beide Male erwischt, und die Nachbarn kamen für neue Eierlegerinnen auf. Doch wenn die Füchse uns einen Besuch abstatten, meucheln sie meist gleich alle Eierlegerinnen.

Ende März ist die Zeit, wenn die Fuchswelpen unserer hiesigen Füchsin (auch Fähe genannt) alt genug sind, um feste Nahrung zu vertragen. Dann durchstreift die Mutter die Umgebung, um die ergiebigste Futterquelle für ihre hungrigen Nachkommen zu finden. Normalerweise bringt sie die leichteste Beute nach Hause. Wenn die Eierlegerinnen morgens zu früh ins Freie gelassen werden oder ihre Stalltür abends nicht richtig verschlossen wird, reißt die Fähe, wenn man ihr die Gelegenheit lässt, die ganze Schar. Dann bringt sie eine davon nach Hause zu ihren Jungen und zerlegt ihn in mundgerechte Stücke. Nachdem sie ihren Wurf gefüttert hat, schleicht sie sich so oft wie möglich zurück und schleppt so viele unserer toten Eierlegerinnen fort, wie sie nur kann, und vergräbt sie an den unterschiedlichsten Stellen, in Hecken oder auf Feldern, wobei ihr die im März noch kühle Erde als eine Art Kühlschrank dient. All das versucht sie so schnell wie möglich zu erledigen, damit sie nicht von der Schäferin oder meiner Hundebrigade erwischt wird.

Wann immer wir ein solch scheinbar willkürliches Gemetzel vorfinden, ist die Schäferin tief bestürzt. Ich beschnuppere die Eierlegerinnen nacheinander, um mich zu vergewissern, ob sie auch wirklich tot sind. Wenn die Hundebrigade hereinkommt, nimmt sie die ermordeten Eierlegerinnen nur kurz zur Kenntnis und wendet dann taktvoll den Blick ab.

Mit ihrer Körpersprache scheinen sie der Schäferin panisch zu verstehen geben zu wollen: »Das waren wir nicht! Aber da liegt so ein moschusartiger Geruch in der Luft.«

Und zueinander: »Witterst du das auch? Ein fast beißender Gestank.«

»Ja, schnell, auch mir steigt der strenge Fuchsgeruch in die Nase. Ich glaube, er ist da lang.«

Dann rast das gesamte Rudel in die gleiche Richtung, einige recken die Nasen in die Luft, andere halten sie dicht am Boden, und alle folgen der stechenden Witterung. Gemeinsam rennen sie zu einem frisch gegrabenen Loch am Zaun der Eierlegerinnen, das den Zugang zur Todeszone bildet. Ein paar Federn liegen noch verstreut in der Nähe des Zugangsloches, hängen im Draht des Zaunes oder flattern aufgeplustert in der Brise. Eine Spur aus Federn zieht sich deutlich sichtbar durch die Grashalme und Blätter, einige haben sich an Ästen verfangen, sodass es keinen Zweifel geben kann, welchen Weg die Fähe mit den Kadavern genommen hat.

Für gewöhnlich führt Pepper die Jagdmeute an. Die Schäferin macht sich stets große Sorgen, wenn sie die Hunde über das Feld rasen sieht, weil sie fürchtet, dass die neue, kleine, fledermausartige Inca in einem Fuchs- oder Kaninchenbau verloren geht oder getötet wird. Ich muss gestehen, ich bewundere die enorme Hartnäckigkeit, mit der dieser kleine Hund an alles herangeht. Sie bringt die Schäferin oft laut zum Lachen, wenn sie zum Beispiel Bear in den Schwanz beißt und ihn festhält wie in einem Schraubstock. Und wenn Bear Big Fellow nachjagt, lässt sie nie locker, hüpft einfach hinterher. Die beiden großen Hunde laufen Schulter an Schulter und schnappen verspielt nacheinander. Aber es ist immer nur Bear, mit dem Inca ihr Lieblingsspiel »Fang den Schwanz« spielen will. Sie lässt nicht los, bis das dünne Fell am Ende von Bears Schwanz irgendwann nachgibt und sie quer durch die Luft fliegt und sich überschlägt. Schnell rappelt sie sich wieder auf, rennt hinter den beiden größeren Hunden her, spuckt Bears fusseliges Fell aus und versucht, sich wieder festzubeißen, bereit für einen neuen holprigen Ritt. Diesen Unsinn treibt sie jeden Tag, und manchmal lässt sich auch Pepper dazu herab, an den albernen Spielchen teilzunehmen, was ich mehr als peinlich finde.

An guten Tagen, wenn keine Tragödien bei den Eierlegerinnen zu beklagen sind, warten sie laut gackernd am Tor auf ihr Frühstück. Manchmal lässt sich ihr großes, eingebildetes Männchen, das zu nichts anderem zu gebrauchen ist, als im Frühjahr und Sommer für neue Eierlegerinnen zu sorgen, hoch über mir auf dem Tor nieder und kräht, als hinge sein Leben davon ab. Ich warte, bis die Schäferin das Tor geöffnet und die Eierlegerinnen gefüttert hat, und folge ihr dann. Sobald die Gerstenkörner auf dem Boden liegen, bedeute ich ihr, mir in das Haus der Eierlegerinnen zu folgen, um nachzusehen, wie viele Eier dort für mich liegen. Sind keine da, kann ich ziemlich ungehalten werden.

Häufig kommen Krähen und Elstern in den Eierlegerinnenstall, angezogen von dem fröhlichen Gackern einer Eierlegerin, die gerade erfolgreich ein Ei produziert hat, mit stolzgeschwellter Brust davonmarschiert und das frisch gelegte, noch warme Ei ungeschützt liegen lässt. Ich finde es ausgesprochen leichtsinnig, es lautstark der ganzen Welt mitzuteilen – das lädt ihre Feinde geradezu ein, die Eier aus den Nestern zu stehlen. Hin und wieder findet die Schäferin eine Krähe oder Elster, die im Haus der Eierlegerinnen eingeschlossen wurde, wenn sie die Eier einsammelt. Ab und zu werden auch ein kleiner Zaunkönig, ein Rotkehlchen oder eine singfreudige Amsel von den herumliegenden Gerstenkörnern angelockt und hüpfen durch den kleinen, ebenerdigen Eingang, der genau auf die Größe der Eierlegerinnen zugeschnitten ist. Einmal dort, wähnen sie sich gefangen und geraten in Panik, weil sie vergessen, wie sie hereingekommen sind, und nicht mehr herausfinden. Die Schäferin rettet sie dann und entlässt sie draußen in die Freiheit, leicht mitgenommen, aber unverletzt.

Einmal habe ich einen wunderschönen Raubvogel gesehen, einen Sperber, der einem kecken Zaunkönig durch die kleine Tür ins Haus der Eierlegerinnen gefolgt war und dann selbst in der Falle saß. Der schlaue Zaunkönig entkam durch ein zaunkö-niggroßes Loch im Fenster, aber der Sperber hatte weniger Glück. Als wir uns dem Haus näherten, hörte die Schäferin lau-tes, aufgebrachtes Gackern, hektisches Flügelschlagen und dumpfe Geräusche, als würde etwas immer wieder gegen die Scheiben prallen. Mir war sofort klar, dass etwas ungewöhnlich Großes im Haus gefangen sein musste, und so blieb ich lieber draußen, als die Schäferin sich hineinwagte und versuchte, den braun-weiß gesprenkelten Sperber mit bloßen Händen zu fan-gen. Je schneller sie ihn zu fassen bekam, desto kleiner war die Gefahr, dass er sich verletzte, wenn er auf dem engen Raum mit den Sitzstangen und Legenestern in Panik geriet. Als die Schäfe-rin ihn schließlich gefangen hatte, brachte sie ihn ins Wohn-haus, damit wir seine Schönheit und seine beeindruckend gro-ßen gelben Augen bewundern konnten. Ich trottete hinterher und verlangte, dass er für seine Taten büßen musste. Er hatte meine Eierlegerinnen so sehr in Panik versetzt, dass sie ihre Eier zerbrochen und eine riesige Schweinerei in den Sägespänen auf dem Boden hinterlassen hatten, sodass es kein einziges heiles Ei mehr für mich gab.

Manche Eierlegerinnen verschwinden im April oder Mai. Wenn sie nicht vom Fuchs gerissen werden, kommen sie zwischen Ende Mai und Juni zurück, gefolgt von Scharen kleiner Eierle-gerbabys, die pickend und zwitschernd hinter ihnen herlaufen. Dann schallt das laute Glucksen der Mütter, die stolz die frisch geschlüpften gefleckten Flaumbällchen präsentieren, über den Hof, und ich muss zugeben, sie sehen wirklich sehr niedlich aus.

Wenn die Eierlegerinnen Mütter werden, entwickeln sie ei-nen ausgeprägten Beschützerinstinkt. Ich konnte schon beob-achten, wie sie, die Flügel ausgebreitet und mit aufgeplustertem

Gefieder, einem Staubwedel nicht unähnlich, zeternd und krei-schend Ovenmitt quer über den Hof jagten, um ihn von ihrer Kinderschar fernzuhalten. Er hat dadurch einen solchen Res-pekt vor den Eierlegermüttern bekommen, dass er sich nicht ohne mich, die Schäferin oder einen Hund an ihnen vorbei-traut. Selbst dann bleibt er wachsam, und wenn die Eierlegerin mit halbherzig aufgeplustertem Gefieder auch nur die gerings-ten Anstalten macht, sich in seine Richtung zu bewegen, stürmt Ovenmitt mit steil aufgestelltem Schwanz über den Hof davon.

Die Schäferin liebt Vögel und erzählt mir häufig von einem, der ihr in Südostasien beim Frühstück Gesellschaft leistete: ei-nem Hornvogel. (Was mir die Gelegenheit gibt, der Leserschaft mitzuteilen, dass meine Eierlegerinnen aus Asien stammen. Wilde Eierlegerinnen aus dem Regenwald gehörten zu den ers-ten Tieren, die domestiziert und gezüchtet wurden. Aus ihnen entstanden die vielen verschiedenen Arten von Eierlegerinnen, die es heute rund um den Globus gibt.) Im Zuge ihrer Arbeit für die Naturschutzorganisation in Südostasien bekam die Schäfe-rin den Auftrag, die Auswilderung junger Orang-Utans fotogra-fisch zu dokumentieren, die von törichten Menschen gefangen, als Haustiere gehalten und durch falsche Ernährung krank ge-worden waren. Das Auswilderungszentrum befand sich auf der indonesischen Insel Java, wo die armen Primaten eine Art sanfte Physiotherapie erhielten. Jeden Morgen leistete ein schöner, seltsam anmutender tropischer Vogel der Schäferin beim Früh-stück Gesellschaft, ein junger männlicher Helmhornvogel mit schwarzem Gefieder. Seine aufrechte Haltung erinnert an eine Laufente, die dem einen oder anderen Leser dank ihres langen Halses und charakteristischen Laufstils bekannt sein dürfte.

Der gefiederte Freund der Schäferin hatte einen langen, schlanken bernsteinfarbenen Hals und von blassblauer, an Lidschatten erinnernder Haut umgebene Knopfaugen. Sein Kopf schien fast nur aus dem riesigen Schnabel zu bestehen und war von einem hornartigen Aufsatz gekrönt, der bis auf den Schnabel reichte. Er watschelte herum wie ein Pinguin, und um zu erfahren, mit wem er es zu tun hatte, sagt die Schäferin, »neigte er seinen Kopf hin und her, um dich von oben bis unten zu mustern«. Trotzdem fällt es mir schwer, mir vorstellen, wie er aussah, denn das Sammelsurium aus merkwürdigen Körperteilen, das sie mir beschreibt, ergibt für mich keinen Sinn.

Sie sagt, der schlaue Helmhornvogel setzte sich immer neben sie auf den Tisch und bettelte um Weintrauben, Mangos und frisch gepflückte Bananen aus ihrem Obstsalat, denn er erkannte auf den ersten Blick, wen er um den Finger wickeln konnte. Die tierliebe Schäferin schmolz natürlich schnell dahin und fütterte ihn, bis er satt war. Das letzte Stück Obst, das er bekam, packte er erst mit dem prachtvollen Schnabel, schluckte es herunter, warf dann den Kopf zurück, würgte das Stückchen unversehrt wieder hoch und platzierte es mit einem kurzen Ruck seines Kopfes in der Schnabelspitze, um es der Schäferin zurückzugeben. Höflich nahm sie das hochgewürgte Geschenk an, und der Helmhornvogel umfasste vorsichtig ihre Hand mit seinem großen Schnabel und hielt sie fest, während die Schäferin mit der anderen ihr Frühstück beendete und den weichen schlanken Hals des Helmhornvogels streichelte. Wenn ich nur halb so viel Zuwendung bekäme …

Die einzige Gelegenheit, bei der ich die ungeteilte Aufmerksamkeit der Schäferin bekomme, ist, wenn wir die Black Sheep Farm nach der besten Stelle für die Nesselernte absuchen. Wilde Nesseln dienen im Frühjahr als Stärkung für unsere Weidetiere, da ihre tiefen Pfahlwurzeln allerlei wichtige Vitamine und Mineralstoffe aus unserem fruchtbaren Boden ziehen. Nesseln sind durchaus anspruchsvolle Pflanzen, sie gedeihen nur auf dem besten, nährstoffreichsten Boden. Auch die Pferde graben im Winter Nesselwurzeln aus, wenn sie Mineralstoffe brauchen. All unsere Pflanzenfresser mögen Nesseln, die geschnitten und mindestens drei Tage lang getrocknet wurden, denn danach brennen sie nicht mehr. Die Schäferin kocht die Nesseln in einer Brühe aus Hähnchenknochen.

Ich stehe immer bereit, wenn ein Hühnchen gerupft wird, aus dem Brühe gekocht werden soll. Wir sehen alle zu oder sitzen in einer Reihe: Pepper, Big Fellow, Bear, die neue Pfützenmacherin, Miss Marley, Ovenmitt und ich. Wir warten geduldig, bis wir ein Stück Hühnerfleisch bekommen. Hin und wieder allerdings versenke ich meine Krallen in die Hand, die mir mein Stück Hühnchen anreicht, da es mir einfach zu lange dauert, bis ich an der Reihe bin. Manchmal ist es wirklich schwer, eine Katze zu sein.

2

Sonne und Regen

Wenn der März in den April übergeht, beobachtet die Schäferin aufmerksam die Blattknospen der Eichen und Eschen, denn daran glaubt man schon seit Urzeiten ablesen zu können, wie das Sommerwetter wird. Diese Bauernregel, so erzählt sie, kommt ihr Jahr für Jahr wieder in den Sinn:

> *Grünt die Eiche vor der Esche,*
> *gibt's im Sommer große Wäsche.*
> *Treibt die Esche vor der Eiche,*
> *bringt der Sommer große Bleiche.*

Also werden jeden Morgen die Blattknospen dieser beiden Baumarten inspiziert und verglichen.

Während die Osterglocken noch auf den Wiesen blühen, schießen dank des milden Wetters die Gräser, Wildkräuter und Blumen nur so empor. Während der trübe März sich dem Ende neigt, erblühen die Feldränder in den unterschiedlichsten Farben. Die dezenten, blassen Grüntöne des Gefleckten Aronstabs, die kräftig gelben Dotterblüten des Scharbockskrauts, die unter den Hecken hervorleuchten, die hellgelben Primeln am Flussufer und der violette Teppich der Hain-Veilchen, der sich unter den Bäumen ausbreitet, Farben, die noch intensiver strahlen, sobald sich die Blätter an den Bäumen entfalten und ihnen Schatten spenden. Die Wiesen sind übersät mit gelbem Löwenzahn, der von Bienen und anderen bestäubenden Insekten umschwirrt wird, welche sich nach einem langen Winterschlaf zum ersten Mal wieder so richtig an den Blüten laben. Schlüsselblumen sprießen aus ihren dicht am Boden liegenden Blattrosetten, und ihre blassgelben Glocken wogen in der leichten Brise. Sie werden nicht mehr gepflückt, um Schlüsselblumenwein zu machen, da sie zu einem seltenen Anblick geworden sind. Die Blüten von Ehrenpreis und Wicken blitzen als blaue und violette Farbtupfer zwischen den Gräsern hervor.

Die Schäferin isst mit Vorliebe Wickenblüten, da diese wie nussige grüne Erbsen schmecken und frischem, grünem Frühlingssalat Geschmack und etwas Farbe verleihen. Für mich ist das Kaninchenfutter, aber manche Menschen sind einfach verrückt nach Salat.

Während die Blumen sprießen und die milden Südwestwinde die Erde wärmen, tollen und springen die jungen Lämmer um die Bäume herum oder versuchen, sich gegenseitig von einem Baumstamm zu stoßen, der dem letzten Wintersturm zum Opfer gefallen ist. Der in meinen Augen faszinierendste Anblick ist jedoch eine Herde Lämmer, die um die Wette einen Hügel hinaufläuft; wie auf ein geheimes Signal hin machen sie dann plötzlich kehrt und rasen, mit rotierenden Schwänzen, als wollten sie damit beschleunigen, mit großen, lebhaften Sprüngen, viel Schwung und Geschick den Hügel hinunter, als wollten sie allen zeigen, wie gesund und glücklich sie sind.

Während wir ihren übermütigen Rangeleien zuschauen, zockelt die Hundebrigade der Schäferin meist in gemächlichem Gänsemarsch hinterher. Pepper beobachtet das Ganze mit amüsiertem, großmütigem Desinteresse, Big Fellow ist ganz der besorgte Hüter, allzeit bereit, einzugreifen, falls etwas schiefgehen sollte, während der törichte Bear mit sehnsüchtigem Blick hinterhertrottet und nur zu gern bei ihren Spielchen mitmachen würde, um auch ein bisschen Spaß zu haben.

Die gesammelten Nesseln dienen als köstliche, saisonale Gemüsebeilage für die Menschen auf dem Hof. Ich selbst interessiere mich nicht wirklich für Nesseln. Für uns Katzen sind die meisten Gemüsesorten eher fade verglichen mit einem schmackhaften Stück Hähnchenfleisch oder einer schönen frischen Maus. Dann und wann fresse ich schon mal eine grüne Bohne oder einige Grashalme, um ein Fellbüschel loszuwerden, das sich in meinem Rachen festgesetzt hat. Sobald die Nesseln abgekocht sind, können sie wie Spinat gedämpft und zu einem einfachen Gericht verarbeitet werden, das mit einem Stückchen Butter serviert wird und der Schäferin zufolge einfach fabelhaft schmecken soll.

Ich persönlich bevorzuge allerdings Nesselsuppe, weil die Schäferin dafür die Hühnerbrühe verwendet, die sie aus den Knochen des sonntäglichen Brathuhns kocht. Die Knochen lässt sie über Nacht mit extra vielen Gewürzen und klein geschnittenen Möhren und Zwiebeln im AGA-Herd köcheln, was die Küche mit einem köstlichen Duft erfüllt. Dann gießt sie die Brühe ab und fügt die frisch gepflückten Nesseln sowie gewürfelte, weich gekochte Kartoffeln hinzu. Danach vermischt sie alles mit einer furchtbar lauten Wirbelmaschine, bis es sämig ist, gibt ein paar Tiefkühlerbsen hinzu und rührt sie unter, wobei sie die Suppe nur noch kurz aufkocht, damit die Erbsen schön knackig bleiben. Zum Schluss streut sie eine großzügige Prise frische Muskatnuss darüber und, wenn sie in extravaganter Stimmung ist, einen Löffel Crème fraîche oder einen schönen Klacks hausgemachten Schafsmilchjoghurt der irischen Marke *Velvet Cloud*. Sie redet viel über all die Vitamine und Mineralstoffe, die die Suppe enthält, und ich tue so, als würde ich zuhören, aber tatsächlich interessiert mich die Suppe nur, weil sie nach Hähnchen duftet.

Um ehrlich zu sein, war die Schäferin in der Küche nicht immer so versiert. Lange bevor ich auf den Hof kam, in ihrer längst vergangenen Jugend, hatte sie einmal beschlossen, ein Paar Hosen schwarz zu färben. Das war der günstigste Weg, an ein scheinbar neues Kleidungsstück zu kommen. Sie kaufte die Farbe und fragte ihre Großmutter, welchen Topf sie benutzen könne, um das Wasser zum Färben zu kochen. Ihre Großmutter benutzte häufig einen bestimmten Topf, um darin Hundefutter aus billigen Schlachtabfällen wie Innereien vom Metzger zu kochen – meist eine Mischung aus Lungen, Kutteln, Schafsköpfen und Rindsmägen. Als Katze von Welt bevorzuge ich allerdings die mir kredenzte rohe Leber und das Herz.

Ihre Großmutter ließ diese Mischung über Nacht im Ofen köcheln. Der Geruch, der sich im Haus ausbreitete, unterschied sich deutlich vom dem eines Fleischeintopfes oder eines Bratens. Diese Kochveranstaltung für die Hunde fand mindestens zweimal in der Woche statt. Sobald die Fleischmischung fertig war, kam sie in den Fliegenschrank in der Spülküche, gleich neben der Küchentür, wo nur wenig Sonnenlicht ins Haus drang, und erfüllte den Raum mit ihrem Duft. Der Fliegenschrank bestand aus einer offenen Konstruktion mit Einlegeböden aus Holz, die mit feinem Maschendraht überzogen war, und hatte eine Tür, die mit einem Riegel verschlossen werden konnte. Vor der Erfindung des Kühlschranks waren sie weit verbreitet. Tatsächlich erzählt mir die Schäferin oft, dass der erste Kühlschrank auf dem Hof ein nur gemieteter, sehr kleiner weißer Kasten war. Die Gefriertruhe dagegen entpuppte sich als wesentlich nützlichere Anschaffung für ihre wirtschaftlich denkende Großmutter: Obst für die Marmeladenherstellung und blanchiertes

Gemüse konnten hier tiefgefroren werden, sodass die Großeltern der Schäferin das ganze Jahr über hausgemachte Lebensmittel essen konnten. Und wann immer sie einen Überschuss an
Obst und Gemüse produzierten, konservierten sie diesen für
den Verkauf oder den zukünftigen Eigenbedarf.

Aber zurück zu der Hose, die die Schäferin färben wollte …
Die Großmutter hatte ihr erlaubt, den Hundefuttertopf zu benutzen, solange sie ihn nicht brauchte. Aber da die Schäferin die
schwarz gefärbte Hose gleich am nächsten Abend ausführen
wollte und der Topf noch voller Hundefutter war, musste eine
andere Lösung her. Es gab noch einen anderen riesigen Topf, in
dem Marmelade, Schinken oder Zunge für die Menschen auf
dem Hof eingekocht wurden. Die Schäferin war jedoch der Ansicht, das sei kein Problem, solange sie den Topf anschließend
gründlich reinigte. Also machte sie sich daran, ihre weiße Hose
schwarz zu färben, stellte den großen Topf auf die heißeste Plat-
te des Küchenofens und rührte in der kochenden Masse aus weißer Hose und schwarzer Farbe. Nach vollbrachter Tat schrubbte
sie den Topf blitzsauber und war hocherfreut, dass alles so gut
geklappt hatte. Einige Tage später kochte ihre Großmutter zum
Mittagessen in besagtem Topf einen Schinken. Als sie ihn aus
dem Topf nahm, war er tiefindigoblau. Die Großmutter war außer sich vor Wut. Das Mittagessen verlief an diesem Tag ausgesprochen still, während alle auf indigoblauem Schinken herum-
kauten. Zum Glück hatten sie keine Gäste, weder an diesem
noch an den folgenden Tagen, bis sie den Schinken aufgegessen
hatten.

Für mich persönlich ist der April ein eher unangenehmer
Monat, was hauptsächlich an den Rosskastanien liegt. Unmit-
telbar bevor sie im Frühling ihre Blätter entfalten, sondern die
Schutzhüllen über den Knospen einen klebrigen Saft ab. Fallen

besagte Schutzhüllen dann herunter, verfangen sie sich mit Vorliebe in meinem schönen Fell. Stundenlang versuche ich dann, mich von den klebrigen Rückständen zu befreien, was es allerdings oft nur noch schlimmer macht, da ich das Zeug dadurch in meinem ganzen Fell verteile, das dadurch völlig verfilzt. Ich überlasse mich dann den geübten Händen der Schäferin, die mein feines Fell auskämmt. Sie meint, das erinnere sie an ihre Zeit bei der Naturschutzorganisation vor sechsundzwanzig Jahren, als sie Geckos, Eidechsen und sogar große Komodowarane beobachtete. Mir ist schleierhaft, was das eine mit dem anderen zu tun hat, aber wenn Eidechsen sich das Gesicht und die Augen lecken, sieht ihre Zunge offenbar klebrig aus, auch wenn sie in Wirklichkeit ganz glatt ist.

Die Schäferin erzählt, wie sie einmal vom Ruf der Natur geweckt wurde, als sie in Malaysia war. Da sie ihre Taschenlampe nicht finden konnte, tastete sie sich an den Wänden entlang zum WC. Es erheitert sie jedes Mal sehr, das Loch im Boden zu beschreiben, das als Klo diente – warum, weiß ich nicht –, aber als sie sich in dieser Nacht gerade vorsichtig die Stufen zur Toilette hinuntertastete, landete ein Gecko auf ihrem Kopf und lief ihr über das Gesicht. Seine winzigen kühlen Füßchen hafteten wie Saugnäpfe auf ihrer Haut, bis er schließlich an die gegenüberliegende Wand sprang. Zum Glück hatte sie vor lauter Schreck nicht das Gleichgewicht verloren, sonst wäre sie womöglich die Stufen hinunter in das tiefe, dreckige Loch gefallen. Ich höre mir diese und andere Geschichten geduldig an, da sie ihr offenbar viel Vergnügen bereiten, während sie lästige Knoten aus meinem prachtvollen Fell bürstet.

Im Laufe des Aprils übergießen die neu erblühenden Blumen die Felder um den Hof mit einem weiteren Schwall Farben. Die Schlüsselblumen, früher ein seltenerer Anblick als heute, schießen aus ihren Blattrosetten, die sich dicht an den Boden schmiegen, ihre gelben Glockentrauben wogen in der frischen Frühlingsbrise. Die zarten rosa Blüten des Wiesenschaumkrauts kündigen die Rückkehr des verantwortungslosen Kuckucks an, der seine Eier im Nest eines anderen Vogels ablegt und diesen so zwingt, den Eindringling aufzuziehen, sobald dieser geschlüpft ist. Der junge Kuckuck wächst heran und stößt schließlich die Küken seiner Pflegeeltern aus dem Nest. Der Kuckuck hat einen unverwechselbaren Ruf, und im Frühjahr schallt sein »Kuckuck, Kuckuck!« über Wiesen und aus den Hecken. Leider hört man diesen Ruf heute nur noch selten, wenn das Wiesenschaumkraut blüht, denn da in der modernen Landwirtschaft die Hecken im Winter zu stark zurückgeschnitten werden, haben die kleinen Vögel, denen der Kuckuck so gern seine Eier unterschiebt, weniger Nistmöglichkeiten. Und da die Elstern frei liegende, weniger geschützte Nester leichter finden und die Eier oder jungen Küken fressen, schwinden auch die Überlebenschancen des Kuckucks.

Löwenzahn blüht im Überfluss und ernährt eine Vielzahl hungriger, summender Bestäuber. Vergissmeinnicht leuchten blau, ebenso wie die zarten Blüten des Ehrenpreises, der seine Farben im frischen Grün des jungen Grases verstreut. Die Lieblingsblumen der Schäferin sind die blauen Buschwindröschen, deren blaue Blütensterne sich wie ein Teppich über der Erde ausbreiten, jeder von ihnen mit einem Bündel weißer Staubgefäße in der Mitte, bis ein Meer aus Blauviolett den Boden rings um die Rosskastanien vor dem Küchenfenster bedeckt. Sie wurden von der Großmutter der Schäferin gepflanzt, die Blumen liebte.

Mit dem Frühlingserwachen kommen nicht nur die unzähligen Blumen und Blüten, sondern auch Parasiten, die mit Vorliebe über die Lämmer herfallen. Die Mutterschafe werden von der Weide geholt und in einen Pferch getrieben, zusammen mit ihren Lämmern, die der Reihe nach ihre erste Wurmkur bekommen. Dies ist besonders wichtig, wenn der Frühling mild und nass war. In manchen Jahren brauchen die Lämmer gar keine Wurmkur, in anderen, wenn der Boden sehr feucht ist, brauchen sie gleich mehrere. Es gibt viele verschiedene Wurmarten, darunter produktive Bodenbearbeiter, aber auch einige wenige, die die inneren Organe und den Verdauungstrakt von Tieren befallen. Ein parasitärer Wurmbefall kann sich unter Schafen sehr schnell ausbreiten; wird er nicht behandelt, können die Lämmer sterben oder dauerhaft einen Teil ihrer Lebensfreude einbüßen. Im Wesentlichen lebt ein parasitärer Wurm davon, dass er der Milch der Mutterschafe ihren ganzen Reichtum an Vitaminen, Mineralstoffen und Proteinen entzieht. Auch das frische, junge Gras, das einem Lamm zu gesundem Wachstum verhelfen soll, wird dann zu einer Gefahr. Der Lebenszyklus eines parasitären Wurms ist gnadenlos effizient: Die Schafe nehmen mit dem Gras, das sie fressen, die herangereiften Eier zu sich. Die Wurmeier werden ausgebrütet, die Würmer schlüpfen und ernähren sich von den Innereien der Schafe, bis sie schließlich selbst Tausende von Eiern legen, die mit dem Kot ins Gras gelangen, wo sie vom nächsten Schaf gefressen werden.

Um das zu verhindern, ziehen die Schäferin und ich jeden Tag über die Weiden und kontrollieren alle Schafe und Lämmer. Während die Hunde schnell das Interesse verlieren – sie jagen lieber Eichhörnchen, Kaninchen oder Hasen nach –, bleibe ich bei den Schafen. Die Lämmer dösen ähnlich wie Katzen in einer für die Schäferin höchst unbequem aussehenden Lage, legen ihre Köpfe in seltsamen, nahezu unmöglichen Positionen ab. Wir begutachten die Lämmer, bis wir jedes einzelne stehen oder laufen gesehen haben. Manchmal wecken wir sie auch sanft, um sie zu untersuchen. Ob es den Lämmern wirklich gut geht, erkennen wir vor allem daran, dass sie sich gründlich recken und strecken. Wie eine Katze nach einem Nickerchen machen sie einen Buckel und wedeln einmal kurz mit den hochgereckten Schwänzchen.

Ich liebe diese Frühjahrsspaziergänge mit der Schäferin über unsere Weiden, wenn die Frühblüher die alten Wiesen zu neuem Leben erwecken, die ersten bestäubenden Insekten sie auf der Suche nach Nahrung summend umschwirren und die Vögel zwitschernd umherflattern, um ihre Küken zu versorgen. Und während die Tage länger werden und die Nächte kürzer, hofft man, dass der Winter langsam, aber sicher vorbei ist. Den ganzen April über hält die Schäferin nach den zurückkehrenden Zugvögeln Ausschau, die in Scheunen und Schuppen ihre Nester reparieren, vergrößern oder neue Nester bauen. Zu unserer Freude vertilgen die Schwalben Schädlinge und Insekten, die die Schafe in den Abendstunden oder früh am Morgen plagen.

Die Rückkehr der Schwalben nach Irland ist gewöhnlich ein gutes Vorzeichen, da sie auf der Bugwelle einer Warmwetterfront ins Land kommen. Bei ihrer Ankunft sind sie oft vollkommen erschöpft und lassen sich im Sturzflug auf tief hängenden Stromleitungen nieder, wobei ihr aufgeregtes Gezwitscher die Luft erfüllt. In diesen Tagen erhebt dann die Schäferin mahnend den Finger und hält mir, Ovenmitt und Miss Marley einen Vortrag darüber, dass wir unsere weit gereisten Gäste weder fangen noch töten noch quälen dürfen. Doch einer von uns schafft es dann meist doch nicht, sich zu beherrschen, wenn eine müde Schwalbe zu langsam und zu tief fliegt. Ein gezielter kräftiger Sprung, und die Schwalbe erleidet einen schnellen Tod. Später, wenn die jungen Schwalben flügge werden und sich für ihren ersten Flug rüsten, wird der Weg über den Hof für uns zum Spießrutenlauf, weil die Schwalben uns mit ihren scharfen Schnäbeln im Sturzflug attackieren.

Nachts sitzen die vom Winter noch hungrigen Vögel auf ihren Nestern und brüten ihr erstes Gelege aus. Zum Glück können sie ihre zweigeschlechtlichen Nachbarn, die Würmer, nicht sehen, die ihr eigenes kleines sinnliches Fortpflanzungsballett tanzen. Wenn der Boden vom Regen aufgeweicht ist, kann ich hören, wie sich die Würmer voneinander lösen, um in ihre Löcher zurückzukriechen, bevor ich sie auf meinem Weg über ihr Königreich aus fruchtbarer Erde zertreten kann. Manchmal, wenn die Schäferin nachts mit einer Taschenlampe über die Felder läuft, um nach einem Lamm oder Schaf zu sehen, kann sie im Schein der Lampe die über der Erde ungeschützten Würmer beobachten. Das Licht stört die Würmer nicht, aber die Erschütterungen, die ihre Schritte auslösen, breiten sich wellenartig über den Boden aus und schrecken die tanzenden Würmer auf, die sich eiligst wieder in ihre Löcher zurückziehen.

Falls wir es nicht schon im Herbst erledigt haben, bringen wir zu dieser Jahreszeit auf einigen Feldern granulierten Düngekalk aus, um ihren pH-Wert auf ein neutrales Niveau anzuheben, damit das Gras gut wächst. Die Vorbereitung und das anschließende Reinigen der Geräte nehmen bei dieser Arbeit die meiste Zeit in Anspruch. Besonders die Streumaschine muss gründlich gereinigt werden, um zu verhindern, dass das Metall durch Kalk und Kondenswasser korrodiert und die Antriebsteile verklemmen. Wenn die Schäferin auf dem Quad über die Felder düst und dabei die Streumaschine hinter sich herzieht, um das Kalkgranulat zu verteilen, steht Pepper mit Begeisterung hinten auf dem Quad und hält nach einem Hasen oder Eichhörnchen Ausschau, das er jagen kann. Ich springe oft später auf, wenn die Schäferin anhält, um ein Tor zu öffnen, und lasse mich von ihr zum Hof zurückfahren. Pepper und ich genießen dann gemeinsam die Fahrt, ich liege vorne auf der warmen Motorhaube, während Pepper wieder ihren Platz hinter der Schäferin einnimmt.

Im Mai tanzen die »Feen«, wie wir sie nennen, im schwindenden Licht der langen Abende über den Köpfen der Schafe und unter den Ästen der Lärchen. Die Schäferin erklärte mir, dass diese Insekten mit ihren langen, durchsichtigen Flügeln Florfliegen heißen. Sie sind im Mai eines meiner Lieblingsspektakel, neben dem frisch sprießenden Wiesenkerbel, dem König der Wildblumen, der im Mai in unseren Wäldern und schattigen Hecken aufblüht. Er ragt hoch über mir auf, wenn ich hinter der Schäferin herspaziere und mir meinen Weg durch die grünen Stängel bahne. Ein Meer aus feinen weißen Blüten treibt über mir dahin, während das Sonnenlicht, das durch das dichter werdende Blätterdach fällt, den Boden sprenkelt. Unsere Schafe fressen mit Vorliebe die Blätter des Wiesenkerbels und lassen sich seine Blüten geradezu auf der Zunge zergehen. Sie reiben sich mit Köpfen und Körper an den Stängeln, denn kluge Schafe wissen, dass der Kerbelsaft ein natürlicher Schutz vor Fliegen ist. Sobald sie auf eine neue Weide kommen, laufen sie zum nächsten Wiesenkerbel, zerkauen ihn und reiben sich gründlich damit ein, bis nur noch ein paar Stoppeln übrig sind. Trotz dieser rücksichtslosen Behandlung durch meine Schafe kehrt der Wiesenkerbel dank seiner tiefen, widerstandsfähigen Wurzeln jedes Jahr wieder, solange ein gewisser Anteil seiner Blätter genug Sonnenlicht aufnehmen und speichern kann.

Als ich vor vielen Jahren auf die Black Sheep Farm kam, ging ich bei dem welterfahrenen, alten Kater Oscar in die Lehre. Er brachte mir alles bei, was ich heute weiß. Damals, lange bevor ich alles übernahm, gab es auf dem Hof noch keine Schafe. Wilde Tiere, der Terrier Tassie und die Katzen Tabitha und Tina bewohnten das Gelände. Ein Bauer pachtete damals elf Monate im Jahr unsere Wiesen als Weideflächen für seine Rinder. Als Oscar noch ein Teenager war, bekam die Schäferin von einem freundlichen Nachbarn, den sie schon als Kind gekannt hatte und den wir den Schäfer mit den Locken nennen wollen, ein paar verwaiste Lämmer geschenkt. Damals konnte sie es sich nicht leisten, Schafe zu kaufen, um mit der Zucht zu beginnen. Aus Holzpaletten baute sie damals einen Pferch. War die Zeit zum Ablammen gekommen, besorgte sie sich etwas Stroh, lieh sich eine Wärmelampe, sammelte kleine Trinkflaschen aus Plastik, kaufte passende Gummisauger und künstliche Schafsmilch.

Oscar beschloss augenblicklich, dass es seine oberste Pflicht war, gemeinsam mit der Wärmelampe die Lämmer warm zu halten und ihnen außerdem nach jeder Fütterung die Milchreste von den Mäulern zu lecken. Er kümmerte sich wirklich hingebungsvoll um die verwaisten Lämmer – besonders, wenn sie unter der Wärmelampe lagen. Wie ich hörte, konnten die Menschen in dem Gewirr aus Beinen unter der Lampe manchmal nicht erkennen, was Katze und was Lamm war. Oscar liebte es auch, mit den Lämmern spazieren zu gehen. Solange sie noch nicht größer waren als er selbst, strich er ihnen oft beruhigend mit dem Schwanz über den Rücken, wenn sie der Schäferin zum ersten Mal aus dem Pferch folgten. Zur Fütterungszeit ließ er sich manchmal auf den Boden plumpsen und spielte mit dem Schwanz eines der Lämmer. Ihre Schwänze führen, wenn sie bei ihren Müttern oder aus der Flasche trinken, ein lebhaftes Eigenleben, rotieren oder wackeln vor sich hin, während sich die

Lämmer die Bäuche mit warmer Milch vollschlagen. Manchmal saß Oscar auch neben ihren Köpfen und beugte sich vor, um die Milch abzulecken, die ihnen beim Trinken den Hals hinunterrann. Außerdem war Oscar ein leidenschaftlicher Gärtner. Es gab für ihn nichts Schöneres, als sich in frisch umgegrabener Erde zu wälzen. So hinderte er geflissentlich unseren Chefgärtner, ein Rotkehlchen, daran, die Würmer zu fressen, die in den frisch umgegrabenen Blumenbeeten aus der Erde krochen.

Im Gegensatz zu meiner Vergangenheit ist Oscars kein Geheimnis. Er wurde auf einem kleinen Bauernhof in Curraheenavoher, nahe Ballymacarbry im Nire Valley, County Waterford, am Fuße der Comeragh Mountains geboren. Er kam als gerade erst entwöhntes Kätzchen auf die Black Sheep Farm, da dringend Nachwuchs gebraucht wurde, um die wachsende Ratten- und Mäusepopulation in Schach zu halten.

Die Hofkatzen waren damals die Schwestern Tabitha und Bettina, kurz Tina genannt. Sie waren betagte, aber glückliche Katzen und bildeten die »alte Katzengarde«, die noch aus der Zeit der Großeltern der Schäferin stammte. Tabitha war mollig, getigert und nach allem, was ich gehört habe, eher eine Schoßkatze. Tina war scheu, schlank und schwarz. Sie waren als Kätzchen auf unseren Hof gekommen, nachdem sie von einem verabscheuungswürdigen Menschen in einer Papiertüte auf der Straße ausgesetzt worden waren. Die Großmutter der Schäferin verwöhnte sie nach Strich und Faden, gab ihnen Schälchen mit milchigem Tee und gut gebutterten Toasthäppchen. Keine von ihnen verspürte den Drang zu jagen, falls ihnen die Beute nicht buchstäblich in den Schoß fiel – was einmal tatsächlich passierte, wie mir die Schäferin, die solche Geschichten liebt, erzählte.

Eines Tages saß sie am Küchenfenster und beobachtete, wie die dicke Tabitha sich behäbig unter einer Rosskastanie ausstreckte und döste. Tassie, der Terrier, schnüffelte in ihrer Nähe im Gras herum und scheuchte dabei einen Fasan auf, der sich dort gut versteckt geglaubt hatte. Er rannte um den Baum herum, der schlafenden Tabitha direkt zwischen die Pfoten. Verdutzt und leicht panisch sprang Tabitha auf, fuhr die Krallen aus und hatte den Fasan im Handumdrehen erlegt. Die Schäferin rannte nach draußen, um sich das Ganze aus der Nähe anzusehen, und erhaschte gerade noch einen Blick darauf, wie Tabitha ihre Beute stolz am Genick packte und in ein Versteck schleppte, um ihre unerwartete Festmahlzeit dort genüsslich zu verzehren, ganz so wie ihr wilder Verwandter, der Panther.

Kater Oscar dagegen war von seiner Mutter auf dem Bauernhof mit frischem Mäusefleisch großgezogen worden und eignete sich somit hervorragend für den Posten des Ratten- und Mäusetöters. Hinter Oscars ruhigem und gelassenem Äußeren verbarg sich ein ausgeprägter Jagdinstinkt. Er war nicht sehr gesprächig, sondern eher der stille, abgeklärte Typ, der ununterbrochen leise vor sich hin schnurrte, wann immer er sich auf dem Schoß eines Menschen niederließ.

Eine der Tätigkeiten, die ich am liebsten mit Oscar zusammen erledigte, wenn wir uns nicht gerade in einer kalten Winternacht im Heu des Stalles zusammenrollten und gegenseitig wärmten, war die Kaninchenjagd. Es war eine seiner Lieblingsbeschäftigungen, und ich konnte mich glücklich schätzen, von so einem versierten Experten zu lernen.

Allerdings muss ich gestehen, dass ich anfangs ein ziemlicher Tollpatsch war. In meiner naiven, ungeduldigen Begeisterung vermasselte ich es ständig, stürzte mich zu früh auf das Kaninchen meiner Wahl, das mir dann prompt durch die Lappen ging, weil es noch reichlich Zeit hatte, mit einem gewaltigen Sprung oder einem geschickten Haken zu entkommen. Die betreffenden Kaninchen wichen meinem vorzeitigen Sprung und meinen ausgefahrenen Krallen meistens wendig aus.

Auch meine über alles geliebte Schäferin, die mir ein so wunderschönes neues Leben und Zuhause geschenkt hat, verursachte bei der Jagd manchmal Probleme. Gelegentlich tauchte sie wie aus dem Nichts auf und stapfte geräuschvoll durch unser Revier, wenn wir uns gerade an die Beute heranpirschten. Das Rascheln im Gras scheuchte die Kaninchen auf, die sich in Sicherheit brachten. Unsere Bemühungen waren erst häufiger von Erfolg gekrönt, nachdem wir der Schäferin unsere Technik mehrfach demonstriert hatten. Von da an, das muss man ihr lassen, stand sie still wie eine Statue und beobachtete aufmerksam unsere Beutezüge. Ein weiteres erfreuliches Ergebnis war, dass die Schäferin und wir uns danach viel besser verstanden.

Voraussetzung für eine Jagd war, dass wir beide in der entsprechenden Stimmung waren. Dann suchten wir unseren Lieblingsplatz auf, eine lange Hecke auf dem Feld ganz oben auf dem Hügel, an deren Westseite es jede Menge Kaninchenlöcher gab. Oscar hatte herausgefunden, dass dieser Ort ein ideales Jagdrevier war, da ihn im Winter die Strahlen der Morgensonne als Erstes erreichen und das gefrorene Gras vor den Kaninchenlöchern auftaut, sodass sie zum Fressen herauskommen.

Das Feld heißt Windrad-Feld, weil dort vor langer Zeit ein Windrad stand, dessen Umdrehungen große Batterien aufluden, welche wiederum die Black Sheep Farm mit Strom versorgten. Als die Schäferin noch klein war, erzählten ihr ihre Großeltern von den alten Zeiten vor und während des »Zweiten Großen Menschenkrieges«, besser bekannt als Zweiter Weltkrieg, als das Bauernhaus noch mit Kerzen und Paraffinlampen beleuchtet wurde. Nach Kriegsende errichteten sie dann das besagte Windrad. Doch diese unberechenbare Art der Stromerzeugung war ganz und gar vom Wind abhängig: Ließ der Wind nach, fing das Licht im Haus an zu flackern. Nichtsdestotrotz beleuchtete der Strom des Windrades das Wohnhaus der Black Sheep Farm bis zum Jahr 1946, als im ländlichen County Kilkenny Stromleitungen installiert wurden. (Wir nutzten also schon damals alternative Energiequellen. In jenen Tagen waren fossile Brennstoffe zu teuer, um ländliche Gegenden mit Strom zu versorgen. Deshalb waren Kerzen, Paraffinlampen und jene frühe Form der Windenergie damals die wichtigsten Lichtquellen.) Das Windrad war jedoch schon vor der Geburt der Schäferin demontiert worden. Kürzlich räumte sie den alten Schuppen auf und fand dabei den langen Holzpropeller, der, jetzt völlig verstaubt und in Generationen von Spinnweben gehüllt, vor so vielen Jahren im Wind seine Runden drehte, um Elektrizität zu produzieren.

Aber zurück zur Jagd. Oscar und ich trafen uns immer auf dem kleinen gepflasterten Außenhof, und ich folgte ihm durch unser »Schlupfloch«, wie ich es nannte, zwischen dem Torpfosten und dem mit dichtem Maschendraht bespannten Tor. Wir erreichten die Wiese der Eierlegerinnen mit den Pflaumenbäumen; wenn sie im Frühjahr verblühen, ist der Boden mit einem feinen rosa-weißen Blütenteppich bedeckt. Wir liefen hinüber zur Windrad-Weide, einem kleinen, abgezäunten Bereich des großen Feldes, auf dem wir Schafe unterbringen, die unter Beobachtung stehen. Wenn wir dicht am Unterstand vorbeigingen, wo die Schafe im Winter und Frühjahr ihre Lämmer zur Welt bringen und im Sommer geschoren werden, stürzte die eine oder andere Schwalbe auf uns herab, bis wir uns weit genug von den Nestern entfernt hatten.

Gemächlich trotteten wir über das Windrad-Feld, durchstreiften einige Nesselfelder, liefen über kühles Gras, weichen

Klee und umgingen die spitzen Disteln. Wenn die Dornen in unseren Ballen stecken blieben, konnte das sehr schmerzhaft sein, sodass wir manchmal sogar humpelten, darum machten wir einen großen Bogen um sie. Hatten wir die Schwalben hinter uns gelassen, hofften wir, dass uns die Rabenvögel – Elstern, Raben, Dohlen, Saat-, Aas- oder sogar Greisenkrähen mit grauem Kopfgefieder – nicht entdeckten, da sie uns mit ihrem warnenden Krächzen, Krähen und Kreischen die Jagd verdarben. Wir mussten dann stehen bleiben und so tun, als würden wir uns die Pfoten putzen, bis sie sich einen anderen Grund zum Zetern suchten. Auf unserem Weg über das Feld sahen wir Bachstelzen, die auf der Jagd nach Insekten herumhüpften, auf Zaunpfähle flatterten oder sich mit wippenden Schwänzen und nickenden Köpfen auf Stacheldrahtzäunen niederließen, als wollten sie sagen: »Wir wissen genau, dass ihr da seid. Verschwindet hier. Wir müssen jagen und Futter für unsere Jungen herbeischaffen. Los, verschwindet.«

Sobald wir die geschützten Nistplätze der Schwalben weit genug hinter uns gelassen hatten, jagten diese wieder – mal im Gleitflug, mal im Sturzflug – den Insekten hinterher, die wir aufgescheucht hatten. Draußen auf dem Feld flogen sie nie so tief, dass wir sie mit einem Sprung als kleine Zwischenmahlzeit hätten packen können. Falls wir überhaupt eine Schwalbe erwischten, dann nur im Frühling, wenn sie gerade völlig erschöpft von ihrem Marathonflug aus Südafrika zurückkehrten.

Oscar und ich konnten von Glück reden, wenn wir es an all den natürlichen Frühwarnsystemen der anderen Tiere vorbei bis kurz vor den Kamm des Windrad-Hügels schafften. Dann hielten wir kurz inne, legten uns flach auf den Boden und die Ohren an, damit sie nicht über den Hügelkamm hinausragten. Aufmerksam behielten wir das Feld am Abhang des Hügels im

Auge. Vollkommen regungslos – schon ein Schwanzzucken hätte unsere Position verraten können – beobachteten wir die Kaninchen, die an der Hecke Gras fraßen. Zum Glück war kein rotbrauner Hase zu sehen, denn Hasen waren wesentlich wachsamer und bemerkten unsere Absichten viel schneller als ihre kleineren Verwandten.

Zu Beginn unserer Jagdgemeinschaft fand ich es oft unerträglich langweilig, auf den richtigen Moment zu warten; manchmal setzte ich mich dann kerzengerade auf und verscheuchte so die Kaninchen, die meine Ohren und meinen Kopf deutlich über der Horizontlinie des grasbewachsenen Hügels sehen konnten. Das brachte mir regelmäßig einen bösen Blick von Oscar ein, der über meine Ungeduld alles andere als erfreut war.

Während wir in Lauerstellung beobachteten, wie die Kaninchen herumhoppelten und unseren Schafen das Gras wegfraßen, hofften wir, keinen hungrigen Bussard über unseren Köpfen kreisen zu sehen, der sich womöglich unsere Beute schnappte, bevor wir selbst die Chance dazu hatten. Hatten wir ein Kaninchen als Beute auserkoren, trennten wir uns, um es von zwei Seiten in die Zange zu nehmen. Oscar lief gewöhnlich, dicht an den Boden gekauert, in großem Bogen auf die andere Seite des betreffenden Tiers. Sobald er in Position war, nahm er das Kaninchen ins Visier, gab mir mit einem kurzen Schwanzzucken ein Zeichen und begann damit, sich vorsichtig und mit angelegten Ohren an die Beute anzuschleichen, einen behutsamen Schritt nach dem anderen. Seine Schwanzspitze erwachte zum Leben, zuckte vor lauter Anspannung vor und zurück.

Ich näherte mich dem Kaninchen von der anderen Seite, mit der gleichen konzentrierten Aufmerksamkeit und Vorsicht. Stück für Stück tastete ich mich voran. Die Zeit schien stillzustehen. Wenn der Wind aus der richtigen Richtung wehte und kein Vogel eine Warnung krächzte, schlugen wir schließlich zu. In der Anfangszeit, ehe ich es besser wusste, sprang ich immer als Erster los. Wie bei einer überzogenen Feder löste sich die Anspannung, und ich sprang aus meiner Lauerstellung auf, machte einen Satz und versuchte, mich auf das Kaninchen zu stürzen, das hochsprang und noch in der Luft einen Haken schlug, um mir zu entkommen. Meist rannte es dann direkt in die Pfoten von Oscar, der im langen Gras unbemerkt geblieben war. Er machte einen Satz, fuhr die Krallen aus und brachte den Hasen zur Strecke, unseren Verwandten, den Löwen in den weiten Steppen Afrikas, nicht unähnlich. Dann taten wir uns an dem frisch erlegten Kaninchen gütlich und waren danach tagelang faul und vollgefressen.

Oscar fehlt mir sehr, nun, da er nicht mehr da ist. Denn obwohl ich die Kaninchenjagd inzwischen perfekt beherrsche, kann ich nur im Frühling jagen, wenn die Kaninchen noch klein und dumm sind. Miss Marley oder Ovenmitt konnte ich bisher noch nicht beibringen, mit dem gleichen großen Geschick und Talent zur Zusammenarbeit zu jagen wie Oscar. Allerdings jage ich auch gern allein, was manchmal seine Vorzüge hat.

3

Pferde, Pferde und
noch mehr Pferde

Es lässt sich kaum in Worte fassen, wie sehr die Schäferin Pferde liebt, seit ihren frühen Kindertagen auf der Black Sheep Farm, später auf dem Ponyhof von Verwandten in Maryland und während ihrer Schulzeit, als sie in einem örtlichen Reitstall arbeitete, um vor dem Mobbing in ihrer Schule Zuflucht zu suchen. Sie mistete aus, putzte die Ställe und gab Reitstunden für Anfänger. Als Gegenleistung durfte sie die Pferde reiten. Später dann, als sie in Amerika Agrarwissenschaften studierte, arbeitete sie mit Kaltblütern in Vermont. Im Hinterland von New York war sie als Bereiterin und Trainerin von Morgans, einer beliebten amerikanischen Pferderasse, tätig, und später unternahm sie Ausritte in die Blue Ridge Mountains in Virginia, jenem Gebirge, das unseren irischen Blackstairs Mountains so ähnlich ist, die wir von den höher gelegenen Feldern aus sehen können. Durch die Pflege und das Bereiten der Pferde entwickelte sie die Fähigkeit, die subtilen Arten von Körpersprache zu verstehen, mit deren Hilfe unterschiedliche Spezies, Mitglieder einer Herde oder auch Raub- und Beutetiere miteinander kommunizieren.

Jede Art nutzt zur Verständigung ihre ganz eigene, spezielle Sprache. Auch unsere Körpersprache ermöglicht es uns, mit anderen Arten zu kommunizieren. Vor langer Zeit müssen alle Menschen die angeborene Fähigkeit besessen haben, die Körpersprache der Tiere zu verstehen, um zu überleben, die sie jedoch nach und nach verloren, je mehr sie sich von der Natur entfernten. Die Schäferin weiß ganz instinktiv, wie sie mit uns kommunizieren kann, und vollbringt bei Pferden wahre Wunder. In Amerika vertiefte sie ihre Fähigkeiten im Umgang mit Tieren und wurde zur Expertin bei der Ausbildung von Problempferden. Auf ruhige Art stellte sie eine Beziehung zu ihnen her und motivierte sie, ihr zu gehorchen, statt sie dazu zu zwingen. Sie spürte genau, wie und wann sie ihnen einen sanften Stups geben musste, um ihre Fähigkeiten zum Vorschein zu bringen. Wenn sie ein junges Pferd anritt, konzentrierte sie sich oft so sehr, dass sie alles andere um sich herum vergaß.

Als ich noch neu auf der Black Sheep Farm war, lebte dort auch eine Grauschimmelstute namens Major Beth, halb Connemara Pony und halb Vollblut. Sie war mit einem Stockmaß von 1,57 Meter recht groß. (Für diejenigen, die es nicht wissen: Das Stockmaß eines Pferdes wird vom unteren Rand der Vorderhufe bis zum Widerrist gemessen, der sich am Übergang vom Hals zum Rücken befindet.) Major Beth war das erste eigene Pferd der Schäferin. Davor hatte sie die Pferde ausgeliehen oder war Teilbesitzerin gewesen.

Außerdem gibt es noch das schwarze Pony Marco Polo, das ich ebenfalls in meinen ersten Tagen auf dem Hof kennenlernte. Die Geschichte seiner Rettung ist ebenso faszinierend wie meine und wendete sein Leben grundlegend zum Besseren. Ich erfuhr schon bald, dass viele von uns auf der Farm auf ebenso wundersame Weise von der Schäferin gerettet worden waren. Wo auch immer sie war, sei es in den 1980er-Jahren im hektischen Treiben New Yorks während ihrer Schauspielausbildung oder später in London, stets fühlte sie sich zu Tieren hingezogen. In London ritt sie regelmäßig einen wunderschönen braunen Vollblut-Wallach, der auf der Kentish Town City Farm lebte. Der einzige Haken dabei war, dass sie vor halb sieben Uhr morgens ausreiten musste, um dem Berufsverkehr zu entgehen, der die Straßen Londons für sie und ihr geborgtes Pferd unpassierbar machte. So stand sie um vier in der Früh auf und lief von ihrer Wohnung in South Hill Park durch Hampstead Heath zur City Farm. Nachdem sie das Hoftor geöffnet hatte, sattelte sie das Pferd und ritt durch die stillen Londoner Straßen zurück nach Hampstead Heath.

Einer der denkwürdigsten Ausritte habe, so erzählt sie mir, an einem kühlen, nebeligen Herbstmorgen stattgefunden. Während sie sich vom Hoftor entfernten, hallte das dumpfe Echo des Hufklapperns auf den in Nebel gehüllten Straßen wider. Der Nebel wogte um und über sie hinweg, als würde sie durch strömendes Wasser reiten. Ampeln tauchten anfangs nur als ein schwaches Glühen aus dem Nebel auf, das langsam heller wurde, je näher sie kam. Die wenigen Autos, die schon unterwegs waren, fuhren langsam und vorsichtig.

In Hampstead Heath angekommen, erwartete Pferd und Reiter ein Zauberland. Die Baumkronen mit ihren roten und goldgelben Blättern, die sich am Rand blassgrün und dunkelbraun verfärbten, waren in Nebelschleier gehüllt. Die Schäferin ritt im schnellen Trab in die geheimnisvolle Stille des Parks, und mit einem Mal hörten sie in der Ferne das leise Brummen eines Dudelsacks. Als sie die Mitte des Parks erreichte, wo sie für gewöhnlich einen Hügel hinaufgaloppierte, presste die Schäferin die Schenkel an die Flanken des Pferdes und trieb es an. Sie flogen unter gedämpftem Hufschlag den Hügel hinauf, während der Nebel um Pferd und Reiter herumwirbelte. Berauscht von der Geschwindigkeit, mit der sie über das offene Land galoppierte, ritt sie in ein dunkles Waldstück. Der Dudelsack wurde lauter, und sie drosselte ihre Geschwindigkeit zu einem versammelten Galopp. Plötzlich öffnete sich der Wald, und sie kamen auf eine kleine, ebenfalls in Nebel gehüllte Lichtung. Sie überraschten den Dudelsackspieler, der sich diese Waldlichtung vermutlich als Übungsplatz auserkoren hatte, da sie von der schlafenden Bevölkerung Londons so weit entfernt war wie nur möglich. Das Pferd tänzelte langsam vor und zurück, tanzte fast im Rhythmus der Marschmusik, als wartete es darauf, dass die Musik noch martialischer wurde, bereit, sich wie die Kavallerie auf im Nebel versteckte Feinde zu stürzen. Der Musiker spielte unbeirrt weiter, nickte Pferd und Reiter nur kurz zu, um diesen einzigartigen gemeinsamen Moment anzuerkennen. Wahrscheinlich hatte er durch den lauten Klang seines Instrumentes die galoppierenden Hufe nicht wahrgenommen. Als die Schäferin zurück zur City Farm ritt, war sie dank ihres außergewöhnlichen frühmorgendlichen Abenteuers hochgestimmt und voller neuer Energie. Sie zehrte noch Monate später von den spannenden Erlebnissen dieses Tages.

Doch zurück zu Marco Polo. Die Schäferin hatte überall herumerzählt, dass sie nach einem Gefährten für Major Beth suchte. Daraufhin meldete sich ein Freund, der ihr erklärte, er hätte den perfekten Kandidaten, ein hübsches, kleines schwarzes Welsh Mountain Pony. Der einzige Haken war, dass er noch ein Hengst war. Nur wenige Wochen zuvor hatte der Retter des Ponys, ein Bauer, der an einer abgelegenen Straße wohnte – nennen wir ihn einfach den freundlichen Mann, da es ihm unangenehm wäre, noch mehr Aufmerksamkeit auf sich zu ziehen –, beobachtet, wie das kleine Pony hungrig und müde die Straße hinuntertrottete und an Wiesenrändern und Hecken graste. Als er einige Tage später noch einmal an der Stelle vorbeikam, an der das Pony graste, sah er eine Gruppe Männer, die es einzufangen versuchten. Sie wollten es in die Enge treiben, doch es gelang ihm immer wieder zu entkommen, indem es losgaloppierte und buckelte, mit peitschendem Schweif und gesenktem Kopf, damit niemand ihm ein Seil um den Hals legen konnte. Der freundliche Mann schmunzelte und hoffte insgeheim, das kleine Pony werde sich auch weiterhin nicht von den Männern einfangen lassen, da ihre unverkennbaren Overalls ihm verrieten, wo sie arbeiteten. Die Fleischfabrik oben auf dem Hügel nahm Pferde aus der ganzen Gegend an, schlachtete sie und verarbeitete ihr Fleisch zu Hundefutter.

Am nächsten Tag lief das kleine schwarze Pony noch immer frei herum und verdrückte so viel Gras wie möglich, bevor noch jemand versuchen konnte, es einzufangen. Diesmal graste es allerdings ganz in der Nähe der Farm des freundlichen Mannes, und er öffnete das Tor, schüttelte den stets wirkmächtigen Zaubereimer mit Futter und lockte das Pony auf eine seiner Weiden. Als er es genauer untersuchte, entdeckte er einige grobe Wunden an seinem Hals. Es sah aus, als habe jemand ein Seil so fest um seinen Hals geschlungen, dass es sich tief in das Fleisch geschnitten hatte. Noch heute kann man die Narben an seinem Hals sehen, da über der verletzten Stelle weiße Haare nachgewachsen sind, die sich deutlich von seinem schwarzen Fell abheben. Wenn man heute über den weißen Streifen streicht, fühlt man darunter eine vernarbte Delle.

Der freundliche Mann war nicht nur Bauer, sondern auch ein ausgesprochener Pferdekenner und erstklassiger Züchter von Connemara Ponys. Er hielt das kleine schwarze Pony für einen vollblütigen Welsh-Mountain-Hengst. Womöglich war er von einem Züchter in England oder Wales gestohlen und nach Irland verfrachtet worden, um ihn als Reitpferd für Kinder zu verkaufen. Wahrscheinlich war das Pony dazu jedoch zu temperamentvoll, und seine Besitzer versuchten, es gefügig zu machen, indem sie es hungern ließen. Der freundliche Mann vermutete, dass sich das Pony aber nicht zähmen ließ und deshalb an die Pferdefleischfabrik verkauft worden war, um wenigstens ein bisschen Geld zu verdienen. Zum Glück war es dem klugen Kerlchen gelungen, zu fliehen.

Als die Schäferin den Hof ihres Freundes besuchte, um zu sehen, wie es dem kleinen schwarzen Pony ging, waren die Verletzungen an seinem Hals fast verheilt. Es war Liebe auf den ersten Blick, und so erklärte sich der Bauer bereit, das Pony zu behalten, bis es wieder ganz gesund und kastriert worden war.

Als Marco Polo schließlich nach Hause auf die Black Sheep Farm kam, war er so lebhaft und temperamentvoll wie eh und je. Er hatte glänzendes schwarzes Fell, einen schwarzen, langen, wehenden Schweif und eine ebensolche Mähne, seine Stirn zierte eine weiße, breite, nach unten spitz zulaufende Blesse, die bis zu den weichen schwarzen Nüstern reichte; um die Hufe herum hatte er ein paar weiße Flecken und den weißen Streifen an seinem Hals, der die von dem Seil stammende Narbe verdeckte. Er erwies sich schnell als idealer Gefährte für Major Beth. Selbst wenn die Schäferin auf Major Beth davonritt, schien es Marco Polo nie zu stören, allein zurückgelassen zu werden.

Im Laufe der Zeit gelang es der Schäferin, die Lücken in Marco Polos Vorgeschichte immer mehr auszufüllen. Er hasste kleine Menschenjungen, wahrscheinlich weil er von einem misshandelt worden war, der versucht hatte, ihn einzureiten. Einige Zeit später brachte sie ihn zu einem Mann, der Pferde darauf trainierte, Karren und zweirädrige Wagen zu ziehen. Sie wollte wissen, ob er sich vor einen Karren spannen ließ. Marco Polo war sofort in seinem Element, wie eine Katze an einem kalten

Wintertag auf einer Wolldecke. Der Mann meinte, er müsse eine hervorragende Ausbildung als Zugpferd erhalten haben. Kaum schnalzte man mit der Zunge, lief er auch schon los, reagierte schon auf die kleinste Bewegung der Zügel und kreuzte beim Abbiegen problemlos die Beine.

Die Schäferin und Marco Polo entwickelten sich zu einem tollen Team. Sie fuhr mit ihm über die Straßen der Gegend, und er nahm an Gespann-Wettbewerben bei Dressurveranstaltungen teil, bei denen er Preise gewann. Sie spielten gemeinsam in Filmen mit oder standen für Kunstschüler Modell. Eines Tages fuhren die beiden die sechs Meilen vom heimischen Hof bis nach Thomastown zu Caroll's Pub, die Schäferin spannte ihn ab und führte ihn durch einen langen, mit Kalksteinplatten ausgeschlagenen Gang zum Hinterhof. Seine mit Eisen beschlagenen Hufe klapperten auf dem Boden. An einem Tisch dort saßen zwei Männer, die ihr angeregtes Gespräch abrupt unterbrachen, um zu lauschen. Als Marco Polo und die Schäferin um die Ecke bogen, atmeten sie erleichtert auf, und einer von ihnen rief: »Gott sei Dank! Ich hab schon gedacht, ich hätte einen über den Durst getrunken und hör Gespenster. Zum Glück war's doch ein echtes Pferd und nicht der Leibhaftige.« Sie lachten.

Bei einer späteren Gelegenheit besuchten Marco Polo und die Schäferin im Anschluss an eine wunderschöne winterliche Kutschfahrt einen anderen Gasthof in Thomastown, The Bridge Brook Arms. Draußen hinter diesem großen weißen Pub mit den schwarzen Fensterläden befand sich, geschützt unter einem Zeltdach, eine Raucherecke mit einer offenen Feuerstelle für kalte Tage. Einige Freunde hatten sich um das Feuer geschart, um zu plaudern und in netter Gesellschaft die Wärme zu genießen. Einer von ihnen gab Marco Polo ein paar Karotten, die er still und genüsslich verzehrte. Ein anderer hielt ihm ein Glas

Guinness hin. Schließlich kam ein weiterer Freund auf den Hof und gesellte sich zu der fröhlich plauschenden Gruppe. Er ging an Marco Polo vorbei, blieb neben ihm stehen, legte ihm gedankenverloren die Hand auf den Widerrist und strich ihm über den Rücken, während er mit den anderen plauderte und lachte. Marco Polo ließ sich anstandslos anfassen, solange die Schäferin in der Nähe war. Doch wenn er längere Zeit stehen musste, verlagerte er manchmal das Gewicht auf das andere Hinterbein und beugte den Kopf, um sich am Bein zu kratzen. Der neue Besucher erschrak und sprang mit einem Aufschrei zurück. Er wurde leichenblass. »Ach du Schande!« Anscheinend hatte er das schwarze Pony am Feuer überhaupt nicht bemerkt. Ein Freund von ihm rief: »Der schwarze Bursche steht schon die ganze Zeit da, und du kriegst es nicht mal mit!«

Ein paar Jahre später kaufte die Schäferin noch die Stute Silver, ein irisches Zugpferd. Sowohl Major Beth als auch Silver brachten prachtvolle Fohlen zur Welt, die die Schäferin an tierliebe Menschen aus ihrem Bekanntenkreis verkaufte, um den dürftigen Ertrag unserer Farm aufzubessern. Ich liebte die Zeit des Abfohlens ebenso wie sie, da wir dann oft lange Nächte gemeinsam in den Ställen verbrachten. Ich half bei der Geburt der Fohlen, wobei diese etwas schwieriger waren als eine Lämmergeburt, da Fohlen und Stuten so viel größer sind als Lämmer und Schafe. Ähnlich wie beim Ablammen nutzte ich längere Pausen beim Geburtsvorgang der Fohlen, um im Heu und Stroh nach Mäusen oder Ratten zu suchen.

Major Beth Geburtshilfe zu leisten erinnert mich an die Zeit, als die Schäferin noch rauchte. Man erkennt vielleicht nicht auf den ersten Blick, was das eine mit dem anderen zu tun hat, aber es gibt einen Zusammenhang. Die Schäferin kam das erste Mal mit Tabak in Berührung, als sie mit Anfang zwanzig als Model, Schauspielerin und Inspizientin im Theater und als Barkeeperin in New York arbeitete. Da sie von Rauchern umgeben war, fing sie ebenfalls damit an, um sich die Zeit zu vertreiben. Jahre später wurde sie zu einer wahren Meisterin darin, sich auf dem Pferderücken mit einer Hand Zigaretten zu drehen, während sie lange Ausritte durch die Blue Ridge Mountains Virginias unternahm. Sie war ziemlich stolz auf dieses seltsame Talent, auch wenn ihre braunen Lederchaps deswegen mit kleinen grauen und schwarzen Flecken übersät waren, denn sie schnippte die heiße Zigarettenasche nie in den Wald, weil sie in den heißen, trockenen Sommermonaten keine Waldbrände verursachen wollte. Damit die heiße Asche nicht auf den trockenen Waldboden fiel, streifte die Schäferin sie am oberen Rand ihrer Chaps ab. Und wenn sie aufgeraucht hatte, drückte sie die Kippe auch daran aus.

Jahrelang schwankte sie zwischen Rauchen und Nichtrauchen. Irgendwann kam sie jedoch zu dem Schluss, dass es reichte, als ihr klar wurde, wie viel Geld sie für etwas ausgab, das sich buchstäblich in Rauch auflöste. In dem Jahr, als sie das Rauchen aufgab, erwarteten drei Stuten ein Fohlen: Silver, Major Beth und eine neue Stute, die schon trächtig gewesen war, als die Schäferin sie erstanden hatte. Sie erkannte bald, dass sie nur sehr wenig Schlaf bekommen würde und noch dazu keine Zigaretten hatte, um ihre dank des Schlafmangels miserable Stimmung aufzubessern. Also kaufte sie ein Päckchen und riss es sofort auf, damit die Zigaretten bis zur Zeit des Abfohlens schön schal und ungenießbar wurden. Dann investierte sie in Fläschchen mit gesundem Obst- und Gemüsesaft, und wann immer sie die Tabaksucht plagte, gönnte sie sich stattdessen einen Schluck Saft.

Ich habe ihn auch mal probiert – ungenießbar, für mich als

reiner Fleischfresser ist so etwas einfach nichts. Die Schäferin genoss ihre Obst- und Gemüsesäfte jedoch, und ihre Taktik erwies sich als so erfolgreich, dass Oscar und ich nie wieder den abscheulichen Geruch von kaltem Zigarettenrauch in unserem Fell ertragen mussten, was auch unserer Jagd zugutekam: Wenn unser Fell nach Zigaretten stank und der Wind sich drehte, verschreckte das die Kaninchen, die uns für Menschen hielten.

Major Beth bekam ihr erstes Fohlen im Mai, als die Schäferin sich gerade das Rauchen abgewöhnte. Es war ein braunes Stutfohlen und das erste Pferd, das zu Lebzeiten der Schäferin auf der Black Sheep Farm geboren wurde.

In den ersten zwei Tagen nach ihrer Geburt sind die Fohlen noch recht wackelig auf den langen Beinen; sie schlafen viel, trinken und bleiben dicht bei ihrer Mutter. Ab dem dritten Tag haben sie den Dreh raus und galoppieren durch die Gegend. Die Sache hat einen Haken: Sie können noch nicht bremsen. Ihre langen staksigen Beine tragen sie in rasendem Tempo über die Wiese, bis sie beschließen, die Vorderbremse auszuprobieren und kopfüber auf die Nasen fallen. Dann sortieren sie ihre Beine, stehen verdutzt und etwas unsicher auf und preschen weiter. Diesmal testen sie ihre Rückbremse aus, nur um mit einem Ausdruck äußerster Verblüffung auf dem Hinterteil zu landen. Doch gleich darauf sind sie schon wieder auf den Beinen, wedeln energisch mit dem Schweif und traben davon, als wäre nichts geschehen.

Am dritten Tag nach der Geburt des ersten Fohlens von Major Beth wollte die Schäferin nachsehen, wie es sich machte. Als sie die von einer Steinmauer umgebene Koppel erreichte, sah sie allerdings nur Major Beth, die nervös umhertrabte und wieherte, vom Stutfohlen keine Spur. Wo konnte es sein? Die ummauerte Koppel war nur gut 2000 Quadratmeter groß, die Mauern waren auf drei Seiten mindestens viereinhalb Meter und die Gatter weit über einen Meter hoch. Auch zwischen Gattern und Boden war nicht genug Platz, als dass ein Fohlen hätte hindurchschlüpfen können. Auch im Zaun an der vierten Seite der kleinen Koppel gab es kein Loch. Die Schäferin begann, die Mauer abzulaufen, in der Annahme, das Fohlen liege womöglich flach auf der Seite in einer Erdkuhle. Auf ihrem Weg kam die Schäferin an einem alten, tiefen Wassertank aus Beton vorbei, der von einer Grundwasserquelle unter der Mauer gespeist wurde. Als sie näher kam, sah sie ein Paar Ohren gerade noch über den Rand ragen. Sie rannte hinüber und erblickte ein erschöpftes Stutfohlen, von dem nur noch der Kopf zu sehen war. Es versuchte zwar tapfer, den Kopf über Wasser zu halten, die Nüstern zusammengepresst, damit kein Wasser eindrang, doch es war am Ende seiner Kraft.

Mit schier übermenschlicher Anstrengung hievte die Schäferin das Fohlen aus dem Wassertank, zog den Pulli aus, den sie an diesem kühlen Maitag getragen hatte, und begann, den zitternden, kalten Körper des Fohlens gründlich abzureiben. Dann steckte die Schäferin dem Fohlen die Finger ins Maul und stellte fest, dass es eiskalt war, was ein sehr schlechtes Zeichen ist, das auf Schock und Unterkühlung schließen ließ. Major Beth wieherte, stupste, knabberte an den Ohren der kleinen Stute und versuchte, sie zum Aufstehen zu bewegen. Sobald Major Beth und die Schäferin das Fohlen zum Aufstehen gebracht hatten, eskortierten sie es zwischen sich zum Hof und in den mit Stroh gefüllten Stall, wo die kleine Stute vor dem kühlen Maiwind geschützt war.

Die Schäferin rieb das Fohlen weiter ab, bis sie es riskieren konnte, kurz aufzuhören, um ins Haus zu rennen und den Tierarzt anzurufen. (Damals besaß die Schäferin, wie die meisten

Menschen, noch kein Handy.) Ich überwachte das Ganze vom Sims des Stallfensters aus und gab hin und wieder einen guten Rat, während die Schäferin sich nach Kräften bemühte, das Fohlen aufzuwärmen. Später in der Nacht, als das Fohlen dank der Hilfe des Tierarztes außer Gefahr war, beschloss sie, es auf den irischen Namen Uisce zu taufen, was »Wasser« bedeutet. Die Schäferin schreibt den Namen »Ishka«, damit ihn auch diejenigen richtig aussprechen können, die des Irischen nicht mächtig sind.

Ishka wurde wieder ganz gesund und lebt noch heute auf der Black Sheep Farm. Vor einigen Jahren brachte sie selbst eine Tochter zur Welt, eine wunderschöne braune Stute namens Grasshopper. Zu unserem großen Kummer erkrankte Major Beth einige Jahre nach Ishkas Geburt an Krebs und musste eingeschläfert werden. Zwei Jahre später bekam Silver Arthritis in den Knien und hatte so große Schmerzen, dass auch sie eingeschläfert werden musste. Jetzt gibt es nur noch drei Pferde auf der Farm: die wunderschöne Ishka, ihre hübsche Tochter Grasshopper und der nach wie vor prächtige Marco Polo. Der Wassertank ist übrigens heute mit einem Deckel verschlossen, der nur ein kleines Loch hat, aus dem die Tiere trinken können, damit es nie wieder zu einem derartigen Unfall kommt.

Teil II

Sommer

4

Bruthitze im Juni

Im Frühsommer kommen Leute, um die Lämmer zu kaufen, sobald sie von den Mutterschafen entwöhnt sind. Dann gehen die Schäferin und ich die Weiden ab, um zu prüfen, ob die Lämmer schon bereit sind, in ihr neues Zuhause umzuziehen. Wir treiben die Herde in den Pferch, wo die Schäferin die entwöhnten Lämmer aussortiert und für den Transport verlädt; die weiblichen Lämmer kommen zu anderen Züchtern, die Hammel zu Kleinbauern. (Hammel sind kastrierte Bocklämmer, die als Fleischlieferanten dienen, wenn sie fast ausgewachsen sind.) Eine Besonderheit der Zwartblesschafe ist, dass sie sehr langsam wachsen. Sie erreichen erst nach acht bis zehn Monaten ihr Schlachtgewicht. Weitverbreitete Schafrassen, die nur für die Fleischproduktion gezüchtet werden, wachsen wesentlich schneller. Ihr Alter ist mit dem von Katzen vergleichbar, also sind die Hammel schätzungsweise achtzehn Menschenjahre alt. Dieser Altersvergleich kann je nach Schafrasse etwas anders ausfallen, ähnlich wie bei einigen großen Hunderassen, die nicht so alt werden wie die kleineren. Es ist natürlich eine allseits bekannte Tatsache, dass Katzen allgemein länger leben als Hunde. Der eine oder andere würde hier vielleicht Philip Stanhope zitieren: »Ein Roman muss wahrlich überdurchschnittlich sein, um so lange zu leben wie eine Durchschnittskatze.« Ich gehe allerdings davon aus, dass er damit eine besonders schlecht übersetzte Version von *Krieg und Frieden* oder das *Mahabharata* meint.

Wenn die Sonne im Juni auf der Nordhalbkugel den Zenit

erreicht, ist die Hitze manchmal kaum auszuhalten. Ich gehe natürlich trotzdem meiner gewohnten Arbeit nach. Als Erstes mache ich einen frühmorgendlichen Rundgang über die Weiden, um die Schafe zu zählen, bevor die Hitze zu groß wird. Nach dem Frühstück gehe ich manchmal direkt in den Garten und suche mir ein hübsches, kühles Plätzchen unter einer Buchsbaumhecke, einem Strauch oder zwischen den langstieligen Wolfsmilchpflanzen. Frisch gejätete oder umgegrabene Stellen liebe ich besonders, weil die Erde dort so schön kühl ist. Dann döse ich vor mich hin, während im Hintergrund die Blütenbestäuber die Luft mit geschäftigem Summen erfüllen.

An einem Morgen im Mai hatte ich mich an einem meiner üblichen Plätze niedergelassen, und die Schäferin war gerade an mir vorbeigegangen, hatte mir einen guten Morgen gewünscht und machte sich auf, bei den Mutterschafen und Lämmern nach dem Rechten zu sehen. Während ich dort lag, stieg die Sonne höher und erwärmte die Erde um mich herum. Nach und nach bemerkte ich, dass mich etwas unter dem Bauch kitzelte. Ich lehnte mich zurück und rollte mich herum, in der Hoffnung, den Störenfried, den ich in meinem Fell vermutete, loszuwerden. Als ich den Kopf auf die Erde legte, hörte ich dicht bei meinem Ohr ein kaum wahrnehmbares Kratzgeräusch. Ich hob den Kopf und blickte mich um, um besser sehen zu können, als sich ein winziges Häufchen Erde aufzuschichten begann. Ich setzte mich auf und starrte hinunter, bereit zum Sprung, falls es sich um eine Maus, einen Maulwurf oder eine Spitzmaus handelte, die aus dem Boden auftauchen wollte. Stattdessen schob sich ein winziges schwarzes Köpfchen mit zuckenden Antennen aus der trockenen Erde, und eine kleine Biene mit einem schönen, leuchtenden, fuchsrot behaarten Rücken kam zum Vorschein. Emsig schaufelte sie die Erde beiseite. Anscheinend hatte ich aus Versehen den Eingang zu ihrem Nest versperrt. Als ich aufstand und mich umsah, entdeckte ich überall um mich herum winzige Erdhäufchen, die sich rund um kleine Löcher aufgetürmt hatten. Nach und nach tauchten immer mehr schwarze Köpfchen mit behaarten roten Körpern im Sonnenlicht auf. Damit war mein morgendliches Nickerchen an diesem Ort beendet. Es war ein höchst lehrreicher Moment für mich, da ich nun wusste, dass die Völker einiger Bienenarten nicht in Bienenstöcken, sondern unter der Erde leben. Später erfuhr ich, dass es sich bei diesen Höhlenbauern um Rotpelzige Sandbienen handelte, die man für ausgestorben gehalten hatte, bis die Schäferin das Biodiversity Ireland Data Centre, ein Archiv zur Dokumentation der irischen Tierwelt, darüber informierte, dass bei uns gerade etliche dieser Bienen aus dem Boden gekrochen waren. Die Natur überrascht mich doch wirklich immer wieder.

Wenn die Schäferin und ich eingehend die Wetterberichte studiert haben und es in nächster Zeit nicht nach Regen aussieht, beschließen wir, dass es an der Zeit ist, Heu zu machen. Die schönen langen Gräser mit den gefüllten Fruchtständen, Klee, Wicken und Kräuter müssen gemäht werden. Im Idealfall brauchen wir zehn Tage gutes Wetter am Stück, damit das geschnittene Gras optimal verarbeitet werden kann. Nach dem Mähen muss es ein bis zwei Tage liegen bleiben, danach wird es mit einer Maschine, einem sogenannten Heuwender, der über einen ziemlich beängstigend aussehenden Satz rotierender Zinken verfügt, gewendet und muss erneut trocknen.

Wir hoffen immer auf eine gute Heuernte. Je eher wir das Gras mit seinen großen Fruchtständen mähen und je eher es trocknet, desto schneller wird daraus gutes Heu mit einem hohen Eiweißanteil. Ein hoher Proteingehalt ist besser für die

Schafe, die das Heu dann nicht nur lieber fressen, sondern in den kalten Wintermonaten dadurch gesünder bleiben.

Wenn die Schäferin uns Katzen aus der Küche wirft, genieße ich den wundervollen, sommerlichen Duft des Heus. Er ist so wunderbar einschläfernd, dass ich dann von den Mäusen und Ratten träume, die ich zu fangen hoffe. Außerdem gibt es für uns drei Katzen nichts Schöneres, als uns behaglich im warmen Heu einzukuscheln, wenn es draußen kalt ist.

Wenn das Gras gemäht wird, mache ich immer einen großen Bogen um die Maschinen. Danach laufe ich mit der Schäferin durch das frisch geschnittene Gras, das sie noch einmal nach Traubenkraut oder Disteln absucht, die sie vor dem Mähen übersehen hat. Traubenkraut ist für Pferde und Rinder giftig. Disteln und Dornen können sich durch die Handschuhe schmerzhaft in die Hände bohren, wenn man im Winter Heu aus einem Ballen zieht. Ich dagegen halte nach Tieren Ausschau, die den scharfen Klingen der Mähmaschine zum Opfer gefallen sind. Pepper, Big Fellow, Bear und sogar die Eierlegerinnen freuen sich jedes Mal sehr, wenn sie Mäuse oder Maulwürfe finden, die sie ganz oder teilweise auffressen. Wir alle durchkämmen das frisch geschnittene Gras nach Leckerbissen unserer Wahl. Die Schäferin amüsiert sich prächtig, wenn eine Maus oder ein Maulwurf entdeckt wird und Hunde, Katzen und Eierlegerinnen um die Wette rennen, um sie zuerst zu erwischen.

Spätestens am Nachmittag des nächsten Tages wird der Gras-schnitt das erste Mal gezettet oder gewendet, um den Wasser-entzug zu beschleunigen. Die Maschine wirbelt die gemähten Pflanzen hoch und herum. Das unten am Boden liegende Gras wird nun ganz nach oben gewirbelt. Die Sonne des nächsten Tages setzt den Trocknungsprozess fort, und das Gras wird zu Heu. Das gemähte Gras muss mehrere Tage lang regelmäßig gewendet werden, bis es sich nicht mehr kühl anfühlt, sondern warm und trocken geworden ist.

Als Nächstes wird das Gras zu Schwaden zusammengerecht, durch die der Wind hindurchwehen kann. Das beschleunigt die Trocknung, und das Heu kann anschließend zu Ballen gepresst werden. Das trockene Heu wird in der Ballenpresse in ein festes Netz eingebunden, und die Ballen werden auf den Wiesen abgelegt. Die frischen Heuballen müssen dort einige Zeit liegen bleiben, damit sie sich setzen können und nicht überhitzen. Die Schäferin und ich hoffen dann inständig, dass sie nicht vom Regen durchweicht werden. Wir binden unsere Ballen so dicht, dass sie leicht regenabweisend sind. Zu guter Letzt werden unsere Ballen, wenn sie – ähnlich wie ein guter Wein, wie man mir sagt – ausgereift sind, in den trockenen Stall gebracht und dienen als Winterfutter für unser Vieh.

Am liebsten helfe ich bei der Heueinfahrt. Wenn die einzelnen Ballen auf unsere Rundballenmaschine geladen werden, strecke ich mich im kühlen Schatten aus. Sobald die Schäferin den Motor des Quads startet, springe ich auf ihren Schoß, um mit ihr zum Stall zu fahren, wo die neuen Heuballen gelagert werden. Ich liebe es, wenn der kühle Wind mir durch das Fell streicht. Am Stall angekommen, springe ich vom Quad und setze mich auf einen der bereits dort gelagerten Heuballen und bewundere die Geschicklichkeit, mit der die Schäferin das Quad samt Hänger wendet und rückwärts in den Stall fährt, um einen neuen Ballen in Position zu bringen und zu entladen. Bevor sie wieder losfährt, um den nächsten Ballen zu holen, ruft sie nach mir, und ich gehe, laufe oder schlendere zum Quad, um wieder mit ihr zur Weide zu fahren.

Da einem bei der Arbeit mit den Heuballen ganz schön heiß werden kann, beneide ich gelegentlich meine Schafherde, die, im Gegensatz zu mir, geschoren wird. Die Schafe können die kühle Sommerbrise auf der Haut spüren, sobald sie ihr dickes, wolliges Vlies los sind.

Manchmal scheint mir die Natur nur schwer zu ertragen, denn ich muss warten, bis ich mein langes, seidiges Fell im Sommer von selbst verliere und mir wieder kühler wird. Ich trage, ähnlich wie ein Mensch, stets drei Schichten übereinander. Die unterste Schicht, direkt über der Haut, besteht aus feinem, seidigem Fell, das Vergleiche mit der edelsten, feinsten Seidenunterwäsche nicht scheuen muss und meinen ganzen Körper bedeckt. Die mittlere Schicht, die Leithaare, entsprechen dem T-Shirt und der Sommerjeans der Schäferin, allerdings verdichtet sie sich im Winter zu einer Art kuscheligem Wollpullover. Und schließlich gibt es noch meine langen, groben Grannenhaare, die sich sehr von den beiden feinen inneren Schichten unterscheiden, mir aber genialerweise als Regenmantel dienen und die beiden inneren Schichten meines Haarkleids trocken halten. Folglich kann ich auch dann problemlos mit der Schäferin über die Felder streifen, wenn es in Strömen gießt, Graupelschauer vom Himmel prasseln oder Schneeflocken fallen, mein Fell wird nur oberflächlich benetzt. Ab und zu schüttele ich mich ausgiebig, um das überschüssige Wasser loszuwerden, damit mein Fell wieder flauschig wird. Auf diese Art bleibe ich unter meinen drei Fellschichten knochentrocken und herrlich warm, solange keine Böe und kein Mensch mir das Fell gegen den Strich kämmen, sodass kalter Wind und Nässe eindringen können.

Das Fell des schönen schwarzen Zwartblesschafs ist in ähnliche Schichten unterteilt, die allerdings anders heißen. Die Haare, die Zwartblesschafe im Gesicht und an den Beinen haben, heißen schlicht und einfach Haare. Darüber hinaus besitzen sie auch eine kleine Menge an Stichelhaaren. Diese bilden ihre mittlere Schicht und sind mitunter kurz und brüchig, weil sie innen ganz oder teilweise hohl sind. Darüber befindet sich die äußere Schicht, die aus der echten Wolle besteht. Wie die meisten Tiere verlieren Schafe ihre Stichelhaare, sobald die kalten Winterwinde abgeklungen sind. Diese mittleren, markhaltigen Haare ähneln zwar denen, die als Wolle verarbeitet werden, sie sind allerdings nicht so kraus und elastisch, beides wesentliche Eigenschaften von Wolle. Brauchbare äußere Wollfasern müssen über bestimmte Qualitäten verfügen, damit sie zu Filz verarbeitet oder zu Garn oder Zwirn gesponnen werden können, um daraus unter anderem Stoff für warme Menschenkleidung zu weben. Die letzte wichtige Faser, die verarbeitungsfähige Wolle, ist eine der ältesten nachwachsenden Fasern, aus der die Menschen seit Tausenden von Jahren Kleidung herstellen. Bevor sie gelernt hatten, Schafwolle zu nutzen, trugen sie Tierhäute mit dem dicken Winterpelz der Tiere, die sie auch um ihres Fleisches willen jagten.

Wolle aus nachwachsenden Fasern unterscheidet sich wesentlich von Menschen- und, nebenbei bemerkt, auch von Katzenhaaren, da sie wie erwähnt sowohl elastisch als auch gekräuselt ist. Eine starke Kräuselung, die Kräuselbögen in der Wollfaser pro Zentimeter – zum Beispiel zehn –, erleichtert es der Schäferin und den Mitarbeitern der Wollspinnerei, die sorgfältig gereinigte Rohwolle zu feinem, dehnbarem Garn zu spinnen. Die Elastizität der Wolle macht sie formbar und geschmeidig und verleiht ihr gleichzeitig eine Spannung, die dazu führt, dass sie, wenn sie auseinandergezogen oder gepresst wird, bald ihre ursprüngliche Form wieder annimmt. Anders als strapaziertes Haar oder Fell reißt und bricht Wolle auch nicht.

Interessanterweise ist Schafwolle von Natur aus schwer entflammbar. Wie das geht? Wolle fängt zum Beispiel erst bei höheren Temperaturen Feuer als Baumwolle, da Wolle mehr Sauerstoff benötigt und nicht richtig verbrennt, sondern nur verkohlt, sodass die Flamme von allein verlischt. Deshalb wird Schafwolle bei der Herstellung schwer entflammbarer Materialien verwendet, mit denen zum Beispiel die Sitze von Flugzeugen oder Zügen gepolstert werden.

Sie unterscheidet sich noch in einem anderen wesentlichen Punkt von meinem Fell oder menschlichen Haaren. Schafshaut produziert Wollwachs, ein feines, pflegendes, wasserfestes Sekret. Lanolin schützt die Wolle und Haut der Schafe auf natürliche Weise vor den schädlichen Auswirkungen nassen Wetters und rauer Witterung. Es spielt auch eine wichtige Rolle bei der Hautpflege des Menschen. Wenn das Vlies vor dem Spinnen gereinigt wird, wird das daraus gewonnene Lanolin zur Herstellung von Cremes verwendet, die hautberuhigend und schützend wirken.

Wolle ist die einzige Naturfaser, die bis zu dreißig Prozent ihres Trockengewichts an Wasser aufnehmen kann. Wird Wolle nass, setzt eine chemische Reaktion ein, bei der Wärme entsteht. Die Schäferin erlebte diese natürliche Wärmefunktion feuchter Wolle mehrmals am eigenen Leib; die denkwürdigste Erfahrung machte sie einige Jahre nach ihrer Rückkehr auf die Farm ihrer Familie in Irland. Die Regenfälle im März lassen den Pegel der Nore oft so stark ansteigen, dass sie über die Ufer tritt und unsere Felder überflutet. Die Nore, die, zusammen mit der Barrow und der Suir, die Three Sisters oder drei Schwestern bildet, entspringt an dem Berg Devil's Bit und fließt bis nach Waterford. Dabei durchquert sie ein Tal, das als Valley of Death, Tal des Todes, bekannt ist, weil sich dort viele uralte Grabstätten befinden. Sie fließt vorbei an unseren drei Feldern, die »Inches« genannt werden, nach dem irischen Wort *inish*. Das obere Inch liegt ein ganzes Stück flussaufwärts von der Farm entfernt, das mittelgroße und das kleine Inch dagegen nicht weit flussabwärts. Der Name des kurzen Inch spiegelt seine Geschichte wider, denn sein oberer Teil wurde früher Quellen-Feld genannt, weil dort so viele davon aus dem Boden traten. Dieser Teil wurde jedoch schon vor langer Zeit vom Großvater der Schäferin verkauft, der das Geld für wichtige Reparaturarbeiten auf dem Hof benötigte.

An einem Tag im März setzten die Schäferin und ihr Vater es sich in den Kopf, die Nore von ihrem Haus bis nach Inistioge mit einem Kanu hinunterzufahren, eine Strecke von gut siebzehn Kilometern. Die Landschaft ist sehr hübsch, die Ufer werden von Weiden, Eichen, Eschen, Buchen, grasüberwachsenen Feldern, Gärten, Schlossruinen und verfallenen alten Mühlen gesäumt. Der Fluss ist voller Flusskrebse, Forellen und Aale, und um diese Jahreszeit kommen auch Lachse und die bizarr aussehenden Neunaugen, um inmitten der Otter und Eisvögel abzulaichen. Der Fluss ist auch die Heimat der berühmten Nore-Flussperlmuschel, die man an keinem anderen Ort der Welt findet.

Nachdem sie im Dorf Thomastown angelegt hatten, um eine alte Freundin, eine Reiseschriftstellerin, zum Mittagessen zu treffen, brachen die beiden wieder auf. An der alten Lachsfalle, die flussabwärts von Dangan Castle, weit außerhalb der Sicherheit der riesigen steinernen Brückenbögen der Thomastown Bridge lag, verschätzten sie sich jedoch, sodass sie mit dem offenen Kanu kenterten und unfreiwillig ein eisiges Frühlingsbad im Fluss nahmen. Der Vater der Schäferin, der unter seiner Regenkleidung eine Fleecejacke trug, bekam die Kälte schnell zu spüren, aber der wollene Pullover der Schäferin fühlte sich schon bald aufgrund der thermoregulierenden Eigenschaften der Wolle seltsam warm an. Was die beiden überhaupt zu dieser Jahreszeit auf dem Fluss zu suchen hatten, lässt sich nur vermuten, aber glücklicherweise kamen sie mit heiler Haut davon.

Früher war Wolle für viele Schafzüchter hier in der Gegend ein wichtiges finanzielles Standbein und sorgte für ein verlässliches Einkommen. Die Schäferin erzählt mir solche Dinge gern, wenn sie in Erinnerungen schwelgt. Damals fanden sich hier überall entlang der Flussufer neben den Flachs- und Getreidemühlen auch Wollspinnereien. Es gibt direkt gegenüber von unserem Hof eine Straße namens Woollen Grange Road, Wollfarmstraße, die parallel zum Fluss verläuft, und ein Stück weiter die Straße hinunter befinden sich mehrere alte Gebäude, die früher eine Merinofabrik beherbergten. Hier produzierten zwei örtliche Gutsherren qualitativ hochwertige Stoffe aus Merinowolle. Die Merinoschafe entstammten einer Herde, die aus Spanien importiert worden war. Einige davon wurden später nach Australien verschifft und begründeten große Herden, die nun feinste weiße Wolle produzieren. Heutzutage gibt es nur noch eine Getreidemühle, die Wollspinnereien sind vor langer Zeit geschlossen worden, sodass unsere Wolle zwanzig Meilen nach Graiguenamanagh transportiert werden muss, um dort zu Garn gesponnen zu werden.

Auch wenn die Schäferin moderne soziale Medien nutzt, um unsere Schafsprodukte zu verkaufen, liebt sie die traditionellen, bäuerlichen Erzeugnisse aus der guten alten Zeit, die mit so großer Sorgfalt hergestellt wurden, dass sie Generationen überdauerten. Sie erklärt mir oft etwas großspurig, dass Philip Cushen von Cushendale Woollen Mills »bei der Entstehung und Weiterentwicklung der Wollerzeugnisse der Black Sheep Farm eine wichtige Rolle spielte«. Er sei ein hochbegabter Weber, sagt sie, mit einem angeborenen Verständnis für die nachhaltige Verarbeitung von Wollfasern und die Prozesse, die sie durchlaufen müssen, angefangen beim Schaf, das auf unserer kleinen, grünen Weide grast, bis hin zur fertigen, hochqualitativen Wolldecke, die unter dem Label Zwartbles Ireland verkauft werden kann. Sie gerät dann leicht ins Dozieren und erzählt mir, dass die Kunst dieses großartigen Handwerks und das Wissen über Wolle in der heutigen Zeit der chemisch verarbeiteten Kunstfasern immer mehr aussterben. Deshalb sei es umso wichtiger, dass Cushen ihr dabei geholfen habe, die Wolle der Zwartblesschafe und die Möglichkeiten, die sie bietet, besser zu verstehen.

Ich muss ihr das natürlich unbesehen glauben, schließlich habe ich Philips Wollspinnerei am Zufluss der Barrow im Dorf Graiguenamanagh noch nie von innen gesehen – nicht, dass mir eine der Spinnmaschinen über den Schwanz rollt!

Seit den 1890ern werden in der Spinnerei Vliese aus Rohwolle zu Garn verarbeitet. Dabei werden sie zunächst gereinigt, dann entwirrt und anschließend mithilfe einer »Karde« genannten Maschine zu dicken, runden Kardenbändern gedreht. Diese werden im nächsten Schritt zu schmaleren Fäden gestreckt und schlussendlich mit den antiken Spinning Mules zu Garn gesponnen. Die meisten Spinnmaschinen sind alt – sie stammen aus dem frühen zwanzigsten Jahrhundert –, sodass Besucher sich in frühere Zeiten zurückversetzt fühlen, wenn die Räder der Spinning Mule über die Holzböden der Spinnerei rollen.

Die Schäferin beschreibt mir gern, wie Philip neben der Spinning Mule auf und ab geht, wenn sie die Wolle spinnt. Er redet von der Maschine, als sei sie ein Mensch, und behauptet sogar, sie würde mit ihm sprechen. Dann lauscht er ihr, während sie gleichmäßig vor- und zurückrollt. Wird der Faden zu Garn ge-

sponnen, sucht Philip nach Brüchen. Reißt ein Faden, verknüpft er ihn schnell wieder, indem er die Wollfasern flink zwischen den Fingern dreht. Sobald die Spindeln voll sind, hält er
die Maschine an, um leere Spindeln einzusetzen. All das geschieht in einem geübten Rhythmus, der auf jahrelanger Erfahrung beruht. Die Spinnerei ist, ebenso wie die Black Sheep
Farm, seit vielen Generationen in Familienbesitz, was der Schäferin sehr wichtig ist.

Um noch einmal auf mein Fell zurückzukommen – zum Glück
kann ich mein schweres Winterkleid abwerfen, um mich bei
drückender Sommerhitze kühl zu halten. Allerdings brauche ich
Hilfe bei der Fellpflege, obwohl ich es kaum ertragen kann,
wenn die Schäferin an den verfilzten Haaren zieht oder mit der
Bürste in den Knoten hängen bleibt.

Im Gegensatz zu mir können unsere Schafe ihr dickes Winterfell nicht abwerfen, das ihnen im Laufe der Jahrhunderte
vom Menschen angezüchtet wurde, um qualitativ hochwertige-
re Vliese zu erhalten. Wenn also das Wetter im Frühling und
Sommer wärmer wird, wird das Wollfett geschmeidig und flüs-
sig. Dann schüttelt die Schäferin den Zaubereimer, und die
Schafe folgen ihrem Ruf und kommen zum Scheren herbeige-
trottet. Zu diesem Ereignis versammeln sich hier Spinner und
Filzer aus dem gesamten ländlichen Raum Irlands, um ihr Lieb-
lingsschaf auszuwählen und beim Scheren zuzusehen. So können sie persönlich dafür sorgen, dass sie wunderbare, schwere
Vliese bekommen, die sie mit nach Hause nehmen und zu Garn
spinnen können.

Der Frühsommer weckt in der Schäferin oft Erinnerungen an
ihre Kindheitsbesuche auf der Black Sheep Farm. Ihre Eltern

ließen sie und ihre ältere Schwester damals oft allein aus ihrer Heimat in den USA nach Irland fliegen. Flugtickets für Kinder waren damals viel günstiger. Im Alter von fünf Jahren bestieg sie mit ihrer achtjährigen Schwester die Aer-Lingus-Maschine am Kennedy International Airport in New York. Ihre Mutter ließ sie beruhigt ziehen, weil sie Namensschilder aus Pappe um den Hals trugen und Winny Hayes und der Rest der freundlichen Kabinencrew sich gut um die beiden kümmerte.

Um sich während des Flugs die Zeit zu vertreiben, versuchte die kleine Schäferin, in den winzigen Töpfchen mit Kondensmilch, die die Passagiere für Tee oder Kaffee bekamen, Butter herzustellen. Weder ihre Schwester noch die Kabinencrew versuchten sie davon abzuhalten, sodass sie die meiste Zeit zufrieden damit verbrachte, die Flüssigkeit zu verquirlen – ohne Erfolg, wie ich hinzufügen sollte.

Das Flugzeug überquerte den Atlantik und landete in Shannon, wo die Mädchen von ihren Großeltern abgeholt wurden, die sie auf jenen Hof in Kilkenny mitnahmen, der viele Jahre später unter der Leitung der Schäferin zur Black Sheep Farm werden sollte.

Einmal baten die Großeltern eine Gruppe Nonnen, die ebenfalls in die USA zurückkehrten, die Schwestern im Auge zu behalten. Die von Kopf bis Fuß in den traditionellen, langen, schwarz-weißen Habit gekleideten Frauen, die an eine Pinguinkolonie erinnerten, nahmen die beiden für den Flug zum Kennedy Airport unter ihre Fittiche. Aus irgendeinem Grund wurde der Flug abgesagt, sodass die Schäferin und ihre Schwester die ganze Nacht bei ihrer Nonnen-Kolonie verbringen mussten, die sich gutmütig und beflissen um sie kümmerte. Als der verspätete Flug am nächsten Morgen endlich startete, versprengten die Nonnen zum Schutz nicht nur ein wenig Weihwasser in der Kabine, sie bespritzten auch die Schäferin, ihre Schwester und ihre Malbücher. Heute findet sie das eher lustig, aber damals war sie wütend, weil ihr Malbuch so durchweicht war, dass sie nicht mehr darin malen konnte.

Ich kann nur bestätigen, dass Kindheitserinnerungen viele widersprüchliche Gefühle in Mensch und Tier auslösen können. So habe ich am eigenen Leib erfahren müssen, dass die Entengrütze auf einem Teich zwar das Gewicht eines Frosches trägt, das eines Katers jedoch definitiv nicht. Es ist immer noch ein Naturgesetz, dass Erfahrung etwas ist, was man erwirbt, *nachdem* man es gebraucht hätte!

Etwas Ähnliches ist der Schäferin ebenfalls passiert, als sie als kleines Kind hier auf dem Hof war. Die Eltern und Großeltern hatten den Kindern gesagt, sie dürften nicht zum Abendessen auf die Veranda kommen, weil sie an diesem Tag einen sehr wichtigen Besucher hatten. Also begaben sich alle sieben Kinder zum Spielen auf eine Wiese, die ein gutes Stück vom Haus entfernt lag und auf der es einen alten Teich gab. Das Teichufer war zementiert, und die Kinder spielten Fangen, rannten um den Teich herum und wagten sich dabei gefährlich nahe an den Rand, bis plötzlich eines der anderen Kinder die Schäferin in den Teich schubste. Auf der Wasseroberfläche trieb ein dichter Teppich aus grüner Entengrütze. Darunter verbarg sich ein tiefer, zäher, übel riechender Schlamm, der aus jahrelang vor sich hin faulenden Blättern und Kuhmist entstanden war. Die Schäferin war außer sich, weil sie über und über mit grüner, glibberiger, stinkender Entengrütze bedeckt war; als sie rasch zum Haus zurückrannte, sah sie aus wie ein kleines grünes Monster. Niemand schien über ihre Ankunft auf der Veranda allzu erfreut zu sein, auch wenn alle versuchten, ihre Belustigung zu verbergen.

»Nein, so gehst du mir nicht ins Haus! Ab mit dir in den Garten, spritz dich erst mal mit dem Wasserschlauch ab.«

Als sie davonging, hörte sie mehr Gelächter und wusste, dass es auf ihre Kosten ging. Erst viel später erfuhr sie, dass der besondere Gast Graham Greene, der berühmte Schriftsteller, gewesen war. Und so lernte Graham Greene die Schäferin als grünes Teichmonster kennen. Er hätte aus der Begegnung mit Sicherheit eine Anekdote mit einer amüsanteren Pointe machen können als die Schäferin – wie er einmal einen befreundeten Schriftsteller auf dem Land besuchte und ihre intellektuelle Diskussion von der dürren blonden Enkelin des Gastgebers unterbrochen wurde, die von Kopf bis Fuß mit übel riechender Entengrütze bedeckt war.

Als Kind verbrachte die Schäferin den Sommer meist mit Streifzügen über die Felder oder mit Arbeiten im Farmgarten, wo sie Obst, Gemüse und Blumen erntete, die auf einem einheimischen Landmarkt oder beim Gemüsehändler verkauft wurden. Sie erinnert sich auch, wie sie die Hof-Eselin Ishbel, ein überaus stoisches Langohr, antrieb. Ishbel zog den Karren, wenn Heu gemacht, Dünger auf Blumenbeeten verteilt oder Birnen und Äpfel geerntet wurden. Gab es auf dem Hof nichts für Ishbel zu tun, nahmen die Schäferin, ihre Geschwister und Freunde sie zu allerhand Abenteuern mit. Wenn Brot oder Milch im Haus benötigt wurden, kletterten sie alle in den Eselskarren, und Ishbel zockelte oder trabte mit ihnen hinunter ins Dorf, wobei das Tempo stark von Ishbels Stimmung abhing. Dort machten sie ihre Besorgungen und kauften sich von dem Geld, das sie für die Himbeer- und Johannisbeerernte oder das Unkrautjäten bekommen hatten, ein Schokoladeneis.

Manchmal fuhren sie auch zur Glasbläserei eines gewissen

Simon Pearce auf der anderen Seite des Dorfes, der später das Dorf verließ und heute eine Glasbläser-Fabrik in White River Junction, Vermont, führt, mit einem Wasserkraftwerk, das vom White River angetrieben wird.

In seiner Fabrik in dem irischen Dorf gab es eine Aussichtsplattform, von der aus Touristen den Glasbläsern zuschauen konnten und auf der sich auch ein Billardtisch befand. Die Schäferin, ihre Schwester und ihr kleiner Bruder banden Ishbel draußen vor der Fabrik an, wo Touristen Fotos von ihr und ihrem Karren machten, während die Kinder Billard spielten.

Einmal, als sie mit dem Eselskarren auf dem Heimweg von der Glasfabrik waren, mussten sie am Dorfladen haltmachen, um Brot und Milch fürs Abendessen zu kaufen. Die Schäferin und ihr Bruder liefen in den Laden, während ihre Schwester draußen stehen blieb und Ishbel am Zaumzeug festhielt. Plötzlich fuhr ein Auto voller Touristen vor, die die Schwester fragten, ob sie in den Karren steigen dürften, während einer von ihnen Fotos machte. Die Schwester stimmte zu, und die Gruppe kletterte in den Karren. Schließlich baten die Touristen sie, jemandem aus ihrer Gruppe das Zaumzeug zu überlassen, was sie auch tat. Nachdem diverse Fotos gemacht worden und die Touristen wieder aus dem Karren geklettert waren, ließ der Tourist, der das Zaumzeug gehalten hatte, es einfach los und ging davon. Ishbel witterte ihre Chance und galoppierte durchs Dorf und über die Brücke davon. Als die Schäferin und ihr Bruder aus dem Laden kamen, sahen sie nur noch, wie ihre Schwester hinter der Eselin herrannte, die gerade in vollem Galopp Kurs auf ihr Zuhause nahm. Glücklicherweise gab es damals nicht viel Verkehr, sodass es nicht zu einem Unfall kam.

Die Schäferin erlebte noch ein zweites aufregendes Abenteuer mit einem Esel, als sie eine junge weiße Eselin namens Snowball an den Karren gewöhnte, während eine Freundin mit dem Fahrrad neben ihr herfuhr. Plötzlich erschreckte sich Snowball vor irgendetwas, biss auf ihr Zaumzeug, ging durch und galoppierte kopflos im Zickzack über die Straße, bis eines der Räder über die Böschung rollte und der Karren samt Esel und Kutscherin umkippte. Die Schäferin fand sich eingeklemmt unter dem schweren Holzkarren wieder; Snowball lag, immer noch an die Deichsel geschirrt, eingekeilt auf der Seite. Sie geriet in Panik, keilte aus und versuchte sich freizukämpfen. Da die Schäferin nichts tun konnte, rief sie der Freundin zu, sie solle sich auf den Kopf der wild strampelnden Eselin setzen, bis Hilfe käme. Sobald die Freundin sich auf Schneeballs Kopf niederließ, beruhigte diese sich.

Zum Glück brauchten sie nicht lange zu warten, bis ein riesiger Lastwagen vorbeikam. Der Fahrer musste anhalten, weil die eingekeilte Eselin, der umgekippte Karren und die eingeklemmte Schäferin die schmale Landstraße komplett versperrten. Er sprang aus dem Führerhaus, half der Freundin, Snowball abzuspannen, und hob dann den Karren an, sodass die Schäferin darunter hervorkriechen konnte. Die Schäferin hatte großes Glück gehabt, denn sie hatte nur leichte Prellungen und Abschürfungen an der Hüfte und am Oberschenkel. Snowball war vollkommen unversehrt.

Einer ihrer Lieblingsausflüge aus ihrer Kindheit war die Fahrt mit dem Eselkarren zur zehn Kilometer entfernten Kells Priory. Damals war Kells, ein verfallenes, normannisches Augustinerkloster aus dem Mittelalter, ein versteckt liegendes, prachtvolles, ländliches Kleinod irischer Archäologie. Abgesehen von den Einheimischen betraten nur wenige den riesigen, rechteckigen, ummauerten Wohnbereich mit den pittoresken hohen Ecktürmen. Teilweise von riesigen Feldern umgeben, liegt Kells eingebettet im King's River Valley direkt unterhalb der beiden wunderschönen Kalksteinbrücken von Kells. Die Schafe und das Vieh der örtlichen Bauern grasten auf den saftigen Weideflächen in und um den Wohnturm. Die beeindruckenden Ruinen der Befestigungsanlage und die verfallenen Kapellen waren Relikte einer Zeit, in der das religiös und landwirtschaftlich produktive Leben der Mönche von Plünderern bedroht wurde. Auf dem ungefähr einen Hektar großen Land der Priorei gab es mehrere viereckige Steintürme, die den Kindern genug Halt zum Hochklettern boten. Sie liebten es, die verschiedenen Türme zu besteigen, um die unterschiedlichen Aussichten der umliegenden Landschaft zu genießen. Manchmal huschten sie auch katzengleich und mit jener Furchtlosigkeit, die jungen Menschenkindern zu eigen ist, über die hohen Mauersimse. Auch auf dem Boden gab es in der Klosterruine zahllose Ecken und Winkel, die großartige Versteckmöglichkeiten boten, sodass sich hier hervorragend Verstecken spielen ließ. Viele Erinnerungen an Geburtstagspicknicke und -spiele in Kells werden von Freunden und Familie wie ein Schatz aufbewahrt.

Die Schäferin ist der festen Überzeugung, dass diese aufregenden Erlebnisse und zahlreiche andere bleibende Kindheitserinnerungen sie viele Jahre später hierher auf den kleinen Hof ihrer Familie im Nore-Tal im County Kilkenny zurückführten. Ich persönlich glaube, dass die Rückkehr auf den Hof den Kreis ihres Lebens schloss, nachdem sie so viele Jahre in New York, London und Südostasien gearbeitet hatte, und vermutlich würde sie mir zustimmen.

5

Sommergäste

Im Sommer, vor allem im Juni und Juli, kommen viele Gäste auf die Black Sheep Farm. Ich dulde sie, weil sie, wie mir die Schäferin erklärte, unsere Rechnungen bezahlen. Sie drückt es natürlich netter aus und nennt sie Teil der wachsenden Black-Sheep-Farm-Gemeinschaft, die sie schon seit vielen Jahren mithilfe der sozialen Medien aufbaut. Sie sagt oft zu mir, dass die Landwirtschaft in ihren Augen etwas von einer Religion hat. Es gibt viele verschiedene Arten von Landwirtschaft, und jede davon hat eifrige Anhängerinnen und Anhänger, deren Begeisterung für ihre jeweilige Methode sie auch in harten Zeiten durchhalten lässt.

Die Schäferin ist eine Verfechterin des Sprichworts: »Jedem das Seine.« Sie hört zwar immer zu und zeigt Interesse, aber sie mag es nicht, wenn jemand ihr eine Überzeugung aufzudrängen versucht. Beispielsweise gibt es hier in Irland, das ja eine vergleichsweise kleine Inselnation ist, eine riesige Anzahl unterschiedlicher Bodenarten, sodass es viele verschiedene Bewirtschaftungsmethoden für dieselben landwirtschaftlichen Produkte gibt, sei es im Ackerbau oder bei der Viehzucht. Die Schäferin brennt für die Landwirtschaft und ist ihr vollkommen ergeben, aber sie versteht auch, dass eine der Herausforderungen eines modernen Hofbetriebes das Geldverdienen ist, um den Laden am Laufen zu halten. Mit nur knapp über fünf Hektar Weideland und einer kleinen Herde Zwartblesschafen ist das nicht immer leicht.

Auch wenn sie in vielerlei Hinsicht altmodisch ist, beschloss die Schäferin, mit der Zeit zu gehen, und nutzt die sozialen Medien als günstige Verkaufsplattform, anstatt für die klassischen Werbeanzeigen in Zeitungen und Zeitschriften zu bezahlen. Die Ersten, die uns auf den sozialen Medien folgten, waren Schafzüchter und andere Landwirte. Nach und nach begannen auch viele Nichtlandwirte, sich für uns zu interessieren, weil sie neugierig auf das Landleben waren, und Menschen, die gern strickten, fragten, ob sie Garn aus unseren Schafvliesen kaufen könnten. Aber auch treue Black-Sheep-Farm-Fans, die nicht selbst strickten, waren begeistert und wollten gern fertige Wollprodukte haben, sodass die Schäferin auch Zwartbles-Decken für Menschen entwickelte.

Dann wurde die Schäferin von ihren Followern gebeten, für mich doch auch eine Webseite zu eröffnen, weil sie auf der Zwartbles-Ireland-Seite so viel über mich berichtet hatte und die Menschen mich offensichtlich hoch spannend fanden – zu Recht, wie ich finde. So bekam ich einen Twitter-Account, den ich täglich mit der Hilfe der Schäferin update. Vorausgesetzt, das Breitbandnetz hier auf dem Land spielt mit … Als sie einer amerikanischen Landwirtschaftszeitschrift namens *Modern Farmer* ein Interview über mich gab, verkündete der Journalist, Jesse Hirsch, doch tatsächlich: »In den wenigen Monaten seit Mr. B, der Kater, seinen eigenen Twitter-Account bekommen hat, hat er dieselbe Anzahl an Followern erreicht, für die sein Frauchen Jahre brauchte.« Ich will ja nicht angeben, aber ich finde es amüsant, wenn sie sich darüber beschwert. Man kann sich vorstellen, wie sauer sie erst war, als ihr jemand sagte, ich sollte mehr Publicity bekommen … Seitdem stand ich für diverse Fernsehberichte und -Dokumentationen über Wolle und die Haltung von Schafen als Woll- und Fleischlieferanten vor der

Kamera. All das mache ich geduldig mit, denn wenn es der Schäferin hilft, die Farm am Laufen zu halten, trage ich gern meinen Teil dazu bei.

Die Zeit verging, Garn und Decken wurden gekauft, in aller Herren Länder verschifft, und die Menschen stellten fest, dass ihre pelzigen Gefährten die echte Wolle der Zwartbles-Decken liebten, sodass sie auch kleinere Decken für ihre Katzenfreunde haben wollten. So wurde meine Katzendecke entworfen. Einer meiner Twitter-Follower benutzte eine davon sogar dazu, eine streunende Katze in sein Haus zu locken, die nun ein geliebtes Familienmitglied geworden ist. Ich bin ziemlich zufrieden damit.

Dann ist da noch die Geschichte von Smudge. Smudge war ein schwaches Lämmchen, das im Warmhaltefach des AGA-Herds aufgewärmt und mit der Flasche aufgezogen werden musste. Zur selben Zeit unterzog sich eine Frau in Florida einer Chemotherapie gegen ihren zweiten Ausbruch von Brustkrebs. Sie verfolgte Smudges Entwicklung online und schrieb uns, dass sie, sobald sie wieder gesund ist, nach Irland kommen und Smudge gern besuchen kommen würde. Ein Jahr später flog sie beladen mit Geschenken vom warmen Florida ins kühle Irland. Sie verbrachte eine wunderbare halbe Stunde damit, sich ausgiebig mit Smudge zu unterhalten.

Die Schäferin erhielt zudem Nachrichten und E-Mails von Müttern, die erzählten, wie sehr ihre Kinder im Krankenhaus die täglichen Berichte über das Hofleben auf Twitter genossen, oder auch von Kindern, die bei Besuchen bei ihren betagten Eltern im Pflegeheim oder Krankenhaus als Erstes gefragt wurden: »Und, was ist heute auf dem Zwartbles-Hof passiert?« Bei solchen Geschichten wird der Schäferin warm ums Herz, denn sie weiß, was es bedeutet, sehr krank zu sein, und wie sehr man sich über jede Ablenkung freut, die einem hilft, das, was im eigenen Leben gerade schiefläuft, zu vergessen.

Der nächste Schritt war für viele meiner Follower der Besuch auf der Black Sheep Farm, um mich selbst und einige der umgänglicheren Schafe und Böcke wie Smudge kennenzulernen. Sie buchten im Voraus einen für beide Seiten passenden Termin, sodass sie keine wichtigen Arbeiten auf der Farm störten. Verständlicherweise würden viele gern während des Ablammens vorbeikommen, aber gerade dann leiden wir alle sehr unter Schlafentzug, deshalb legten wir den Sommer als Besuchszeit fest. In unseren Besuchergruppen vermischt sich mittlerweile die internationale Welt der Strickfreunde, Bauern, Kochschüler oder sogar Touristen aus weit entfernten Ländern wie Japan, Australien, Neuseeland, den USA und Kanada. So werden also die feinen Fäden des Äthers zu Gold gesponnen.

Aber obwohl ich diese saisonbedingten Horden ertrage, ist es eine ganz andere Frage, ob ich mich dazu bequeme, sie auch wirklich zu begrüßen. Ich bin ein schwer beschäftigter Farmkater. Den Besucherinnen und Besuchern auf dem Hof erklärt die Schäferin immer, wie wichtig Körpersprache ist, wenn sie sich unserer Herde nähern. Keine plötzlichen Bewegungen, kein Rumfuchteln mit den Händen, kein direkter Augenkontakt und so weiter.

Ich habe ihre Erläuterungen schon so oft gehört, dass ich die Gelegenheit meist zu einem Nickerchen in der Sonne nutze, wobei ich es manchmal zulasse, dass sich einer der Gäste mir nähert. Während Pepper zwischen den Besuchern umherläuft, um jeden würdevoll zu begrüßen, muss Bear sehr an sich halten, um in seiner ungehemmten Begeisterung nicht an den Gästen hochzuspringen – »Hallo, hallo, hier bin ich! Hallo, hallo, hier bin ich!« Big Fellow wird normalerweise eingesperrt, weil er bei so vielen Fremden sonst völlig überdreht wäre und Angst bekäme, dass seine Rolle als Beschützer von Hof und Herde in Gefahr ist.

Bear rennt aufgeregt von einem Besucher zum nächsten und gibt sich Mühe, alle mit derselben Begeisterung zu begrüßen. Seine Lebenslust ist ansteckend, weil sein ganzer Körper daran beteiligt ist. Die Schäferin muss ihn ständig ermahnen, die Leute nicht anzuspringen, aber weil er so kurz geraten ist, hat er das Bedürfnis, sich größer zu machen, indem er sich mit den matschigen Pfoten an den Beinen der Menschen abstützt, wofür sich die Schäferin dann immer ausgiebig entschuldigt, vor allem an nassen Tagen. Bear weiß sehr genau, dass er an der Schäferin nicht hochspringen darf, weil sie das nicht leiden kann, aber er weiß, dass es vielen anderen Menschen nichts ausmacht. Und weil er nicht auf den Kopf gefallen ist, erkennt er ein leichtes Opfer auf den ersten Blick. Das ärgert die Schäferin natürlich, aber diesen Aspekt in Bears Erziehung kann man nicht ändern, weil die Menschen ihn so lieben, wie er ist. Sein Charme übertrumpft jede dreckverschmierte Jeans.

Bevor die Schäferin Gäste auf die Felder bringt, stellt sie ihnen eine interessante Frage: »Was ist eure Muttersprache?«

Die meisten antworten »Englisch«, aber oft genug ist es auch Spanisch, Französisch, Deutsch oder sogar Japanisch.

Die Schäferin korrigiert sie dann höflich: »Unsere gemeinsame Muttersprache ist die Körpersprache.«

Dann sucht sie sich eine Besucherin oder einen Besucher aus, der oder die offenkundig gerne etwas Abstand hält, und dringt unvermittelt in dessen Distanzzone ein, bis sie Nase an Nase stehen. Sie überschreitet bewusst die persönliche Grenze ihres Gegenübers, sodass er ein, zwei Schritte zurückweicht. Ich muss dann besonders auf der Hut sein, denn einmal stand ich direkt hinter jemandem, der hastig einen Schritt zurücktrat. Um ein Haar wäre er auf mich gefallen – zu meinem Glück konnte er sich gerade noch auf den Beinen halten. Ich fand das Ganze überhaupt nicht witzig.

»Das ist ein Beispiel für Körpersprache«, sagt die Schäferin, während sie zurücktritt und dem jeweiligen Gast wieder mehr Raum lässt. »Es gibt ein paar Dinge, die ihr lernen müsst, bevor ihr die Schafweide betretet. Erstens: Für Schafe sind wir Menschen Raubtiere, denn unsere Augen befinden sich vorn am Kopf.« Sie schaut einigen Besucherinnen und Besuchern direkt in die Augen, während sie das sagt. »Schafe sind im Gegensatz dazu Beutetiere, weil ihre Augen seitlich am Kopf sitzen, was ihnen einen guten Überblick über die Umgebung und auf herannahende Gefahren verschafft.«

Sie deutet mit kreisförmigen Bewegungen auf ihre Wangenknochen und Schläfen, um zu verdeutlichen, dass Schafe ein wesentlich umfassenderes Blickfeld haben, wodurch sie Räuber schneller entdecken können. Ziemlich schlau, wie ich zugeben muss.

Sie fährt fort. »Zweitens: Schafe lesen instinktiv und sehr genau eure Körpersprache. Sie verstehen einen Räuber als vereinzeltes Schaf, gegen das sie sich als Herde verbünden. Ein einzelnes Schaf oder eine ganze Herde hat drei Möglichkeiten, um auf menschliche oder tierische Räuber zu reagieren. Erstens können sie sich für die Flucht entscheiden und fliehen. Zweitens können sie ihre Angst unterdrücken und die Stellung halten. Drittens kann es sein, dass sie neugierig sind und stehen bleiben. Wir können diese Neugier noch verstärken, indem wir den ›Zaubereimer‹ mit Futter schütteln.«

Die Schäferin schüttelt den Zaubereimer, und als die Schafe in der Nähe das Geräusch hören, »mähen« sie sofort eine Paw-

low'sche Antwort, was die Gäste jedes Mal zum Lachen bringt –
mir dagegen entlockt es ein »Mrrrrp«.

»Hoffen wir, dass das die instinktive Neugier der Schafe weckt
und sie ihre Kampf-oder-Flucht-Reaktion überwinden. Versucht euch also so langsam und elegant zu bewegen wie Ballett-
tänzer«, sagt die Schäferin und hebt langsam und graziös wie
eine Ballerina den Arm.

»Ihr solltet nicht winken, wild mit den Händen fuchteln oder
andere plötzliche Bewegungen machen«, sagt sie und lässt die
elegante Armhaltung starr und eckig werden, etwas, das die
Schafe als abweisend empfinden. »Es macht sie nervös und
treibt sie in die Flucht. Wenn ihr direkt auf ein Schaf zumar-
schiert und es anstarrt, weicht es sofort zurück.« Sie geht auf
einen anderen Gast zu, während sie den direkten Augenkontakt
aufrechterhält. Ihr Auftreten ist beinahe aggressiv, sodass der
Gast instinktiv einen Schritt zurücktritt und im selben Augenblick begreift. »Wenn ihr euren Körper seitlich dreht und ihnen
nicht direkt ins Gesicht starrt, weckt ihr ihre Neugier und
zwingt sie nicht zur Flucht.«

Die Schäferin stellt sich seitlich zum Publikum, sodass sie
beinahe scheu wirkt. »Dann legt ihr die Hände auf die Schafe
neben euch, aber nicht das, das direkt vor euch steht.« Pepper,
der Einstein unter den Hunden, schnüffelt an dieser Stelle oft
an einer ihrer Hände, um die freundliche Geste anzuerkennen.
»Schafe beobachten euren Körper und das, was er ›sagt‹. Es ist
eine allgemein verständliche Sprache, die auf Bewegungen und
Körperhaltung beruht. Wir Menschen interpretieren diese alte
Art der Kommunikation oft falsch, weil wie sie durch die Entwicklung unserer Stammessprachen verlernt haben. Wenn ihr
also nervös seid, sehen die Schafe, wie angespannt euer Körper
ist, und wollen nichts mit euch zu tun haben. Wenn ihr aber

ängstlich seid, sehen, riechen und spüren sie eure Angst, als ob ihr ihnen davon erzählen würdet, und sie bleiben stehen.«

Dann geht die Schäferin mit den Gästen zur Weide. Ich folge ihnen in sicherem Abstand. »Versucht euch zu entspannen und ihnen mit eleganter Ruhe zu begegnen, als wärt ihr einfach eine freundliche Gegenwart. Dann akzeptieren sie euch und kommen zu euch, um sich am Kopf kraulen zu lassen oder sich das Futter zu holen, das ihr ihnen mit der ausgestreckten Hand geben könnt.«

Während sie aufs Feld zugehen, bleiben die Besucher oft stehen und machen Fotos. Die Schäferin geht inzwischen aufs Tor zu und hält dann kurz an. »Habt ihr die Fotoapparate griffbereit?«, fragt sie, bevor sie langsam die Torflügel öffnet.

Das funktioniert oft genauso gut wie das Schütteln des Zaubereimers. Das Quietschen der rostigen Torflügel schallt übers Feld. Die grasenden Köpfe heben sich gleichzeitig. Die Besucher, die alle mit einer Handvoll Pellets in den Startlöchern stehen, machen Fotos oder Filme, während die Flut aus schwarzen Schafen auf sie zustürzt. Innerhalb von Sekunden stürmen aus allen Richtungen Schafe herbei und umringen die kleine Menschengruppe. Manche springen mit einem Satz davon, wenn jemand eine abrupte Handbewegung macht oder sich nicht langsam und ruhig genug von der Seite nähert. Es folgt ein freundliches Gerangel mit Kichern, Lachen und freudigem Quietschen – zumindest von menschlicher Seite. Die Schafe dagegen rempeln, schubsen und drängeln sich durch den Wald aus Menschenbeinen, um an den dargebotenen Leckerlis zu knabbern oder sie gleich ganz an sich zu reißen.

Die Schäferin hat das, was einige Menschen, die Erfahrung bei der Tierzucht haben, »das gewisse Etwas« nennen. Ich habe es schon oft beobachten können, seit sich unsere Wege das erste

Mal in dem Geschäft für Toilettensitze in Kilkenny kreuzten. Die Schäferin erzählt viele Geschichten über ihre fast magische Anziehungskraft auf Tiere und ihre Geschicklichkeit im Umgang mit ihnen, die sie vom ersten Moment an respektieren und ihr gehorchen. Auch wenn ich finde, dass sie gelegentlich übertreibt, weiß ich doch im Grunde meines Herzens, dass sie recht hat.

Eines Tages besuchte uns ein junger Mann. Nachdem er gesehen hatte, mit welcher Leichtigkeit die Schäferin mit all unseren verschiedenen Haustieren umgeht, war er beeindruckt davon, dass sie jede ihrer Bewegungen vorhersehen konnte. Er fragte sie, wo sie die Fähigkeit erworben habe, so gut zu verstehen, was die Tiere als Nächstes tun würden. War es ein Instinkt, den sie von Natur aus besaß? Sie antwortete: »Ich glaube, die Körpersprache ist die erste, angeborene Sprache, die uns allen zu eigen ist. Deshalb wird sie auch tierartenübergreifend verstanden. Was bei einer Eselin funktioniert, kann auch bei einem Hund funktionieren. Ich erzähle dir, wo ich die Fähigkeit lernte, die Gedanken der Tiere zu lesen und ihr Verhalten vorherzusagen ...«

Und dann spann sie ein Seemannsgarn, dass man damit locker die ganze Farm hätte einhüllen können.

Und sie erzählte ihm, wie sie als Schulkind Probleme hatte, die dazu führten, dass sie sich nicht in die traditionelle Hackordnung einfügte, die sich in Kindergruppen, in Klassenzimmern und auf Spielplätzen etablieren. Zum einen hat die Schäferin eine Lese-Rechtschreib-Schwäche, was zu unerträglicher Verlegenheit führte, wenn sie laut vorlesen musste. Für eine Legasthenikerin kann das geschriebene Wort auf dem Papier zu einer unleserlichen Ansammlung von Krakeleien werden. Buchstaben und Wörter sehen für sie anders aus, und manchmal ist es, als würden Buchstaben oder ganze Wortteile verschwimmen.

Bei den Botschaften, die ich für unerwünschte streunende Katzen hinterlasse und die ihnen mitteilen, dass sie sich von meinem Hof fernhalten sollen, kann es zu ähnlichen Missverständnissen kommen, wenn man nicht aufpasst. Ich hinterlasse nämlich Kratzspuren im Boden oder an Bäumen, um mein Revier zu markieren, versehe sie aber zusätzlich mit Duftmarken aus meinen Wangendrüsen. Würde ich das nicht tun, dann würden die anderen Katzen meine Warnung womöglich nicht verstehen.

Außerdem war es für die Schäferin jedes Mal eine Qual, wenn sie gezwungen war, mit einem Stück Kreide in der Hand an der Tafel vor der gesamten Klasse ein mathematisches Problem zu lösen; sie erstarrte dann immer wie ein Reh im Scheinwerferlicht. (Ich hingegen bin, wie bereits erwähnt, ein Meister darin, meine Schafherde mit meiner einfachen Methode zu zählen: Beine zählen und durch vier teilen.)

Zu allem Übel hatte die Schäferin auch noch einen Akzent, der auf ihre Klassenkameraden absonderlich wirkte, weil er nicht im Entferntesten ihrem eigenen schleppenden, weichen Südstaatenakzent aus Virginia ähnelte. Sie war wie ein exotischer Vogel, der in einen Schwarm einheimischer Elstern geraten war, weil sie Worte benutzte, die deren Wortschatz fremd waren, darunter viele aus dem irischen Englisch. Zu Keks sagte sie *biscuit* statt *cookie,* zu Lkw *lorry* statt *truck,* zu Benzin *petrol* statt *gasoline,* zu Süßigkeiten *sweets* statt *candy.* Also hänselten, piesackten und verprügelten die anderen Kinder sie unbarmherzig, wie Elstern, die über einen Eindringling herfallen. Am schlimmsten war, dass sie aus der Gruppe ausschlossen wurde, als wäre ihre fremdartige Aussprache eine ansteckende Krankheit.

Die Elstern gaben der Schäferin jeden Tag, je nach Laune, verschiedene Spottnamen. Um ihrer Einsamkeit und der vorherrschenden Hackordnung zu entkommen, zeichnete sie geflügelte Pferde auf die Seitenränder von Büchern und Arbeitsblättern und träumte davon, auf dem Rücken eines prachtvollen, geflügelten Pegasus zu entfliehen. So wurde »Fliegendes Pferd« zu einem der Spitznamen, mit denen sie gehänselt wurde, obwohl ich persönlich ihn gar nicht so schlimm finde. Ein anderer Schmähname war »Hundegesicht«, was ich mir nicht eine Sekunde gefallen lassen würde.

Um die Schikane und die Hänseleien zu überstehen, musste die Schäferin lernen, beidem auf dem Schulgelände so gut wie möglich aus dem Weg zu gehen. Aus Selbstschutz lernte sie, die Körpersprache ihrer Altersgenossen zu lesen und so ungewollte Zusammenstöße zu vermeiden. Sie beobachtete sie aus der Ferne, auf dem Spielplatz, im Flur oder im Klassenzimmer, und versuchte ihren Gemütszustand anhand ihrer Körperbewegungen oder Kopfhaltung einzuschätzen. Nicht nur die Mimik war Teil des Schlüssels zur Körpersprache, sondern auch der Ausdruck in den Augen. Manche Kinder trugen zwar ein falsches, sanftmütiges Lächeln zur Schau, aber der harte Ausdruck ihrer Augen verriet ihre wahren, feindseligen Absichten und entlarvte sie als Menschen, die Böses im Schilde führten.

So verlernte die Schäferin die Fähigkeit, Körpersprache zu deuten, auch dann nicht, als sie älter wurde und nach neuen Herausforderungen suchte, wovon sie sich einigen stellte, anderen nicht. Ihre große Liebe galt immer den Tieren, und sie konzentrierte sich ganz auf die Tierpflege, auch wenn diese zeitweise in den Hintergrund rückte. Nachdem sie ihre Träume, Schauspielerin in New York City oder London zu werden, aufgegeben hatte, stellte sie fest, dass die Tierwelt sie magisch anzog, und so nahm sie einen Job in einer kleinen Tierarztpraxis in Nordlondon an. Unterdessen suchte sie nach Wegen, ihr nächstes Abenteuer zu finanzieren. Wie erwähnt, liebt sie Pferde über alles, und diesmal träumte sie davon, in die Fußstapfen von Thomas Jeffersons abenteuerlichen Forschungsreisenden Meriwether Lewis und William Clark zu treten, die als erste Weiße auf dem Pferderücken ganz Nordamerika durchquerten. Oder davon, Aimé Félix Tschiffelys Ritt von Argentinien gen Norden über den amerikanischen Kontinent bis nach Washington, DC, zu wiederholen. Ihre größte Inspiration war jedoch Isabella Lucy Bird, die Grande Dame des internationalen Reisens, die zu Fuß oder auf dem Pferderücken den gesamten Planeten Erde, ausgenommen nur Nord- und Südpol, bereiste. Erstaunlicherweise überquerte sie sogar allein die Rocky Mountains, und das zu einer Zeit, als die Kolonialisierung durch die Weißen in vollem Gange war. Sie wurde jedoch nie von den Indianern oder anderen Menschen angegriffen, denn sie wurde als abenteuerlicher Freigeist betrachtet und von allen, denen sie begegnete, respektiert, ja fast wie eine Heilige verehrt.

In unserer modernen Welt, in der man so viele Daten online sammeln kann, erscheint es merkwürdig, aber vor zwanzig Jahren war es, wie mir die Schäferin erzählt, nur möglich, Informationen über die wilde Tierwelt, Methoden der Tierhaltung und tierärztliche Behandlungsmöglichkeiten zusammenzutragen und zu vergleichen, wenn man selbst an entlegene Orte reiste. Als sie bei der Wildlife Charity arbeitete, freundete sie sich mit vielen exotischen Tieren an. Sie liebte Sumo, einen Orang-Utan, der sich über die Mangoblätter freute, die sie ihm durch die Gitterstäbe zusteckte und die er vorsichtig und geschickt an sich nahm und nachdenklich zerkaute. In einem anderen Zoo in Asien versammelten sich jedes Mal die Seeotter zur Begrüßung, wenn sie sich näherte. Ihre Lieblingsgeschichte, die sie mir schon tausendmal erzählt hat, ist aber vermutlich die von einem Hängebauchschwein …

In der Tierarztpraxis in Nordlondon mussten die Ärzte oft außergewöhnliche Eingriffe vornehmen, die für eine städtische Kleintierpraxis eher untypisch waren. Einmal mussten sie einen Zahnspezialisten zu Hilfe holen, weil einem Hängebauchschwein Zähne gezogen werden mussten. Nennen wir das Schwein aus Gründen der Vertraulichkeit Miss Prigg. Miss Prigg wurde von einem der glänzenden schwarzen Londoner Taxis zur Praxis gebracht, sprang mitten auf der Fahrbahn aus dem Wagen und überquerte auf dem Weg zum Praxiseingang mit wackelndem Hinterteil die Straße, wobei sie den gesamten Verkehr zum Erliegen brachte. Als Miss Priggs Besitzerin der Schäferin die Leine übergab, fragte diese, ob es etwas gäbe, das Miss Prigg nicht möge. Die Besitzerin antwortete, das Einzige, was Miss Prigg auf den Tod nicht leiden könne, sei das Geräusch eines Staubsaugers.

Der schwierigste Teil der Behandlung an dem Tag war, Miss Prigg auf den Behandlungstisch zu hieven. Aber alles lief glatt, der Zahnarzt war zufrieden, und nach der Behandlung war Miss Prigg in bester zahntechnischer und gesundheitlicher Verfassung. Kurz bevor die Besitzerin zum Abholen kommen sollte, lag die Schweinedame noch immer in tiefem, postoperativem Schlummer und schnarchte ohrenbetäubend. Allerdings wurde langsam die Zeit knapp, da das Taxi für einen bestimmten Zeitpunkt zur Abholung bestellt war. Miss Prigg musste wach genug sein, um die geschäftige Londoner Straße zu überqueren, ins Taxi zu klettern und ihr eigenes Zuhause zu betreten. Der Tierarzt wurde langsam nervös, weil er wusste, dass die beleibte Miss Prigg das Narkosemittel durch Bewegung loswerden musste, ehe sie nach Hause konnte. Er stupste sie an, hielt ihr duftende Leckereien unter die Nase, gab ihr kräftige Klapse aufs Hinterteil, brüllte ihr ins Ohr und zog sie an den Beinen, um sie aufzuwecken, doch nichts half: Sie rührte sich nicht, lag weiter bequem auf ihrer Matte in einer gemütlichen Ecke des OP-Raums und sah nicht die geringste Veranlassung, aufzuwachen.

Die Schäferin war in der Stadt gewesen, um etwas zu erledigen, und als sie zurückkehrte, blieb nur noch eine Viertelstunde Zeit, bevor das Taxi kommen sollte. Als die Schäferin sich daranmachte, den Staubsauger aus dem Schrank zu holen, schrie der Tierarzt sie panisch an: »Was machen Sie da? Jetzt ist nicht die Zeit zum Staubsaugen. Wir müssen dieses Schwein aufwecken! Und zwar sofort! Packen Sie das verdammte Ding weg!« Unbeeindruckt vom Ausbruch ihres Chefs nahm die Schäferin den Staubsauger aus dem Schrank, stöpselte ihn ein, stellte ihn neben Miss Prigg, schaltete ihn kurz ein und sofort wieder aus. Miss Priggs Schnarchen ging in ein Quieken über, sie sprang auf und schaute sich benommen um. Ihre Besitzerin war noch nicht da, also bugsierten der Arzt und die Sprechstundenhilfe Miss Prigg langsam vom OP zum Praxiseingang. Jedes Mal, wenn das Schwein stehen blieb oder darüber nachzudenken schien, wie schön es doch wäre, sich wieder hinzulegen, stellte die Schäferin kurz den Staubsauger an, und Miss Prigg erholte sich schnell von der Benommenheit nach der OP. Als sie sie ins Vorzimmer geschafft hatten, war das Taxi bereits vorgefahren. Glücklicherweise hielt es auf dem Gehsteig direkt neben der Eingangstür der Praxis. Die Schäferin versteckte den Staubsauger vor Miss Priggs Besitzerin, dann halfen alle zusammen der kräftigen Schweinedame ins Taxi.

Während der Sommermonate gibt es hier auf der Black Sheep Farm manchmal ausgedehnte Trockenperioden. Anfangs ist das trockene Wetter zum Schafscheren und Heumachen immer sehr willkommen, aber wenn wir damit fertig sind, freuen wir uns, wenn Regen und Sonnenschein sich abwechseln. Unsere Felder brauchen den Regen, damit unsere Futtermischung aus Kräutern und Gräsern gut wächst, und die Sonne, damit der Zucker- und Proteingehalt steigen. Dauert die Dürre zu lange an, hemmt sie das Wachstum des frischen Grüns auf den Weiden, und der Boden wird rissig. Das heißt, dass ich mich sehr vorsichtig fortbewegen muss, um nicht mit der Pfote in einer tiefen Erdspalte hängen zu bleiben.

Zuweilen treffe ich die Schäferin, während sie ein Feld abschreitet, den Kopf nach unten geneigt, um Boden und Gras zu überprüfen und zu schauen, wie sehr ihnen der fehlende Regen zusetzt. Eines Abends im Juli, während einer Dürrezeit, nachdem sie ein paar Gläser Wein zum Abendessen getrunken hatte, überraschte ich sie dabei, wie sie ein selbst komponiertes Lied sang. Die Melodie war von George Gershwins »Summertime«. Sie nannte es »Waiting for the Rain«, Warten auf den Regen.

Summertime and the shepherd's been real busy,
Green sweetness Shearin' done and the hay is drawn in.
Come on, sweet baby, we're just waitin' on rain
So come on, sweet rain, come blow in my way.
One of these clouds is gonna blow in rainin'
Then your green growth will unfurl and sweetness will climb
in grass sprouts climbs so high, ewes' milk increases
so lambs thrive, thrive, thrive ...

Ich halte dann normalerweise Abstand oder klettere auf den Ast eines nahe gelegenen Baums und beobachte aus dem kühlen Schatten der Blätter, wie die Schäferin unter ihrem Gejaule die Felder abschreitet. Pepper legt sich ebenfalls in den Schatten, neben sich Big Fellow, während Bear die Schäferin mit jugendlichem Übereifer begleitet. Unser jüngster Neuzugang, die winzige Inca, stolpert und purzelt hinter ihnen her, denn für sie ist noch der kleinste Erdhaufen wie ein Berg, den es zu erklimmen gilt.

Zu den Lieblingsabendaufgaben der Schäferin gehört es, Ende August die Sommerkürbisse einzukochen. Das ist nicht unbedingt mein Lieblingsgemüse – viel zu wässrig –, aber sie liebt Sommerkürbisse und Ingwermarmelade und mag es besonders, die Kürbisse mit einer würzigen Hackfleischmischung, einer Art Bolognese zu füllen. Sommerkürbisse sind zu groß gewachsene Zucchini, die die meisten Leute auf den Kompost werfen, weil sie sie mit ihrer harten Schale für ungenießbar halten. Aber die Schäferin schneidet sie in zwei Hälften, entkernt und viertelt sie und gart sie anschließend, bis sie weich sind. Die Stücke legt sie auf ein Blech und füllt sie mit Hackfleisch; dann schiebt sie es für eine halbe Stunde in den Backofen. Am Ende wird alles mit wunderbarem weißem Käse bestreut. Ein köstlicher Duft nach Fleisch und Käse füllt die Küche, aber egal, wie hoffnungsvoll ich sie ansehe, für mich fällt nichts ab. Sie sagt, dass die Zwiebeln in der Hackfleischmischung schädlich für mich sind – keine Ahnung, ob ich das glauben soll. Diese gefüllten Sommerkürbisse werden mit weißer Sauce und frischer Petersilie serviert. Ihr Meisterwerk, wie sie es nennt, ist ihr berühmtes Ratatouille, das aus einem Haufen frischem Sommergemüse besteht: Auberginen, rote Zwiebeln, Karotten, Zucchini, Paprika, sogar Pastinaken, die in Stücke geschnitten und übereinandergeschichtet, mit Oregano aus dem Garten, Salz und Pfeffer gewürzt und danach mit Olivenöl und einem Schuss ihres »besten, dunklen Balsamicoessigs« übergossen werden. Dann kommt das Ganze in den Ofen. Wer hätte gedacht, dass Gemüse so köstlich riechen und schmecken kann?

Den krönenden Abschluss des Sommers auf der Black Sheep Farm bildet allerdings die Präsentation unserer Zwartblesschafe bei den sommerlichen Landwirtschaftsausstellungen in der Umgebung. Wenn wir unsere Schafe, Böcke oder Lämmer von ihrer besten Seite zeigen wollen, müssen wir mit unseren Vorbereitungen tatsächlich meist schon im Dezember und Januar beginnen. Als Erstes wählt die Schäferin die edelsten, prachtvollsten und schönsten unserer Schafe aus, deren markante weiße Blesse durchgehend von der Stelle zwischen den Ohren bis zum Maul verläuft. Sie müssen außerdem zumindest an den Hinterläufen zwei weiße Socken tragen. Diese Socken können auch alle vier Beinen zieren, aber die Höhe der Socken ist genauestens vorgeschrieben, sie dürfen nicht über das Karpalgelenk oder das Sprunggelenk hinausreichen. Eine weitere Anforderung ist eine kräftige weiße Schwanzspitze, die allerdings nur weniger als die Hälfte des unkupierten Schwanzes einnehmen darf. Zu guter Letzt darf sich kein weißes Haar in der dunklen Wolle an den Ohren oder am Bauch befinden.

Wenn die Schäferin eine Gruppe von Schafen und Böcken ausgesucht hat, die diesen Anforderungen im Großen und Ganzen zu genügen scheinen, braucht sie danach eine Ewigkeit, um noch einmal akribisch zu überprüfen, ob die einzelnen Tiere auch wirklich alle Kriterien erfüllen. So untersucht sie beispielsweise die Krongelenke, den Knöchelbereich zwischen Fessel und Huf. Sind sie gerade, aber nicht zu gerade, und ganz sicher nicht abgesunken? Ein schöner, langer schwarzer Rücken mit ausladenden Rippenbögen und einem leicht abgerundeten Rumpf über einem starken, breiten Becken ist besonders wichtig, denn das sorgt erstens für ein komplikationsloses Ablammen und bietet zweitens genug Platz für ein großes Euter, was dem neugeborenen Lamm das Trinken erleichtert. Wichtig sind auch die Kiefer- und Kopfstruktur. Die Zähne müssen fest und vollständig sein, das Schaf darf keinen Unter- oder Überbiss haben.

Wenn die Schäferin die Schafe ausgewählt hat, die sie für geeignet hält, stellt sie sie paarweise nebeneinander, um zu sehen, welches Schaf das bessere ist. Sie werden an Mittwinter geschoren, damit ihr Fell nachwächst und ihr dickes, krauses schwarzes Vlies noch besser zur Geltung kommt. Die Haarspitzen dürfen noch nicht von der Sonne ausgebleicht sein, damit die Schafe bei der Ausstellung so hübsch wie möglich aussehen. In den letzten Wochen vor den Shows gibt es eine Menge zu tun: Waschen, Fellpflege, Herausputzen und Hufpediküre.

Normalerweise hat die Schäferin mit den Gästen auf der Black Sheep Farm so viel zu tun, dass sie jeden Sommer nur eine Ausstellung besuchen kann.

In einem Jahr entschied sie sich für die Clonmel Agricultural Show im südlichen County Tipperary, in deren Rahmen auch die nationalen irischen Zwartbles-Meisterschaften stattfinden. In der Woche vor der Ausstellung wurden die ausgewählten Schafe auf das Putzgerüst geführt. Dieses Gerüst hat einen Hebel, mit dem man das Podest, auf dem das Schaf steht, hochfahren kann, sodass man das Schaf bequem vorbereiten kann. Der Kopf ruht in einer Halterung, während die Schäferin die Schafe wäscht, frisiert und von Kopf bis Huf zurechtmacht. Dabei benutzt sie eine Handschere und zum Entwirren der Haare eine Drahtbürste, die sehr an das traditionelle Werkzeug erinnert, das zum Kardieren der Rohwolle verwendet wird, bevor sie zu Garn gesponnen wird. Es mag schwer zu glauben sein, aber manche Schafe genießen das regelrecht und schlafen fast im Stehen ein. Wenn sie fertig hergerichtet sind und das Podest wieder nach unten gefahren wird, muss man sie manchmal sogar herunterschieben! Ich dagegen kann es schon kaum ertragen, von der Schäferin gekämmt zu werden, von sonstigen Verschönerungsaktionen ganz zu schweigen.

Ein Teil dieser Verschönerungsprozedur besteht darin, mit einer Kardierbürste das Vlies flauschig und voller zu machen und es mit der Schere in eine schöne, gleichmäßige Form zu bringen. Sorgfältiges Kardieren hilft, unterschiedliche Aspekte des Schafskörpers hervorzuheben oder zu verstecken. Die Handkarde ist ein ungewöhnliches und wichtiges Werkzeug bei der Fellpflege. Sie hat Stacheln wie ein Igel. Jede dieser Stacheln besteht aus Metall und ist an der Spitze gebogen. Die gebogenen Spitzen verfangen sich im krausen Vlies und ziehen es nach außen, wodurch sie die Haare verlängern und an allen Körperstellen Volumen hinzufügen, von denen die Schäferin meint, dass sie es nötig haben.

Ich lümmele oft im Schatten herum und schaue mir dieses mühsame Prozedere aus sicherer Entfernung an, wohingegen Ovenmitt mit Vorliebe mitmischt. Oft sitzt die Schäferin auf einem ramponierten alten Küchenstuhl, wenn sie das Fell an Beinen, Hufen und Bäuchen der Schafe wäscht und trimmt. Ovenmitt springt ihr dann gern auf den Rücken und klettert auf ihre Schulter, um ihre Arbeit zu beaufsichtigen. Bei einer Gelegenheit sprang er von der Schulter der Schäferin auf den Rücken des Schafbocks Alfie, setzte sich hin und fing an, mit seinen Krallen den wolligen Rücken des Bocks durchzukneten – eine Karde in Katzenform.

Zur großen Überraschung der Schäferin gewann unser Bock Alfie tatsächlich an einem heißen Julitag bei der Clonmel Show die nationalen irischen Zwartblesschafbock-Meisterschaften. Sie scherzt immer, es sei zwar nicht die Hurlingmeisterschaft, aber dennoch ein Sieg für ein Kilkenny-Zwartbles im Feindesland Tipperary gewesen. Sie freute sich sehr darüber. Hurling ist im

County Kilkenny so etwas wie eine Religion, und wie jeder hier weiß, sind die »Cats«, wie unser Team heißt, die Besten. Die Schäferin ist nie stolzer, als wenn die Hurling-Saison ihren Höhepunkt erreicht und sie die Kilkenny-County-Flagge am Gutshaus hisst, wo sich ihr Schwarz und Bernsteingelb kühn vom dunklen Grün der Felder abhebt.

6

Faule Tage und Familienbesuch

Im August ist unser Haus bis unters Dach mit Verwandten der Schäferin gefüllt, die alle weit entfernt von der Black Sheep Farm leben: Ihr Bruder kommt mit seiner Frau, ihre Schwester mit ihrem Mann und all ihren Kindern. Ich verdrücke mich dann meist, weil der junge Menschennachwuchs schrecklich lästig sein kann, auch wenn ich die älteren Exemplare mittlerweile dulde. Ovenmitt ist ein derart fauler Pascha, dass er die ganze Aufmerksamkeit sogar genießt. Er rollt sich auf den Rücken und lässt sich von den vielen kleinen Menschenjungen streicheln und verwöhnen.

Im Gegensatz zu meiner Wenigkeit widmet sich die Schäferin hingebungsvoll ihrer Herde von Menschenjungen, nimmt sie mit bei ihren Kontrollgängen über den Hof und lässt sie bei kleinen Aufgaben helfen. Ich folge ihnen in gebührendem Abstand, aber manchmal kann ich nicht widerstehen und mische ebenfalls mit, etwa wenn das Quad zum Einsatz kommt oder die Kinder Frösche fangen. Die Babyfrösche zu begutachten ist ein großer Spaß für uns alle, auch wenn ich Ärger bekomme, wenn ich sie durchs Gras verfolge und mit eingezogenen Krallen nach ihnen schlage, damit sie hochhüpfen. Die Menschenjungen lieben es zu sehen, wie sich die winzigen Frösche mit ihren kleinen Zehen am Finger der Schäferin festklammern. Sie sind kaum größer als ihr Daumennagel und haben gerade erst den

Teich verlassen, wo sie ihr Leben als Froschlaich begannen und dann als kleine schwarze Kaulquappen umherflitzten, die nur aus Kopf und Schwanz zu bestehen scheinen. Ihre schwarze Farbe tarnt sie vor den Räubern im Teich.

Jetzt sind sie zu Miniaturversionen ihrer Eltern geworden. Ihre Farbe wechselt von Schwarz zu frischem Grasgrün. Sie haben niedliche erdbraune Flecken im grünen, zerknitterten Gesichtchen und kleine braune Sprenkel auf dem Rücken. Dunkelbraune Streifen überkreuzen sich auf den kräftigen Beinen und machen ihre Tarnung im hohen Gras perfekt.

Miss Marley hält sich aus dem Trubel in unserer Küche heraus. Sie ist so sportlich, dass sie anmutig anderthalb Meter über unseren Küchentisch springen und auf den obersten Regalbrettern der hohen Küchenschränke landen kann. Dann lässt sie sich graziös in einer der hübschen, großen Mosse-Keramikschalen nieder, die die Schäferin schon vor der Übernahme der Farm geschenkt bekam, weil sie geholfen hatte, Töpferware zweiter Wahl zu verkaufen. Zweite Wahl bedeutet, dass die Töpferware irgendeinen Makel hat, sodass man sie nicht zum vollen Preis verkaufen kann.

Miss Marley rollt sich gern in der Schale zusammen, um dort seelenruhig ein Nickerchen zu machen. Die Menschen benutzen die großen Schalen regelmäßig als Auffangbehälter für Korken, die sie nach oben werfen, wenn sie eine Flasche Wein öffnen. Wenn einer der Korken die schlafende Miss Marley trifft, räkelt sie sich verschlafen, schüttelt sich und wirft sofort einen Korken aus ihrer Schale auf die Menschen zurück. Wenn der dann auf dem Küchentisch landet, jagt das den Gästen immer einen gehörigen Schrecken ein, der meist in erleichtertes Gelächter mündet. Manchmal schnarcht Miss Marley auch laut, wenn sie in ihrer Schale liegt. Dann schallt das unverwechselbare katzenhafte Grollen durch unsere gesamte Küche. Besucher, die zum ersten Mal da sind, fragen sich verwundert, woher das seltsame summende Geräusch kommt. Wenn einer der Menschen am Tisch einen Korken in die Schale wirft und sie trifft, während sie tief und fest schläft, wacht sie mit einem protestierenden Miauen auf. Sofort tauchen die Spitzen ihrer Ohren über dem Rand der Schale auf, gefolgt von ihrem Kopf mit den schläfrigen und nur halb geöffneten Augen.

Als ich einmal eingerollt auf dem Schoß der Schäferin lag, bekam ich mit, wie sie Besuchern erzählte, dass sie als junge Frau in einer großen Stadt gelebt und dort ebenfalls auf einem Regalbrett genächtigt hatte. Ja, auf einem Regalbrett – über dem Eingang in einem Apartment in Manhattan. Dieses Bett in New York hört sich nicht einmal halb so bequem an wie unser eigenes »Regal« hier in der Küche der Black Sheep Farm, wo an kalten Wintertagen warme Luft vom AGA-Herd nach oben steigt. Meistens findet man Miss Marley oder Ovenmitt eingerollt in einer der großen Schalen auf dem obersten Regalbrett.

In unserer Jugend können wir uns anscheinend mit vielem abfinden. Mit zunehmendem Alter stellen wir allerdings fest, wie wichtig uns unser leibliches Wohl wird. Manchmal ärgert es mich, wenn mich die Schäferin in nasskalten und windigen Nächten für meine Arbeit nach draußen setzt, und so schleiche ich über den Hof, um mir im duftenden Sommerheu in den Ställen ein Bett herzurichten.

Eine wichtige Aufgabe, die im August beginnt, ist die Vorbereitung auf die Ablammsaison. Die Schäferin und ich gehen jeden Tag mehrmals auf die Felder und färben das Fell am Brustkorb des Schafbocks mit einer harmlosen Fettfarbe ein, damit die Schäferin am bunten Rücken der Auen erkennen kann, dass der

Bock seine Pflichten erfüllt und sie gedeckt hat. Zudem kann die Schäferin so ungefähr abschätzen, wann die Aue ablammen wird. Die Tragzeit dauert etwa 145 Tage beziehungsweise fünf Monate minus fünf Tage ab dem Moment, an dem die Farbmarkierung im Fell der Aue auftaucht. So weiß die Schäferin, wann wir anfangen müssen, nächtliche Kontrollen der trächtigen Mutterschafe in unserem Lammstall durchzuführen. Das Ablammen findet für gewöhnlich im Januar oder Anfang Februar statt. Zum Glück für die Auen und die Schäferin kann auch ich aufgrund meiner jahrelangen Erfahrung die Ablammzeiten hervorragend einschätzen.

All diese Aktivitäten bedeuten, dass sich die Schäferin oft an die Zeiten erinnert, die sie etwas großspurig als ihre »landwirtschaftlichen Lehrjahre« bezeichnet. Alles fing an mit ihrem Landwirtschaftsstudium in Vermont, dann kam sie etwas vom Kurs ab, als sie sich dem Theater und dem Leben in London zuwandte, bevor sie endgültig an den Ort zurückkehrte, der die ganze Zeit auf sie gewartet hatte. Es passiert ja vielen von uns, dass der Weg, den wir im Leben einschlagen, nicht immer schnurgeradeaus führt, sondern manchmal durchaus kurvenreich sein kann. So war es nicht nur bei der Schäferin, sondern auch bei mir, schließlich fand ich meine wahre Berufung als Farmkater auch erst, nachdem ich ein paar Jahre auf den Straßen der Stadt Kilkenny verbracht hatte.

Für die Schäferin begann das Farmleben schon als Kleinkind auf dem Hof ihrer Cousine in Maryland. Sie erzählt mir oft, wie sie dort einmal nach Einbruch der Dämmerung ankam, kurz vor der Ernte des Zuckermaises, den die Amerikaner »corn on the cob« nennen. Die junge Schäferin hatte eine Freundin mitgebracht, die bisher nur selten auf dem Land gewesen war. Während sie die gut drei Kilometer lange, dunkle und staubige Straße zum Hof entlangfuhren, stellte sich die Schäferin das Glas hausgemachter warmer Vanillemilch vor, das sie sicherlich auf dem alten, ramponierten, weiß lackierten Küchentisch erwartete. Aber als sie die letzte Abzweigung vor der Kurve zum alten, steinernen Gutshaus erreichten, sahen sie, dass dort jemand stand und mit einer Taschenlampe wedelte. Der Vater der Schäferin hielt an und kurbelte die Scheibe herunter, um zu fragen, was los sei. Der Farmhelfer der Cousine berichtete, dass die Angus-Rinder von der Weide ausgebrochen und ins benachbarte Maisfeld gelaufen waren. Bis auf den kleinen Bruder der Schäferin und ihre Mutter stiegen alle aus dem Wagen.

Die Schäferin erkannte schnell, warum die Rinder vermutlich geflohen waren, als sie das Wetterleuchten eines Sommergewitters in breiten, gezackten Mustern am Himmel aufblitzen sah. Nur das Wetterleuchten erhellte den Weg, als die Schäferin und ihre Freundin zum vorderen Feld gingen, das so genannt wurde, weil es sich unweit von der Vorderseite des Hauses befand. Die hohen Maispflanzen überragten sie ein gutes Stück, weil es bis zur Ernte nur noch wenige Tage hin war. Im Nachhinein bin ich mir sicher, dass die Schäferin Mitleid mit ihrer Stadt-Freundin hatte, die sich vor lauter Angst am Shirt der Schäferin festklammerte, während sie ihr zögerlich durch die Reihen der Maispflanzen folgte. Zur selben Zeit hörten sie, wie die schwarzen Angus-Rinder um sie herum durchs Maisfeld brachen. Plötzlich ertönte dicht neben ihnen ein lautes Donnern, als gerade ein Blitz am Himmel aufzuckte, und eine große, schwarze Kuh tauchte nur wenige Schritte von ihnen entfernt aus dem Mais auf. Die Kuh drehte den Kopf zu den beiden. Die Freundin der Schäferin schrie vor Angst auf, sodass die Kuh mit hoch erhobenem Schwanz davonstürmte.

Als alle das Ende des riesigen vorderen Feldes erreicht hatten, fingen sie an, laut und beruhigend zu rufen: »Los, husch, husch, weiter, weiter.« Auf der anderen Seite des Feldes rief der Farmhelfer »Koooooommt, koooooommt«, in der Hoffnung, die Rinder zu sich zu locken. Die ganze Zeit über war es stockfinster, wenn nicht gerade ein Blitz das Feld erhellte. Sie konnten hören, wie die Kühe vor ihnen raschelnd durch die trockenen Maispflanzen liefen und als Antwort auf die Rufe des Farmhelfers muhten. Die Freundin klammerte sich immer noch an das Shirt der Schäferin, als sie durchs Feld zurück zum Haus der Cousine gingen. Beide waren ziemlich mitgenommen von ihrer plötzlichen Begegnung aus nächster Nähe mit der ebenso erschrockenen Kuh. Nach diesem aufregenden Erlebnis schmeckte die hausgemachte Vanillemilch gleich noch besser. Wie gern wäre ich dabei gewesen, um diesen Wundertrank aus Rohmilch vom eigenen Hof und mit frischen Eiern zu kosten!

Nach der Highschool besuchte die Schäferin wie gesagt ein land- und forstwirtschaftliches College in Vermont, erwarb dort neue Kenntnisse und perfektionierte ihre bereits vorhandenen Fähigkeiten, sodass sie ihren Lebensunterhalt in der Landwirtschaft verdienen konnte, die sie schon seit ihrer Kindheit faszinierte. Das Lernen anhand praktischer körperlicher Tätigkeiten empfand sie oft als tiefer gehend und angenehmer als das Studium anhand von Büchern, das ihr schon immer schwergefallen war. Es machte ihr Spaß, lange, frisch gefällte Baumstämme mit Pferden aus dem Wald zu ziehen oder im Vorfrühling in Vermont mit dem Pferdeschlitten durch den Schnee zu den Zuckerahornbäumen zu fahren und Eimer mit Pflanzensaft abzuzapfen, aus dem Ahornsirup und Zucker hergestellt wurden. Auf diesen wunderschönen Waldlichtungen, umgeben von den noch kahlen Winterahornbäumen, deren süßer Saft in Vorbereitung auf den Frühling wieder zu fließen begann, waren die einzigen Geräusche das Klirren des Pferdegeschirrs und das Knarzen des Leders, wenn die Pferde durch den Schnee trotteten und den Schlitten mit den saftgefüllten Fässern zogen. Später half sie dabei, Ahornsirup und köstlichen Ahornzucker herzustellen. Die winterliche Arbeit im Freien half ihr dabei, ihre Fähigkeit, Tierverhalten zu beobachten und zu verstehen, zu verbessern, sodass sie und die Pferde ihre Zusammenarbeit verbessern konnten.

Aber auch das Studium der Bücher war nicht uninteressant. *Der Mensch – ein Parasit der Erde. Kultur und Boden im Wandel der Zeitalter* von Edward Hyams war eines ihrer Lieblingsbücher und prägte ihre zukünftige landwirtschaftliche Laufbahn stark. Hyams, ein sozialpolitischer Denker des zwanzigsten Jahrhunderts, hatte großen Einfluss auf die biologische Landwirtschaft, die auf saisonalem Anbau und der Einsicht beruht, dass der Mensch lernen muss, Nahrungsmittel im Einklang mit der Umwelt zu produzieren, statt sie zu zerstören. Die Schäferin ist immer noch ein Fan von Hyams, auch wenn sie – wie sie mir erklärt – eher eine nachhaltige Art von Landwirtschaft praktiziert statt einer streng biologischen. Mit Gentechnik hat sie nichts am Hut und benutzt auch keine Insektizide, aber wenn nötig, behandelt sie ein krankes Tier mit Antibiotika.

Rachel Carson ist eine weitere Autorin, die die Schäferin mit ihrem bahnbrechenden Werk *Der stumme Frühling* stark beeinflusste. Mit seiner leidenschaftlichen Verteidigung des Ökosystems und seiner Warnung vor dem Einsatz von Pestiziden veränderte das Buch die Art, wie Menschen über die Umwelt denken. Carson war maßgeblich am Verbot der Chemikalie DDT in der landwirtschaftlichen Nutzung beteiligt. Als sehr starkes Insektizid hatte es eine verheerende Wirkung auf die Tierwelt, aber es hätte – wie die Schäferin mir erklärte – auch die Plage der Malariamücke beseitigen und dadurch eine wichtige Rolle bei der Ausrottung der Krankheit spielen können. Aufgrund des Verbots von DDT bleibt Malaria somit weiterhin eine Bedrohung. Die Schäferin fragt sich, ob die Menschen mit ihren chemischen Erfindungen nicht einer Art »Gott-Komplex« erlegen sind. Sie glaubt, sie versuchen die Natur entweder zu beherrschen oder mit ihren eigenen Waffen zu schlagen. Das Problem ist nur, dass die Natur schon seit Jahrmillionen mit Chemiecocktails experimentiert, wohingegen die Menschen erst vor Kurzem damit anfingen. Ich bin nicht ganz sicher, was sie damit meint, weil ich ja ein Kater bin, aber die Schäferin ist viel belesener als ich, also vermute ich, sie weiß, wovon sie spricht.

In dem Sommer, nachdem sie ihr Studium in Vermont abgeschlossen hatte, konnte die Schäferin ihre Kenntnisse über tierische Verhaltensweisen noch mehr erweitern. Sie zog für ihren ersten richtigen Job ins Hinterland des Staates New York, wo sie Morgan-Pferde einritt und trainierte. Morgans sind eine alte amerikanische Rasse, die dem irischen Connemara-Pony und dem irischen Zugpferd ähnelt, mit dem früher das Land bewirtschaftet wurde. Ihren Führerschein hatte die Schäferin, wie viele Amerikaner und Amerikanerinnen auf dem Land, schon mit fünfzehn gemacht. Für die Arbeit auf dem Pferdehof musste sie außerdem lernen, einen Ford Modell T zu fahren, einen uralten Pick-up Truck. Er hatte ein Pedal auf dem Boden, das man zum Starten des Motors betätigen musste, ein sehr schwergängiges, altes Lenkrad, eine quietschende Kupplung, die man sehr vorsichtig treten musste, weil man sonst den Motor abwürgte, und eine so harte Federung, dass man glaubte, von jedem Sandkorn aus dem Fahrersitz geschleudert zu werden. Später sollte sich herausstellen, dass ihre frühe Bekanntschaft mit antiken Maschinen ihrer späteren Landwirtschaftskarriere förderlich war.

Als sie sich mit Gelegenheitsjobs auf Farmen über Wasser hielt, stellte sie aber im Gegenzug schließlich auch fest, dass man sich allein durch ein Collegestudium auch kein umfassendes Wissen über Schafzucht und Landwirtschaft erwirbt. In der Landwirtschaft braucht es gewissenhafte Beobachtung und viel Praxis – das weiß niemand besser als ich, schließlich musste ich erst bei Oscar in die Lehre gehen. Man kann nur lernen, ein Farmkater zu sein, indem man auf einem Hof lebt und arbeitet. Oscar trug entscheidend dazu bei, dass ich mich schnell in das Leben auf der Farm integrierte. Als Erstes brachte er mir bei, die Arbeit der Schäferin genau zu beobachten, und als Zweites, mir seine Technik des Mäuse- und Rattenfangens abzuschauen. Sehr zu unserem Ärger musste die Schäferin aber oft unsere Jagdexpeditionen unterbrechen, weil sie Hilfe bei den Schafen brauchte. So eignete sich die Schäferin im Laufe ihres Lebens sowohl durch Beobachtung als auch durch das Studium sowie die praktische Arbeit umfassende Kenntnisse in Tierhaltung und Landbewirtschaftung an.

Als es die Schäferin nach ihrem Sommerjob in New York wieder nach Irland verschlug, musste sie sich eine Stelle suchen, um ihren Lebensunterhalt zu verdienen. In den frühen 1980ern gab es in Irland kaum bezahlte Arbeit, weshalb viele Gleichaltrige in andere Länder ausgewandert waren, um dort eine Anstellung zu finden. Während des ersten Herbstes in ihrer irischen Heimat war es nicht leicht, etwas Festes zu finden, also übernahm sie eine Reihe von Gelegenheitsjobs, die vom Hof aus leicht zu Fuß oder per Anhalter erreichbar sein mussten.

So half sie auf einem Nachbarhof bei der Hopfenernte für eine örtliche Brauerei in Kilkenny – ein Job, den man nie ohne Handschuhe machen sollte. Außerdem erntete und verkaufte sie

Äpfel aus unserem Hofgarten, der in den 1940ern von ihrem Großvater angelegt worden war. Das Gemüse, das Obst und die Blumen wurden auf einem nahe gelegenen Landmarkt und in Gemüseläden verkauft. Nach dem Sommer verdingte sie sich als Treiberin auf Fasanenjagden in der Umgebung. Bei diesem Herbst- und Winterjob musste sie mit einem kräftigen Eschenstock auf Büsche einschlagen, um so die Fasane aus dem Unterholz zu scheuchen, die daraufhin auf die Jäger zuflogen und noch im Flug erlegt wurden. Die Treiber bekamen ein Mittagessen, und, wenn die Jagd gut gelaufen war, auch zwei Fasane, was für einige Mahlzeiten reichte. Die Ehefrau des Cousins der Schäferin – die eine Meisterköchin war, was die Zubereitung von Fasan anging – brachte ihr die besten Hausrezepte bei.

Viele Jahre später, als die Schäferin in Kilkenny Fotografie unterrichtete, machten sich die so erworbenen Kochkünste bezahlt, als ihr einer ihrer Schüler eine Rehkeule schenkte. Er tat sehr geheimnisvoll, öffnete seine Tasche und ließ sie einen Blick auf das große Stück dunkelrotes Fleisch werfen, das sie nur zu gern annahm.

Bei einem ihrer Lieblingsrezepte für die Zubereitung von Rehkeule wird das klein geschnittene Fleisch für vierundzwanzig Stunden in preiswertem rotem Brandy oder Rotwein eingelegt, zusammen mit ganzen Schalotten, Fenchel, Karotten, etwas gewürfeltem Ingwer, einer guten Prise Piment, Rosmarin, Thymian, Pfeffer, Salz und einer Handvoll Wacholderbeeren. Wenn das Wild gut durchgezogen ist, fügt sie ein Stück Butter hinzu, bevor sie es in den Ofen stellt und dort den ganzen Tag langsam vor sich hin garen lässt. Das Haus füllt sich allmählich mit einem wundervollen Duft, der sämtlichen Fleisch- und Allesfressern des Haushalts das Wasser im Mund zusammenlaufen lässt. Schließlich serviert sie das Wildfleisch mit einer Mischung aus braunem Reis und Wildreis, was dem Gericht eine erdige, nussige Note verleiht.

Bei einem ihrer anderen Gelegenheitsjobs hatte die Schäferin die Aufgabe, ein großes, graues Connemara-Pony zu trainieren. Sein Besitzer hatte keinen Sattel, ebenso wenig wie die Schäferin, also musste sie mit dem ungesattelten Pony übers Land reiten. Zu dieser Zeit schaffte sich die Schäferin auch einen Hund namens Max an, den sie gerettet hatte (wie man sieht, gibt es hier ein Muster – sie kann es eben nicht lassen, Streunern ein neues Zuhause zu geben). Er war pechschwarz, eine Kreuzung aus Border Collie und Labrador, von mittlerer Statur, und sein lockiger Schwanz sah aus wie der eines Alaskan Huskys. Max wich nicht von ihrer Seite. Verließ sie ohne ihn das Gutshaus, suchte er sich ein offenes Fenster und sprang, egal, wie hoch es lag, nach draußen, um ihr zu folgen. Er war unglaublich ausdauernd und so treu, dass er der Schäferin sogar dann nachlief, wenn sie mit dem Pony über asphaltierte Straßen ritt.

Max war allerdings ein ausgewiesener Angsthase, wenn es um andere Hunde ging. Wann immer sie am Dorf oder an einem anderen Hof vorbeikamen und lautes Hundegebell ertönte, nutzte er den Fuß der Schäferin als Steigbügel, um vor ihr aufs Pony zu springen und auf dem Widerrist des Ponys sitzend mitzureiten. Dort oben in den Armen der Schäferin fühlte er sich sicher.

Einmal, als die Schäferin in Max' Begleitung einen langen Ausritt machte, kamen sie an unzähligen am Straßenrand geparkten Autos vorbei. Menschen saßen in ihren Wagen oder standen draußen und starrten in die Ferne. Max war bereits aufs Pony gesprungen und fühlte sich dort sicher, als sie laute Geräusche aus der Richtung hörten, in die alle so gebannt starrten.

Eine Jagdgesellschaft mit Hundemeute, die Kilkenny Hunt, Irlands älteste County-Jagd, kam über die Straße hinweg rasch auf sie zu. Es war noch so kühl an diesem frühen Morgen, dass die Pferde dampften und der Atem der Hunde in der Luft Wölkchen bildete. Der Besitzer des Rudels war Major Victor McCalmont vom Mount Juliet Estate, der sich um die Meute kümmerte und mit ihr auf die Jagd ging. Das Pony wurde nervös, und auch Max war verunsichert, obwohl er sicher gehalten wurde. Die Straße füllte sich mit Pferden, ihren Reitern und Reiterinnen und dem großen Rudel der Kilkenny-Jagdhunde. Unterdessen versuchte die Schäferin, einen Platz zu finden, an dem sie nicht im Weg stand, und fand sich auf dem Pony in der Menschenmenge neben einer Frau wieder, die sie kannte. »Warum schließt du dich der Jagd nicht einfach an?«, fragte ihre Freundin.

»Ich bin mir sicher, dass der Major mir nie erlauben würde, ohne Sattel mitzujagen«, antwortete die Schäferin.

In dem Moment ritt der Major höchstpersönlich auf einem sehr großen Pferd vorbei, umringt von seiner Hundemeute. Die Freundin der Schäferin, die ihn gut kannte, rief: »Guten Morgen, Major, macht es Ihnen was aus, wenn sich diese junge Dame heute der Jagd anschließt?«

Mit einem schnellen Blick auf die Schäferin, die auf einem zotteligen grauen Pony saß, ohne Sattel und mit einer großen schwarzen Promenadenmischung vor sich, fragte er nur knapp: »Kann sie sich denn oben halten?«

»Ja, kann sie«, antwortete die Freundin.

»Lassen Sie den Hund zurück, dann können Sie mitkommen«, sagte er im Vorbeireiten, dann schaute er sich noch einmal um und rief: »Aber erwarten Sie ja nicht, dass irgendjemand anhält und Sie aufsammelt, wenn Sie runterfallen.«

Die Schäferin gab Max eilig in die Obhut ihrer Freundin, damit sie sich der Jagd anschließen konnte. Die Kilkenny Hunt an diesem Tag sollte einer der besten Ausritte ihres Lebens werden. Damals war das Ackerland noch auf sehr altmodische Art aufgeteilt, voller kleiner Felder und Weiden, die von Steinmauern, dichten Hecken und tiefen Gräben umgeben waren und oft von Bächen und Flüssen durchflossen wurden, Teile der Landschaft, die, ob von Menschenhand geschaffen oder natürlich, als Grenzen für die Vieh- und Schafhaltung dienten. Die Bauern hatten die Wiesen und Felder damals noch nicht eingezäunt, um das Vieh davon abzuhalten, aus den Bächen zu trinken oder in die Flüsse zu waten. Nur sehr wenige benutzten Schafsdraht oder dünne Elektrodrähte. Gelegentlich sah man ein Stück Stacheldraht über einer Steinmauer oder an der Innenseite einer Hecke, aber im Allgemeinen waren die Felder noch nicht in eingezäunte Weideflächen umgewandelt worden.

Das Connemara-Pony, das die Schäferin seit einigen Monaten trainierte, war ein robustes, mutiges Kerlchen und ein lebender Beweis für die legendäre Ausdauer dieser irischen Pferderasse. Es flog nur so über alle Hecken, Mauern, Gräben und Zäune hinweg, denen sie auf ihrem Weg begegneten – ein geflügeltes Pony, das Pegasus alle Ehre gemacht hätte. Der aufregendste Moment war, als die Schäferin und das Pony ein Gewässer durchschwimmen mussten. Der nasse Ponyrücken glich plötzlich dem schlüpfrigen Leib eines sich windenden, glitschigen Aals. Die Schäferin presste die Beine fest zusammen, als es danach angaloppierte und der Jagd mit Sprüngen über Gräben und Uferböschungen und große Steinmauern nachsetzte. Zu ihrem Glück gelang es ihr, sich oben zu halten, bis das Pony wieder einigermaßen trocken war.

Als der Tag sich dem Ende neigte und es zu dämmern begann, erkannte die Schäferin, dass sie sich viele Kilometer von zu Hause entfernt hatte und noch einen weiten Weg zurücklegen musste, bevor sie und das Pony sich ausruhen konnten. Als sie am Hof eines Freundes vorbeikam, rechnete sie gerade aus, dass sie noch knapp zehn Kilometer zu reiten hatte, und es wurde langsam dunkel. Sie überlegte, ob sie absteigen und eine Weile zu Fuß gehen konnte, weil ihr nach der wilden Jagd jeder einzelne Muskel wehtat. Sie wollte gerade abspringen, als ein kleines Mädchen auf einem Fahrrad auf sie zugefahren kam.

»Bist du Suzanna?«, fragte es.

»Ja.«

»Mein Dad sagt, du sollst mit zu uns kommen, jemand fährt dich nach Hause.«

Mit einem großen Seufzer der Erleichterung lenkte die Schäferin das Pony von der Straße und folgte dem kleinen Mädchen zum Hof seiner Familie, der nur einen knappen Kilometer entfernt war. Das Mädchen führte sie in den warmen Stall, wo das müde Pony sich ausruhen konnte. Trotz ihrer eigenen Erschöpfung schnappte sich die Schäferin eine Bürste und eine Handvoll goldenes Stroh, um es abzureiben. Das Pony schnaubte zufrieden, als es die Nase in einer großen Schüssel mit Futter versenkte, die neben einem Eimer mit frischem Wasser und einem Berg mit dem schönen Heu des letzten Sommers stand.

Mr. Hughes, der Vater des Mädchens, begrüßte die Schäferin hocherfreut, als sie ins Gutshaus kam: »Da ist sie ja!«

»Hallo! Gut gemacht, ein toller Ritt. Das war wirklich eine reife Leistung«, riefen die anderen Anwesenden durcheinander, denn der Raum war voller Menschen, die selbst bei der Jagd mitgeritten waren oder von der Straße aus beobachtet hatten, wie sich die Schäferin mit dem Connemara-Pony angeschlossen hatte.

Ich bin Mr. B, und das ist mein Arbeitsteam. Von links nach rechts: Pepper, Bear und Big Fellow. Ich bin der Chef – da gibt es gar keine Frage!

Mein Lehrling Ovenmitt lernt die hohe Kunst der Lamm-Fußpflege. Eigentlich will er aber nur wissen, wann er endlich wieder für ein Nickerchen in die warme Küche darf.

Miss Marley testet die Qualität des frisch geschorenen wolligen Vlieses.

Unser jüngster Neuzugang stellt sich vor! Inca, die winzige Pfützenmacherin.

Die Schäferin faulenzt – manchmal glaube ich, ich bin der Einzige hier, der hart arbeitet, und das sage ich ihr auch! © *Julia Crampton*

Das ist aber ein merkwürdiges langhalsiges Schaf …
Oh, das muss das neue Alpaka sein!

Warum hast du uns das Tor
vor der Nase zugemacht?

Diese Eierlegerin behalte ich
genau im Auge.

War die ganze Arbeit
etwa umsonst?
Ich habe mir mein Ei
verdient, und ich weiß,
dass in diesem Eimer
einige davon sind.
Gib sie mir!

Sitz … Platz …
purrrrrfekte Katzenherrschaft.

Schäfchenzählen
macht ganz schön müde!

Top Schäfer-Tipp:
Habe keine Angst,
dich zu
behaupten und
ihnen zu zeigen,
wer der Chef ist!
Selbst wenn sie
doppelt so groß
sind wie du …

Verbrüdere dich nicht mit der Belegschaft.
Du untergräbst meine Autorität!
© Susan Wilde

Bodenuntersuchungen müssen
gemacht werden, also kann ich es
genauso gut auch genießen.

Manchmal kommt es einfach zu
einem Streit mit den Kollegen.
Und ja, ich habe einen blutigen
Kratzer auf der Nase, aber ihr
solltet mal den anderen sehen!

Manchmal ist es unmöglich,
einem Pferd Manieren
beizubringen.
Ich versuche es, glaubt mir,
ich versuche es wirklich.

*Ich verfüttere
Winteräpfel
an meine
Lämmer.*

*Mir wurde schon
oft gesagt, ich hätte
charismatische
Augen.
Für meine Befehle
reicht ein einziger
Blick.*

Wir bringen das Heu ein, bevor es regnet. Teamwork und Planung sind dabei das Wichtigste.

Ovenmitt liebt es, schwache neugeborene Lämmer zu beaufsichtigen, wenn sie am Ofen trocknen und sich aufwärmen.

Was schaust du so? Ich arbeite an meinem Buch, und niemand bekommt den Text zu sehen, bevor ich fertig bin, verstanden?

*Meine Schafe
bemerken es nie,
wenn ich sie beobachte,
aber ich bin immer
da, habe sie stets im
Blick und zähle nach,
damit keines fehlt.*

*Pepper und ich
arbeiten gut
zusammen. Ich sitze
immer auf dem
Fahrersitz, während
Pepper damit
zufrieden ist, auf dem
Heckträger des Quads
mitzufahren.*

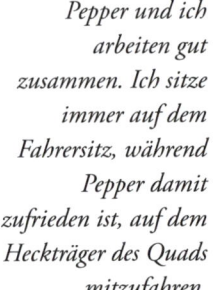

*Ein Moment der
Ruhe zwischen
Glockenblumen
und Wiesenkerbel
unter einer
blühenden
Kastanie.*

»Was möchtest du trinken?«, fragte Mr. Hughes. Die erschöpfte Schäferin konnte nicht mehr klar denken, also nannte sie ihm das erste Getränk, das ihr in den Sinn kam … »Gin und Tonic, bitte.« Mr. Hughes goss ihr ein großes Glas mit drei Viertel Gin und einem Schuss Tonic ein. Die Schäferin setzte sich hin und entspannte. Sie hatte gar nicht gemerkt, wie durstig sie war, und stürzte ihren Drink viel zu schnell hinunter. Ehe sie sichs versah, hatte man ihr schon das nächste Glas in die Hand gedrückt. Als ihre Mitfahrgelegenheit bereit zum Aufbruch war, konnte sie wegen all der ungeplanten Drinks, die sie zu sich genommen hatte, kaum noch stehen.

Heute geht die Schäferin nicht mehr mit auf die Jagd, weil sie sich zu alt dafür fühlt. Sie braucht den Adrenalinschub des wilden Ritts durch die Landschaft nicht mehr, bei dem man dem melodiösen Bellen der jagenden Hundemeute folgt. Allerdings erinnerten sich noch viele Jahre später Freunde und Jäger an die Schäferin, die ohne Sattel mit der Kilkenny-Meute auf die Jagd geritten war und nicht nur mit den Hunden mitgehalten hatte, sondern sich auch trotz des unwegsamen Geländes auf dem Pferderücken gehalten hatte. Als die Besitzer des Connemara-Ponys vom langen Ritt und von der Ausdauer der Schäferin und des Ponys hörten, konnten sie das Pony aufgrund seiner großartigen Leistung zu einem guten Preis verkaufen. Wenn ein Pony bei einer Jagd mithalten kann, dann muss es sich um ein wirklich außergewöhnliches Tier handeln.

Der Job als Aushilfe bei der Ablammsaison in den Countys Wicklow und Carlow war der bestbezahlte, wie sie mir erzählte. Dort lernte sie viele Dinge, die ihr später bei der Leitung der Black Sheep Farm zugutekommen sollten. Sie bekam damals zwar Verpflegung, verdiente aber nur 50 Pfund im Monat – ein wahrer Hungerlohn. Da bin ich hier mit meinem unbegrenzten Vorrat an knusprigen Katzenleckerlis, die ab und zu mit einem köstlichen rohen Ei vermischt werden, deutlich besser dran. Weil die Schäferin kein Auto hatte, konnte sie allerdings auch nirgendwohin fahren und dort das hart verdiente Geld ausgeben. Und weil das Geld so knapp war, ging sie nur an den Abenden in den Pub, an denen man fürs Singen einen Drink bekam.

Im Wohnhaus der Farm, auf der sie arbeitete, war der gesamte Boden im Erdgeschoss gefliest. Alle zogen, wenn sie die dreckverkrusteten Stiefel ausgezogen hatten, ein Paar Holzpantinen an, damit sie keine kalten Füße bekamen. Der Schäferin wurde ein kleines Pferd zugeteilt, das den Kindern des Bauern gehörte und auf dem sie ohne Sattel über die Weiden ritt, um die frei laufenden Mutterschafe mit ihren neugeborenen Lämmern zu kontrollieren. Der Bauer besaß so viel Land, dass er dauerhaft einen Schäfer, einen Verwalter für den Hof und andere Vollzeit-Farmhelfer eingestellt hatte.

Eines Tages, als die Schäferin seit vier Wochen auf dem Hof war, musste eine Viehherde auf eine neue Weide getrieben werden. Dazu musste die Herde zwischen einem Waldgebiet und einem Feld mit Winterweizen hindurchgelotst werden, die beide nicht eingezäunt waren. Alle wurden zusammengetrommelt, um dabei mitzuhelfen, das Vieh daran zu hindern, in den Wald zu flüchten oder die jungen Weizenpflanzen abzufressen. Der Plan war, dass ein Traktor samt Viehfutter-Anhänger der Herde voranfahren sollte, während die Schäferin und die übrigen Männer den Rindern folgen beziehungsweise sie flankieren sollten. Noel, der Schäfer der Farm, mit dem die junge Schäferin seit einem Monat zusammenarbeitete, schlug vor, sie solle das Pferd nehmen und so helfen, die Herde anzutreiben. Als sie sich auf den Weg über die Ländereien machten, liefen die Männer alle in einer Gruppe, Noel mittendrin, während die Schäferin hinter ihnen herritt. Die Männer tuschelten, lachten, schlugen mit den Händen ein.

Die Schäferin spürte, dass etwas im Gange war, aber hatte keine Ahnung, was. Als sie das Vieh hinter dem Traktor mit Anhänger in Stellung brachten, verteilten sich die Männer rings um die Herde, um sie zusammenzuhalten. Die Schäferin ritt hinter der Herde her, für den Fall, dass sie das Vieh davon abhalten musste, vom Weg abzuweichen. Als sie sich dem Gebiet näherten, wo sich auf der einen Seite des Weges der offene Wald und auf der Seite der junge Weizen befand, rutschte plötzlich einer der Männer an der Straßenböschung aus und erschreckte das Vieh, das prompt in den Wald flüchtete.

Die Schäferin, die ja ohne Sattel ritt, presste die Schenkel fest an die Flanken des Pferdes, beugte sich vor und galoppierte in den Wald, um sich an die Spitze der Herde zu setzen und sie zurück auf den Pfad zu führen. Im Galopp musste sie sich immer wieder ducken und Ästen, Bäumen und jungen Schösslingen ausweichen, um die Herde zu erreichen. Geschickt führte sie sie zurück auf den Pfad, wo die Männer standen und ihr zusahen.

Nach diesem Vorfall blieb alles friedlich, während sie das Vieh auf die frische, eingezäunte Weide brachten. Dann kletterten die Männer und Noel auf den Anhänger des Traktors. Die Schäferin ritt hinter ihnen her, als sie wendeten und zum Hof zurückfuhren. Noel machte einen zufriedenen Eindruck und sammelte augenscheinlich Geld von den anderen Männern ein.

»Was ist los?«, fragte die Schäferin.

»Ich hab drauf gewettet, dass du auf dem Pferd bleiben würdest. Sie haben dagegengehalten, haben sogar versucht, dich runterzukriegen und das Vieh erschreckt, also hab ich mehr gesetzt, als du los bist in den Wald. Hat mir 'nen Batzen Geld eingebracht!«

»Vielleicht solltest du mir was davon abgeben, weil ich für dich zwei Wetten gewonnen habe«, bemerkte die Schäferin.

»Vielleicht, vielleicht aber auch nicht«, antwortete Noel.

Noel brachte der Schäferin eine Menge über Schafzucht bei, aber auch einiges über Sexismus, der in der Landwirtschaft nichts Ungewöhnliches ist. Die Schäferin ist eine Fürsprecherin für Landwirtinnen in diesem von Männern dominierten Bereich geworden. Genau genommen suchte sie, wie die Forscherin Isabella Bird, sogar bewusst nach Arbeit, die einige für typische Männerjobs halten. Sie erzählt mir, dass sie sich einmal für einen Job bei einem der Aufräumkommandos bewarb, die hohe Löhne dafür bekamen, nach dem ersten Golfkrieg die brennenden Ölfelder im Mittleren Osten zu säubern. Sie wurde jedoch nicht genommen, weil Frauen dort nur als Köchinnen oder Wäscherinnen angestellt wurden. Sie sieht einfach nicht ein, warum eine Frau nicht in der Lage sein soll, die gleiche Arbeit zu machen wie ein Mann.

Das Leben in Irland als Landwirtin mit einer Herde Schafe zeigte der Schäferin, dass ihre Farmerkollegen und Nachbarn zwar immer hilfsbereit und freundlich sind, aber trotzdem manchmal hinter ihrem Rücken die Augen verdrehen. Sie erzählt oft von dem männlichen Besucher, der sie fragte, ob »der Chef« da sei, und wie schnell sie ihm den Kopf zurechtrückte. Trotzdem hält sich in einigen Teilen der irischen Landwirtschaft immer noch hartnäckig die Tendenz zu überholten Frauenbildern. Ähnlich wie ich als Hütekatze um Gleichberechtigung mit meinen Hundekollegen kämpfe, strebt die Schäferin Gleichberechtigung mit den Männern in der Gemeinschaft an.

Als Reaktion auf diese unzeitgemäßen Vorurteile gegenüber Frauen in der Landwirtschaft half die Schäferin kürzlich, eine Selbsthilfegruppe für Landwirtinnen zu gründen, die sich Women of the Land, Frauen vom Land, nennt. Sie nannten ihren Ortsverband South-East Women in Farming Ireland, Landwirtinnen in Südostirland, kurz SEWIF. Als sich die Gruppe traf, um das Design ihres Gruppenlogos zu besprechen, schlug die Schäferin vor, eine Getreidegarbe in Form einer weiblichen Augenbraue zu nehmen. Dieses Logo erinnert Landwirte und Landwirtinnen an Áine, die irische Göttin des Korns, Grases und des Ackerbaus.

Die Schäferin ermutigt Landwirtinnen weiterhin, sich nicht immer »nur« als unbezahlte Buchhalterin oder Aushilfe zu sehen, die »nur« die Kälbchen füttert oder »nur« dafür sorgt, dass die Herde auf dem richtigen Weg bleibt. Stattdessen ermuntert sie diese aufgeklärten Frauen des Landes, den Ehrentitel »Landwirtin« zu tragen. Sie sind nicht »nur« irgendetwas, sie sind eigenständige Landwirtinnen.

Eines Tages wurde die Schäferin gebeten, auf einem SEWIF-Treffen eine Rede zu halten und so Frauen in ihrer Gemeinschaft zu ermutigen, stolz darauf zu sein, dass sie Landwirtinnen waren. Um sie zu inspirieren, sprach sie über die Geschichte und die Entwicklung der Landwirtschaft und erinnerte die Zuhörerinnen daran, dass ihre Vorfahrinnen vor langer Zeit mit ihren Jäger-und-Sammler-Stämmen durch die Wildnis gezogen waren. Die Frauen und Kinder sammelten damals Getreide, Früchte, Nüsse und Wurzeln, und die Schäferin ging sogar so weit, zu vermuten, dass genau diese Frauen, die das Sammeln von Nahrung zur nützlichen Kunst erhoben hatten, vielleicht auch die Tierzucht erfanden. Frauen, die ihre Kinder stillten, teilten womöglich ihre Milch mit verwaisten Tieren wie zum

Beispiel Lämmern oder Ziegen – etwas, das vielfach belegt ist und von Stämmen in diversen Ländern praktiziert wurde und noch wird. Es ist also durchaus denkbar, dass sich diese gesäugten Tiere bereitwillig den Sammlerinnen anschlossen. Schließlich laufen die verwaisten Lämmer heute auch immer demjenigen nach, der sie mit Milch füttert. Genau wie meine Katzen-Kolleginnen, die Heerscharen von Baby-Hühnern, Baby-Kaninchen und Baby-Igeln aufgezogen haben.

Demzufolge ist es auch nicht unwahrscheinlich, dass mit dem Umzug der Menschen von Ort zu Ort immer mehr Tiere gehalten und geschlachtet wurden, um den Stamm zu ernähren. Die Frauen sammelten weiterhin Getreide, während die Männer auf die Jagd gingen und den Stamm beschützten. Diese Arbeitsteilung erlaubte es den Frauen, kleine Herden zu halten, die ihnen folgten, weil sie gefüttert wurden. So begann die Abhängigkeit der Tiere von den frühen Landwirtinnen, die – wie die Schäferin glaubt – die Ersten waren, die Nutztiere domestizierten. Und diese Hirtinnen entdeckten vielleicht auch, dass dort, wo die Tiere ihren Mist hinterließen, das Gras dichter, grüner und saftiger wuchs. Warum also nicht ein paar Getreidesamen in der Nähe des Dungs säen? Wenn sie später an dieselbe Stelle zurückkehrten, standen dort Ähren, die dank des natürlichen Düngers größer und stärker waren als die anderen.

Das Bäuerin-Sein liege den Frauen also folglich im Blut, es sei sozusagen Teil ihrer Evolution, schloss die Schäferin. Gleichgültig, ob sie ihr zustimmten oder nicht, die anwesenden Frauen fühlten sich durch die Rede über ihre eigene zentrale Rolle in der Landwirtschaft sehr inspiriert und sahen sich darin bestätigt, dass sie die Zügel selbst in die Hand nehmen konnten, um ihre Höfe und landwirtschaftlichen Betriebe zu leiten. Zwar sind nur dreizehn Prozent der irischen Höfe in Frauenhand (eine Zahl, die Höfe in Gemeinschaftsbesitz nicht miteinschließt), aber dieser Anteil spiegelt nicht ansatzweise den erheblichen Beitrag zur irischen Landwirtschaft wider, den die Landwirtinnen leisten. Zudem laufen viele Höfe und Herden meist auf den Namen des Mannes, obwohl dieser vielleicht anderswo eine Stelle hat, während seine Frau die Arbeit auf dem Hof erledigt und sich trotzdem nicht als Landwirtin bezeichnet.

Ungeachtet seiner sexistischen Tendenzen brachte Noel der Schäferin einiges über die Schafzucht bei. So lernte sie zum Beispiel zu erkennen, ob eine Aue kurz vor dem Ablammen stand oder ob sie Schmerzen hatte, weil es bei der Geburt Komplikationen gab.

Eines Tages, als sie mit einer der Töchter des Hofverwalters ohne Sattel über die Felder ritt, um Mutterschafe und Lämmer zu kontrollieren, die auf einer weit von den Ställen entfernten Weide standen, hörte sie eine Aue vor Schmerz brüllen, und ritt sofort in Richtung der riesigen Stallungen. Dort angekommen, sprang sie ab, hob das Mädchen herunter und sagte ihm, es solle die Zügel halten, während sie über das Tor in den Stall kletterte. Sie entdeckte die Aue, half ihr bei der schwierigen Geburt, brachte die neugeborenen Lämmer mit ihrer Mutter in einen speziellen Pferch für Neugeborene und wusch sich fix die Hände. Dann stieg sie, zusammen mit dem Mädchen, wieder aufs Pferd und setzte ihren Kontrollritt fort – und das alles in weniger als zwanzig Minuten.

Das Mädchen fragte sie: »Woher wusstest du, dass etwas nicht stimmt?«

»Wenn man genau hinhört, kann man nach einer Weile unterscheiden, was die verschiedenen Laute bedeuten, die die Schafe von sich geben«, erklärte die Schäferin. »Sie blöken auf eine ganz bestimmte Art, wenn sie Futter bekommen, und auf eine andere, wenn das Futter nicht schnell genug im Trog landet. Wenn ein Mutterschaf sein Lamm ruft, klingt das ganz anders, als wenn Schafe sich aus verschiedenen Pferchen etwas zurufen. Wenn eine Aue Probleme beim Lammen hat, gibt sie eine Art Schmerzensschrei von sich. So reden die Schafe miteinander und mit uns. Wir als Schäferinnen müssen lernen, ihre Sprache zu verstehen. Wenn du ihnen aufmerksam zuhörst, weißt auch du irgendwann, was sie dir sagen wollen.«

Teil III

Herbst

7

Schäfchenwolken

Der Wechsel der Jahreszeiten erinnert mich an eine alte Bauernregel: »Wenn Schwalben niedrig fliegen, wird man Regenwetter kriegen.« Ein anderer Spruch, den die Schäferin gern zitiert, lautet: »Wenn Schäfchenwolken am Himmel stehen, kann man nicht ohne Schirm spazieren gehen.« Mit anderen Worten, wir müssen uns auf Regen gefasst machen. Sie erklärte mir auch, dass Schäfchenwolken in Frankreich *ciel moutonné*, flauschiger Himmel, genannt werden, in Spanien *cielo empedrado*, gepflasterter Himmel, und in Italien *pecorelle*, kleine Schäfchen.

Wenn man auf dem Land oder mit Nutztieren arbeitet, ist es immer gut zu wissen, wie das Wetter wird. So kann man besser entscheiden, welche Aufgaben als Nächstes anstehen, zum Beispiel, wann man Kalk streuen muss, um gute Weideflächen zu bekommen, oder wann man den Boden umgraben kann, was nach Regenfällen, wenn die Erde nicht so trocken und hart ist, einfacher ist.

Der September erinnert die Schäferin an ein wiederkehrendes – und unausweichliches – Problem auf unseren Ländereien: Hunde, die auf unseren Schafweiden herumstreunen. Man könnte jetzt auf den Gedanken kommen, dass ich das nur sage, weil ich eine Katze bin, aber dem ist nicht so.

Tatsächlich gab es einige Vorfälle auf Nachbarhöfen, bei denen Hunde Schafe rissen. Vor einigen Jahren wurden in drei Herden in einem Umkreis von drei Kilometern von »süßen, harmlosen« Haushunden Schafe gerissen. Einmal musste ein Bauer mitansehen, wie zwei Hunde auf seine Weide rannten und mehrere seiner Schafe rissen. Zum Glück konnte er sie schließlich erschießen – was manch einer vielleicht grausam findet, aber leider absolut notwendig ist. Außerdem sind Viehzüchterinnen und Viehzüchter in Irland gesetzlich befugt, jeden Hund zu töten, der ihr Land betritt und ihre Tiere angreift.

Aber auch die Tiere, die nicht gerissen wurden, leiden unter den Angriffen. Schafe, die den Hundeattacken entkommen, sind oft so traumatisiert, dass sie ihre ungeborenen Lämmer verlieren und danach nicht mehr fortpflanzungsfähig sind. Sie sind zutiefst verängstigt, bleiben danach für immer schwer zu handhaben und extrem stressanfällig. So wie bei einem Hund schon beim ersten Angriff das wilde Erbe des Wolfs wieder durchschlägt, weshalb er garantiert wieder jagen wird, verfällt das Schaf wieder in seinen Beutetierinstinkt zurück. Und obwohl Schafe seit Jahrhunderten in allen möglichen Formen und Größen gezüchtet und als Herdentiere gehalten werden, behielten sie dennoch, wie mir die Schäferin erklärte, den tief in ihrer Natur verwurzelten Trieb, sich beim Herannahen eines Jägers zu zerstreuen, statt eine Herde zu bilden.

Die Schäferin erlebte dieses Phänomen einmal mit, als sie mit ihrer Großmutter ein Gemeinschaftsgartenprojekt unweit der Farm besuchte. Als sie ankam, herrschte reinstes Chaos, überall rannten Menschen und Schafe herum. Die Schafe ließen sich einfach nicht zusammentreiben und stoben hartnäckig in alle Richtungen davon.

Wie sich herausstellte, hatten die Gärtner Marihuana angebaut, und die Schafe, die ihrer Weide entkommen waren und sich in den Garten verirrt hatten, fanden das »Gras« dort so lecker, dass sie alles auffraßen. So wie es aussieht, verfallen Schafe also auch dann in ihre niederen Instinkte des Sichzerstreuens zurück, wenn sie so richtig high sind …

Vor Kurzem kam ein benachbarter Bauer auf einen Plausch mit der Schäferin vorbei. Weil ich mich gerade auf einem großzügigen, weichen Fleckchen von verstreutem Heu im Hof räkelte, konnte ich hören, wie er ihr seine Geschichte erzählte. Er hatte beobachtet, wie zwei Hundebesitzer lachend dabei zusahen, wie ihre kleine Ratte von Yorkshire Terrier seine Schafherde jagte und bei den trächtigen Auen heillose Panik auslöste.

Als der Bauer sie bat, den Hund zurückzurufen, weil es seine Schafe stresste, lachten sie ihm ins Gesicht: »Ist doch nur ein winziger Yorkie, was kann der schon anrichten?«

Die Sache nahm schnell Fahrt auf. Er sagte zu ihnen: »Wenn Sie nicht sofort Ihren Hund zur Ordnung rufen, hole ich meine Flinte und erschieße ihn.«

Sie grinsten spöttisch: »Wenn Sie das tun, rufen wir die *gardaí*, die Polizei.«

»Nur zu«, antwortete der Bauer. »Sie werden feststellen, dass es mein gutes Recht ist, jeden Hund zu erschießen, der sich unter meine Herden mischt, erst recht einen, der sie jagt und verschreckt.«

Er berichtete weiter, die Auseinandersetzung sei ziemlich hitzig geworden. Das schamlose Auftreten und mangelnde Verständnis der Besitzer des schlecht erzogenen Terriers machten ihn wütend. Bei Schafen hat Stress nichts mit der Größe des Hundes zu tun. Unter ihnen bricht so schnell Panik aus, dass sie sich manchmal gegenseitig zu Tode quetschen, wenn sie kopflos fliehen, sich eng in einer Ecke der Weide zusammendrängen und bei dem Versuch, sich zu retten, übereinanderspringen.

Ich wäre am Boden zerstört, wenn streunende Hunde hier

eindringen und Mitglieder meiner Herde reißen würden. Damals, als die Schafsmörder von Hunden die Herden unserer Nachbarn terrorisierten und töteten, hatten wir nur eine sehr kleine Herde an Zwartblesschafen. Wir hatten mit vier schwarzen Schafen begonnen, und obwohl unsere Herde immer mehr wuchs, kannten wir jedes Schaf bei seiner registrierten Herdennummer und seinem persönlich vergebenen Namen oder Spitznamen. Ich habe keine Ahnung, wie die Schäferin auf manche Namen kommt, die sie unseren Schafen oder Pferden gibt, aber ich weiß, *warum*. Weil unsere Herde Zwartblesschafe einer registrierten, seltenen Rasse angehören, haben sie allesamt ein Stammbaum-Zertifikat, in dem die Namen ihrer Eltern, Großeltern und Urgroßeltern angegeben sind. Dieses Zertifikat verhindert Inzucht oder Linienzucht, wobei Söhne mit ihren Müttern gekreuzt werden oder Töchter mit Vätern oder Großvätern. Auf diesen Stammbaum-Zertifikaten bekommt jedes Schaf einen Namen, der mit einem bestimmten Buchstaben beginnt, der jährlich von der Zwartblesschaf-Gesellschaft ausgewählt wird. Zum Beispiel bekamen alle Lämmer, die im Jahr 2018 geboren wurden, Namen, die mit F beginnen.

Das hält die Schäferin jedoch nicht davon ab, jedem Schaf einen Spitznamen zu geben, der mit einer seiner Besonderheiten, Schwächen oder positiven Eigenschaften zusammenhängt. Nehmen wir zum Beispiel Aggee. Aggee hat ihre ganz eigene Geschichte, wie sie zu ihrem Namen kam, aber die erzähle ich erst später … Ihre Mutter ist kein Zwartblesschaf, sondern eine Kreuzung aus einem Texel-Bock und einer Suffolk-Aue. Sie ist eines der letzten Schafe aus der ursprünglichen Herde der Schäferin und die Tochter einer der ersten Handvoll Suffolk-Auen, die die Schäferin als Lämmer bekam und bei denen Oscar sich vor so langer Zeit unter der Wärmelampe als Babysitter betätigte. Diese Suffolk-Aue heißt Great White Yoke, Großes Weißes Vieh, weil sie ein großes weißes Schaf ist und ihre eigenen Vorstellungen hat, die sich nicht immer mit dem decken, was die Schäferin von ihr möchte. Wenn der Rest der Herde ihrem Beispiel folgt, statt zu tun, was sie eigentlich tun soll, flucht die Schäferin wie ein Kesselflicker. Big Fellow sucht dann schnell mit eingezogenem Schwanz das Weite, um sich in sicherer Entfernung von ihr mit schuldbewusstem Blick niederzukauern, weil er glaubt, er wäre daran schuld. Er rührt sich dann nicht mehr von der Stelle, außer wenn Schafe ihn niederzutrampeln drohen. Pepper dagegen stellt sich neben die Schäferin und schmiegt sich an ihr Bein, um ihren Ärger auf Great White Yoke zu dämpfen, oder er stupst sie hart mit der Schnauze in die Kniekehle, um sie abzulenken.

Northern Screamer, der Schreihals aus dem Norden, ist ein weiteres gutes Beispiel dafür, wie Schafe zu ihrem Spitznamen kommen. Die Schäferin erstand die Aue als Jährlingsschaf bei einer Auktion in Nordirland. Da sie ein hübsches Schaf war und ihr Stammbaum nicht mit unserer Herde verknüpft war, schien sie die ideale Wahl zu sein. Zu Hause auf der Black Sheep Farm stellte sich jedoch heraus, dass der Kauf einen Haken hatte. Wenn die Fütterungszeit nahte und der Trog nicht sofort gefüllt wurde, stimmte Northern Screamer ein aus drei ansteigenden Tönen bestehendes, durchdringendes Gebrüll an, das in ein schrilles Kreischen mündete, bis der Trog endlich gefüllt war und sie so viel Futter wie möglich in sich hineinschlang.

Dann gibt es noch Pippi Langstrumpf, kurz Pippi, die so genannt wird, weil sie zwei lange weiße Strümpfe an den Hinterläufen trägt. Sie wurde in einem W-Jahr geboren, deshalb lautet ihr richtiger Name Whippoorwill, nach einem amerikanischen Singvogel. Sie posiert gerne und ließ sich als Model schon viele

Male mit Decken und Garn für die Schäferin ablichten. Wenn uns Gäste besuchen, wollen viele sie gern kennenlernen und erkennen sie leicht anhand ihrer kniehohen Strümpfe.

Man kann also mit Fug und Recht behaupten, dass wir sowohl die Namen als auch den Charakter unserer Schafe kennen, was es umso schlimmer macht, wenn ihnen etwas zustößt. Als wir also davon hörten, dass Schafe in der Nachbarschaft gerissen wurden und uns der Bauer von den Hunden berichtete, die seine Schafe in Angst und Schrecken versetzten, entschied die Schäferin, selbst Sicherheitsvorkehrungen zu ergreifen.

Sie fragte sich, wie sie unsere Herde besser schützen konnte, und machte sich daran, sich zu informieren. Schließlich fand sie heraus, dass es vier Möglichkeiten gab, unsere Schafe zu schützen, ohne dass wir Tag und Nacht vor Ort sein müssen. Eine davon war, einen Hund einer bestimmten Rasse anzuschaffen, der als Vollzeit-Herdenmitglied bei den Schafen lebt, um sie vor menschlichen und tierischen Eindringlingen zu beschützen, die als Jäger wahrgenommen werden. Diese Hunderassen unterscheiden sich von den bekannteren klassischen Hütehunden wie Kelpie, Huntaway und Border Collie. Zu den Rassen der Herdenschutzhunde zählen unter anderem der Pyrenäenberghund, der Komondor – ein ungarischer Hirtenhund, dessen charakteristisches verfilztes, zottiges Fell ihn vor Kälte schützt – und der weiße Maremmen-Schäferhund. Sie werden vor allem in Gegenden eingesetzt, wo es Raubtiere wie Bären, Wölfe, Berglöwen oder Kojoten gibt. Einen solchen Herdenschutzhund nach Irland einzuführen, war aber zu teuer und zu aufwendig.

Zweitens gab es die Möglichkeit, südamerikanische Lamas mit dieser Aufgabe zu betrauen. Sie gehören zur Familie der Kamele, stammen aus den Anden, sind ziemlich groß und haben die unangenehme Angewohnheit, ihre Pfleger zu bespucken.

Drittens gab es Alpakas, die ebenfalls aus Südamerika stammen, jedoch umgänglicher, zutraulicher, kleiner und sanftmütiger sind als Lamas. Sie stammen aus dem Hochland Perus und sind ausgezeichnete Hütetiere für Schafherden. Sie können mit ihren messerscharfen Hufen schnell und unerwartet auskeilen, was für Raubtiere wie Füchse und streunende Hunde oft tödliche Folgen hat. Außerdem haben sie ein herrlich weiches, warmes Fell. Die vierte Möglichkeit sind Esel, die einen großen Beschützerinstinkt haben und bekanntlich auch Füchse und Hunde töten können, indem sie ihnen mit dem gezielten Tritt der Vorderhufe das Rückgrat brechen.

Die Schäferin entschied, dass Alpakas für die Zwartbles am besten geeignet waren, und kontaktierte die Hushabye Farm im Vorgebirge der herrlichen Slieve Bloom Mountains im County Offaly. An diesem schönen Ort werden mit großem Erfolg Alpakas gezüchtet. Die Schäferin reiste also ins Landesinnere, um sich die Alpakas anzuschauen. Alpakas gibt es in vielen verschiedenen Farben, aber sie war der Meinung, dass schwarze Tiere sich in unserer schwarzen Schafherde am besten machen würden. Außerdem vermutete sie, dass sich die schöne, weiche Alpakawolle von der Beschaffenheit und Farbe her sicher gut mit dem Zwartbles-Garn mischen ließ.

Auf der Alpaka-Farm wählte die Schäferin zwei hübsche schwarze Alpaka-Männchen aus, die sie gern mit nach Hause nehmen wollte. Der Bauer der Hushabye Farm und seine Tochter fragten sie, ob sie die beiden noch eine Weile behalten dürften, um sie ans Halfter zu gewöhnen, bevor sie zu uns in ihr neues Zuhause kamen. Die Tochter des Bauern war noch sehr jung, doch sie entpuppte sich als entschlossene, aber behutsame Trainerin. Als sie auf der Black Sheep Farm ankamen, legte sie den Alpaka-Jungs selbst die Halfter an, lud sie aus und führte sie die Anhängerrampe hinunter. Als die Alpakas mit frischem Heu, sauberem Wasser und etwas Schaffutter zum Knabbern im Stall standen, verabschiedete sich die Hushabye-Tochter liebevoll mit einer Umarmung von unseren beiden Neuen.

Die ersten zehn Tage nach ihrer Ankunft behielt die Schäferin die Alpakas im Stall, damit sie sich gut einleben konnten. Die Stallhaltung machte es auch einfacher für sie, die beiden einzufangen und das Anlegen des Halfters zu üben. Die Alpakas gewöhnten sich gut ein und fraßen sowohl Heu als auch Schafpellets, was darauf hindeutete, dass sie sich langsam in ihrem neuen Zuhause einlebten. Alpakas sind sehr neugierig, aber scheu, wenn sie jemandem zum ersten Mal begegnen. Sie betrachten Fremde als seltsame und möglicherweise bedrohliche Wesen. Alpakas mögen es nicht, am Kopf angefasst zu werden. Um sie an menschliche Berührungen zu gewöhnen, streichelt man sie zunächst sanft hinter den Ohren, dann den Hals und den Rücken hinunter.

Der erste Schritt, sich mit den Alpakas vertraut zu machen, bestand darin, sie zweimal täglich zu füttern. Die Schäferin brachte den beiden immer Schafpellets mit, die sie gedankenverloren mampften und am Ende so gern mochten, dass sie anfingen, danach zu suchen, sobald die Schäferin den Stall betrat. Dann begann sie, die Zeitspanne zwischen dem Betreten des Stalls und dem Befüllen der Futtertröge immer mehr auszudehnen. Sie bot den Alpakas eine Handvoll Futter an, damit sie ihr aus der Hand fraßen und sich an menschliche Berührungen gewöhnten. Bald rieben sie ihre weichen Mäuler an ihren Händen, wenn sie das Schaffutter fraßen.

Als Nächstes führte die Schäferin das bereits begonnene Training fort und legte den Alpakas zweimal täglich die Halfter an, um sie kurz herumzuführen. Mit ihrer Fähigkeit, Tiere auf sanfte Art dazu zu bringen, sich zu benehmen und Dinge wie Halfter oder Geschirre zu akzeptieren, trainierte sie die Alpakas in kurzen Lerneinheiten, die immer länger wurden. Sie gewöhnten sich schnell an sie und an ihre neue Umgebung.

Um die zukünftige Handhabung der gemeinsamen Herde aus Schafen und Alpakas zu erleichtern, nahm die Schäferin sich Zeit fürs Training der Neuankömmlinge, bevor sie sie mit den Schafen auf die Weide ließ. Besonders wichtig war, dass sich die Alpakas leicht von der Herde trennen ließen, für den Fall, dass die Schafe eine Behandlung benötigten. Außerdem sind Alpakas sehr zugänglich, wenn sie einen Menschen kennen und ihm vertrauen, was das Verabreichen von Medikamenten, die Huf- und Zahnpflege sowie das Scheren erleichtert.

Eines Tages machte die Schäferin mit den Alpakas einen längeren Spaziergang, und sie gingen über ein großes Feld mit einem steilen Hügel, an dessen Fuß sich eine schmale öffentliche Straße befand. Als sie sie den Abhang hinunter zur Straße an einer gewaltigen alten Eiche vorbeiführte, fuhr gerade ein Traktor mit Anhänger vorbei, der riesige Heuballen geladen hatte. Der Fahrer war so abgelenkt von den ungewöhnlichen, langhalsigen Geschöpfen, dass er fast die Kontrolle über den Traktor verlor und kurz davor war, gegen die Steinmauer am Straßenrand zu prallen. In letzter Sekunde riss er das Lenkrad herum und wäre fast in den Graben gefahren. Die Schäferin musste noch den ganzen restlichen Tag darüber schmunzeln, wenn sie sich ausmalte, was ihm durch den Kopf gegangen sein musste. Sie konnte sich lebhaft vorstellen, wie er seinen Freunden erzählte: »Ihr kennt doch die Verrückte mit den schwarzen Schafen? Die ist heute mit zwei komischen langhalsigen Viechern im Schlepptau spazieren gegangen. Ich bin so erschrocken, dass ich fast im Graben gelandet wäre.«

Diese Geschichte erinnert die Schäferin an die Reaktion eines ihrer Nachbarn auf die Neuankömmlinge. Kurz nachdem sie damit begonnen hatte, die Alpakas nach draußen zu lassen, bekam sie folgende SMS:

»Was hast du mit deinen Schafen gemacht?«

»Wie meinst du das?«, schrieb sie zurück.

»Hast sie auf die Streckbank gespannt? Oder sind ihre Hälse etwa gewachsen?«

Anscheinend waren sie *das* Gesprächsthema der Nachbarschaft!

Es brauchte noch einiges an Training, um die Alpakas an andere Menschen zu gewöhnen, was aber kein Problem war, weil die Schäferin viele Freiwillige hatte. Bald kamen diverse Freunde mit ihren Kindern vorbei, um die beiden faszinierenden Wesen mit den langen Hälsen und den dichten, langen Wimpern zu bestaunen. Auch wenn die beiden am Anfang etwas verschreckt wirkten, verkrafteten sie die Besucherhorden zum Glück sehr gut.

Die nächste Trainingsphase begann, als die Schäferin die Alpakas auf die Weide brachte, damit sie sich mit den Schafen vertraut machen konnten, die Geschöpfe wie sie nie zuvor gesehen hatten – auch die Alpakas waren noch nie einem Schaf begegnet. Sie wollte die Alpakas nicht zu früh auf meine Schafe loslassen, damit sie nicht womöglich einer trächtigen Aue einen ihrer verheerenden Tritte versetzten. Diese Tritte sind einer der Hauptgründe dafür, dass Alpakas zum Schutz von Schafen eingesetzt werden, denn damit können sie sogar Füchse und Hunde in die Flucht schlagen. Anders als Kühe, Pferde oder Esel, die mit zurückgelegten Ohren oder einem Buckel zeigen, dass sie gleich auskeilen, treten Alpakas ohne Vorwarnung zu.

An der Körpersprache der Tiere war deutlich zu erkennen,

dass sie die jeweils andere Spezies sehr merkwürdig fanden. Als die Alpakas zum ersten Mal auf die Schafe trafen, fragten sie sich wahrscheinlich: »Was sind das denn für komische zu kurz geratene Viecher?« Und eine erschrockene Zwartbles-Aue dachte vielleicht: »Was um alles in der Welt haben diese merkwürdigen langhalsigen Kreaturen hier verloren? He, Leute, guckt euch diese schrägen Typen an!« Die Alpakas wurden sichtlich nervös. »Psssst, machen wir uns schnell vom Acker, sonst sind wir gleich von diesen komischen Zwergen umzingelt!« Zumindest stelle ich es mir so vor. Heute verstehe ich ihre Sprache besser als damals.

Nach ein paar Besuchen hatten sich die Schafe an die Alpakas gewöhnt: »Na ja, diese großen Typen ignorieren uns einfach und hängen immer beim Heu rum.«

»Ups, ich glaub, die Zwerge werden langsam neugierig«, sagten die Alpakas. »Ach du Schande, jetzt folgen sie uns auch noch! Machen wir, dass wir wegkommen!«

Schließlich blieben die Zwartblesschafe jedoch entspannt unter den Bäumen stehen, wenn die Alpakas vorbeispazierten.

Danach war es Zeit, die Alpakas auf die kleine Koppel neben der Pferdeweide zu bringen. Die Pferde und die beiden Alpakas beäugten sich verblüfft. Der vernünftige Marco Polo blieb einfach nur still stehen und schaute sich alles an, während die Stuten wild herumgaloppierten. Auf der einen Seite des Zauns rannten die Stuten um den still stehenden Marco Polo herum, während die Alpakas auf der anderen Seite des Zauns auf ihrer kleinen Koppel ebenfalls im Kreis herumrannten. Die Schäferin legte frische Heubündel für beide Tiergruppen dicht an jeder Seite des Zauns aus, sodass sie sich einander annähern mussten, um fressen zu können. Nach und nach erkannten beide Spezies schließlich, dass sie friedlich zusammenleben konnten.

Ein paar Tage später brachte die Schäferin alle Schafe auf die Weide. Ich beobachtete von einem Heuballen aus, wie sie die trächtigen Auen von den weiblichen Lämmern trennte. Wir entschieden, die Lämmer auf die kleine Koppel zu lassen, sodass die Alpakas sich auf ihrem eigenen Grund und Boden mit den Schafen vertraut machen konnten. Die Schäferin stand nun nicht mehr zwischen ihnen, doch aus Angst vor den Lämmern suchten die Alpakas zunächst ihre Nähe. Sie lächelte über ihre Unsicherheit, und ich konnte hören, wie sie sagte: »Stellt euch nicht so an, Jungs. Ihr sollt schließlich *sie* beschützen.«

Schließlich mussten wir den beiden noch Namen geben. Ich sagte zur Schäferin: »Es wäre schön, wenn sie peruanische Namen bekommen, schließlich kommen ihre Vorfahren von dort, vielleicht auch mit Inka-Bezug.« Wir überlegten eine Weile hin und her und entschieden uns schließlich mithilfe von Google für die Namen Inti und Punchau. Den jüngeren, dunkleren und scheueren der beiden nannten wir Inti, den älteren, größeren, mutigeren Punchau; beides sind Inka-Namen für den Sonnengott und Schöpfer des Lebens der Inka-Mythologie. Wir hofften, dass unsere beiden neuen Bodyguards mit ihren pfeilschnellen Beinen jeden Fuchs oder streunenden Hund in die Flucht schlagen würden, der es wagte, sich auf unsere Weiden zu begeben und unsere Zwartblesschafe zu belästigen. (Als die Alpakas an meinen Hundetrupp gewöhnt wurden, verpassten sie Pepper einen Tritt, den wirklich niemand von uns hatte kommen sehen; wir wussten also, wozu sie imstande waren.)

Zu guter Letzt kam der Tag, an dem auch ich die Alpaka-Jungs offiziell kennenlernen sollte. Die Schäferin führte sie nach ihrer Trainingsstunde mithilfe einer am Halfter angebrachten Halteleine auf den Hof. Ich begrüßte sie und unterzog sie einer eingehenden Musterung: »Na schön, ihr seid also die neuen

Wachtposten, um die so viel Aufhebens gemacht wird ... Um eins mal von Anfang an klarzustellen: Eure langen Hälse beeindrucken mich nicht die Bohne, wenn ihr ein hohes Tier sehen wollt, schaut mich an.«

Falls ihr, liebe Leser, mir nicht glaubt, habe ich fotografische Beweise dafür, dass diese Unterhaltung tatsächlich stattgefunden hat. Ich trat sehr entschieden auf, erklärte den Neuankömmlingen meine Position als Oberaufseher der Farm und machte ihnen ein für allemal klar, dass sie sich mir gegenüber keinerlei Freiheiten herausnehmen durften. »Im Ernst, Jungs, wenn der Kuchen redet, haben die Krümel Pause. Auf diesem Hof herrscht nur einer, und zwar die Hütekatze!«

Schließlich beugten beide Alpakas sich zu mir herunter, und wir führten ein Gespräch unter sechs Augen. »Na, geht doch«, sagte ich. »Ich hab's kapiert. Ganz recht, Jungs, verneigt euch vor mir, hier auf dem Hof bin ich der unangefochtene Herrscher!«

8

Herbsterinnerungen

Der Herbst erinnert die Schäferin manchmal an ihr Leben in New York City in den 1980ern. Sie hatte das College abgeschlossen, und obwohl sie das Studium geliebt hatte, sehnte sich ein Teil von ihr danach, etwas Neues auszuprobieren und die Grenzen ihrer bisherigen Lebenserfahrung zu erweitern. Bis dahin hatte sie ihr Leben größtenteils in der kleinen Stadt Charlottesville, Virginia, oder auf dem Land verbracht, sei es als Kind auf der Farm in Irland oder auf der Farm ihrer Verwandten in Maryland. Später hatte sie, wie bereits erwähnt, die Pferde anderer Leute trainiert und als Schäferin in den irischen Countys Wicklow und Carlow gearbeitet. Ihre Studentenzeit in Vermont war perfekt, die in North Carolina durchwachsen gewesen; dort war sie schockiert, als sie von der Verbrennung eines Kreuzes in einer Ortschaft erfuhr, die immer noch unter dem Einfluss des rassistischen Ku-Klux-Klans stand. Jetzt, so fand sie, war es an der Zeit, sich andere Träume zu erfüllen, und welcher Ort wäre dafür besser geeignet gewesen als der Big Apple?

Natürlich werden ehrgeizige Ziele und Träume manchmal von der Realität eingeholt, und bei den unzähligen Vorsprechen, zu denen die Schäferin ging, wurde ihr oft gesagt, sie müsse abnehmen, um Jobs im Fernsehen oder in Seifenopern zu ergattern. In Seifenopern singt man vermutlich Lieder über Seife, wie ich annehme. Es muss trotzdem ein ganz schön schmutziger Job gewesen sein, denn sie nahm nie eines der Angebote an. Sie schaffte es allerdings, für ein paar Werbespots im Fernsehen engagiert zu werden, hatte einen Kurzauftritt in einer Serie und übernahm Rollen in Studentenfilmen. Statt über schlammige Landwege über den Asphalt der Großstadt zu wandern, war zwar besser für die Schuhe, aber dafür schlecht für die Seele.

New York war zwar ein spannender Ort für einen jungen Menschen, aber gleichzeitig auch ein sehr trauriger. Es war die Anfangszeit der Aids-Epidemie, die so viele Menschenleben zerstörte. Katzen-Aids ist ebenfalls sehr schlimm, und ich hoffe, dass ich es mir niemals einfange. Während dieser ersten Aids-Welle in New York erkrankten einige Freunde der Schäferin an dem furchtbaren Virus. Die Menschen bekamen damals sogar Angst davor, irgendetwas anzufassen. Einige trugen ständig Plastikhandschuhe und Chirurgenmasken, tranken nur aus ihren eigenen Plastikstrohhalmen und benutzten ihr eigenes Besteck beim Essen. Einige ihrer engsten Freunde starben an der Krankheit.

Die Schäferin ahnte oft schon, dass sich jemand mit dem Virus infiziert hatte, wenn er sich beschwerte, dass eine Erkältung einfach nicht besser wurde. Einige Freunde bekamen rote und violette Flecken im Gesicht, die sich rasch ausbreiteten. Viele dachten anfangs, es handle sich um eine Art Hautkrebs. Meist verschwanden diese Freunde irgendwann in aller Stille, oder sie sagten, sie würden in ihre Heimatstadt zurückziehen und man solle sie bitte nicht anrufen. Sehr viele wunderbare, talentierte, kreative und inspirierende Menschen wurden von dieser Krankheit dahingerafft.

Die Ausgrenzung der Sterbenden war herzzerreißend. Sie erinnerte an die dunkle Zeit des Mittelalters, als Rattenflöhe die schwarze Beulenpest auslösten, der so viele zum Opfer fielen. Da die Menschen ständig um ihr Leben fürchteten, verbreitete sich in New York bald eine moderne Variante der spanischen Inquisition in Form von Angst und Engstirnigkeit.

Die Schäferin hat allerdings auch viele glückliche Erinnerungen an New York City. Sie tanzte in Nachtclubs mit Madonna und Sean Penn, als diese noch ein Paar waren. Sie trieb sich mit einem Schriftsteller namens James Purdy in New York herum, dessen Hände aussahen wie von Egon Schiele gemalt. Kurz nach Tennessee Williams' Tod ging sie oft mit seinem letzten Geliebten und Sekretär essen, besuchte mit ihm Theaterstücke, und sie unterhielten sich viel. Sie verbrachte auch Zeit mit Lou Reed, weil sie einen gemeinsamen Freund hatten.

Während sie in New York City lebte, hatte die Schäferin diverse Jobs als Kellnerin, Barkeeperin, Model, Schauspielerin, Regieassistentin und Inspizientin, um nur ein paar der Tätigkeiten zu nennen, mit denen sie sich ihren Lebensunterhalt verdiente. Sie war auch Inspizientin und Regieassistentin bei vielen unterschiedlichen Off-Broadway-Stücken, in Theatern, die in zwielichtigen Gassen lagen, wo man manchmal über die Körper von Menschen hinwegsteigen musste, die sich gerade fleischlichen Genüssen hingaben.

Die Schäferin erinnert sich auch lebhaft an das Westbeth Artists Community Theater im West Village, wo sie eine Zeit lang arbeitete. Das Theater befand sich in dem Gebäude, das als Arbeitsplatz des berühmten Erfinders Thomas Edison bekannt war. Er baute alle möglichen neumodischen Apparate, die ein Kater wie ich wirklich nicht braucht, aber von denen Menschen sehr abhängig sind, zum Beispiel die elektrischen Glühbirnen. Ich habe dafür keine Verwendung, weil ich im Dunkeln sehen kann. Und was das Telefon angeht, nach dem die Menschen so süchtig sind, dem kann ich auch nichts abgewinnen. Ich melde mich einfach, wenn ich etwas brauche, und wenn keiner in der Nähe ist, nehme ich es mir halt selbst. Die Schäferin erzählt mir, dass die erste Aufnahme von Thomas Edison die Anfangszeile eines Kinderreims war: »Mary hatte ein kleines Lamm«, was mich immer noch überrascht. Wenn die Schäferin mir eines ihrer Videos zeigt und ich meine eigene Stimme höre, bin ich mit meiner Arbeit mit den Schafen zufrieden. Ich weiß genau, wie effektiv ich erkläre, was ich mit und für unsere Schafe tue, um die Neugier meiner Anhänger in den sozialen Netzwerken zu befriedigen. Übrigens erfand Edison auch eine neue Zementart, die deutlich besser war als die alte Mischung und die wir für die Reparatur der Steinmauern um unseren Garten und unsere Weiden nutzen.

Die Schäferin erinnert sich auch deshalb besonders gern an das Westbeth Artists Community Theater, weil der bereits erwähnte irische Bauer mit den Locken sie in einem Sommer in New York besuchte und sie ihm dort einen Aushilfsjob als Bühnenbildner bei der Inszenierung verschaffte, an der sie mitarbeitete. Dieser Gefallen würde sich Jahre später bezahlt machen, als er ihr die ersten Lämmer für die Black Sheep Farm zur Verfügung stellte.

Den größten Teil ihres Lebensunterhalts bestritt die Schäferin mit Jobs in zwei kleinen Bar-Restaurants in Manhattans West Greenwich Village. Das Cottonwood Café an der Ecke Bleecker und Bank Street servierte ein Texmex-Menü mit Bier und Margaritas. Im Automatic Slims in der Washington Street lief immer großartige Bluesmusik, und man servierte dort Gerichte aus der Cajun-Küche, köstliche, mit Mesquite-Holz geräucherte Steaks und frisches Gemüse. Es machte ihr Spaß, das Essen zu servieren und die Bar zu bedienen. Einmal, als dort frische Maiskolben vom Bauernhof angeliefert wurden, verblüffte die Schäferin alle, indem sie sich einen der wohlschmeckenden Silver-Queen-Maiskolben schnappte, ihn schälte und die rohen Maiskörner aß, sodass ihr der köstliche süße Saft nur so über das

Kinn lief. Sie mochte zwar das Farmleben verlassen haben, aber das Farmleben sie jedoch anscheinend nicht. Cottonwood und Automatic Slims liegen nur ein paar Straßen entfernt vom berüchtigten Meatpacking District, wo Straßenmädchen für eine Handvoll Dollar ihre Dienste anboten und wo es unter der High-Line-Güterzugtrasse Clubs für Männer mit schwarzen Lederjacken, Nietenhalsbändern und Ketten gab. Es war ganz sicher kein Ort, an dem ein Kater wie ich sich herumtreiben sollte.

Wenn mir während unserer gelegentlichen Hitzewellen in Irland viel zu warm ist, erzählt mir die Schäferin immer, das sei nichts im Vergleich mit der klaustrophobisch drückenden, schwülen Hitze eines New Yorker Sommers. Sie vergleicht es oft mit der Hitze im Dschungel, wo, wie sie sagt, nur ein nachmittäglicher Regenschauer vorübergehend Abkühlung bringt. Gut, mir ist schon klar, dass man sich dort vor Blutegeln in den kühlen Quellen, Bächen oder Flüssen des Regenwalds in Acht nehmen muss, aber immerhin hat man dort die Chance auf ein erfrischendes Bad.

Die Schäferin beschrieb mir einmal die Wohltat eines Wolkenbruchs während einer besonders erdrückenden Hitzeperiode in New York. Sie ging gerade eine der Hauptstraßen hinunter, als plötzlich riesige Tropfen vom Himmel fielen, die praktisch zischten, wenn sie den heißen Asphalt berührten, der zu dampfen begann. Andere Fußgänger suchten vor dem sintflutartigen Regenguss unter Markisen oder in Geschäften Zuflucht. Die Schäferin dagegen gab sich ganz dem frischen, kühlen, erdigen Duft hin, den der Regen von dort mitbrachte, wo er das Wasser aufgesogen hatte. Sie tanzte durch die Straßen und begann »Singin' in the rain« zu singen, als Hommage an Gene Kellys Tanzszene bei einem cineastischen Wolkenbruch. Sie sah, wie Leute grinsten oder über sie lachten und sie von ihrem Regenschutz heraus anfeuerten. »Kommen Sie raus, der Regen ist herrlich!«, rief sie ihnen zu. Ein paar Leute schlossen sich ihr tatsächlich an, hielten ebenfalls das Gesicht in den Regen, sangen den Refrain von »Singin' in the rain« und genossen die kurze Erfrischung. Andere sagten, sie würden ja gern mitmachen, trauten sich jedoch nicht, weil sie, wie sie sagten, keine Kleidung zum Wechseln dabeihätten oder ihr Chef sie umbringen würde, wenn sie klatschnass ins Büro zurückkämen

Kürzlich kehrte die Schäferin von einem Abstecher nach New York City zurück, bei dem sie auch das Apartment besuchte, in dem sie, wie schon berichtet, auf einem Regalbrett über der Tür geschlafen hatte. Dabei stellte sie fest, dass Tina, eine Schauspielerin und frühere Mitbewohnerin von ihr, dort fünfunddreißig Jahre später immer noch wohnt. Die beiden schwelgten in Erinnerungen an jene Zeit und redeten darüber, wie sehr sich New York City doch verändert hatte. Ich persönlich halte Nostalgie ja für etwas vollkommen Überflüssiges und ziehe es vor, mich auf die wichtigen Fragen der Gegenwart zu konzentrieren: wann die Schäferin das nächste Mal ihre Kontrollgänge zu den Schafen, den Ställen, Scheunen oder Weiden unternimmt, wo ich meine nächste Maus herbekomme und – was am allerwichtigsten ist – ob die Schäferin mir wohl ein frisches rohes Ei zum Frühstück gibt. Aber was soll's – anders als wir Tiere begeben sich die Menschen einfach zu gern gedanklich auf Zeitreisen in ihre Vergangenheit …

Tina und die Schäferin erinnerten sich an den Mafia-Mord, der direkt vor ihrer Haustür passiert war. Eines Tages hatten sie gerade ihr Apartment betreten, als sie plötzlich ein gedämpftes Knallen hörten. Sie sahen draußen nach, bemerkten jedoch nichts Ungewöhnliches und gingen davon aus, es müsse sich um eine Fehlzündung gehandelt haben. Erst am nächsten Morgen entdeckte man das Mordopfer, bei dem die Totenstarre bereits eingesetzt hatte. Tina und die Schäferin schauten vom Wohnzimmerfenster aus zu, wie die Leiche des Mannes aus dem Auto geborgen wurde. Der Tote hielt das Lenkrad so fest umklammert, dass es abgesägt werden und mit in den Leichensack gepackt werden musste.

Wir hier auf der Black Sheep Farm wissen alles über Tod und Verletzungen. Wenn eines unserer Tiere nachts stirbt, finden wir es am nächsten Morgen erstarrt in jener Haltung, in der der Tod es ereilte. Die Schäferin versucht normalerweise, es mit einer Plastikplane abzudecken, bevor Krähen und Elstern sich auf die Kadaver stürzen. Rabenvögel sind dafür berüchtigt, wehrlosen Schafen die Augen auszuhacken, ganz gleich, ob sie tot oder noch lebendig sind. Manchmal, wenn das Ablammen draußen geschieht, findet die Schäferin eine Aue vor, die gerade Zwillinge zur Welt bringt. Das erste Lamm wird gesund und wohlbehalten geboren, und die Aue leckt es sauber und trocken. Wenn das zweite Lamm in den Geburtskanal eintritt, bleibt die Aue zwar dicht beim Erstgeborenen, ist aber durch die Geburt abgelenkt. Das ist der Moment, in dem die Rabenvögel oft zuschlagen. Weil es nun praktisch auf sich allein gestellt ist, ist das Erstgeborene das perfekte Opfer. Der Rabenvogel hüpft um das Lamm herum und sucht den perfekten Winkel, um ihm ein Auge auszupicken oder ein Stück zartes Fleisch zu ergattern. Wenn ich in der Nähe bin, schleiche ich auf den Vogel zu, der mich oft erst in letzter Sekunde sieht, wenn ich schon zum Sprung ansetze. Wenn ich Glück habe und nahe genug herankomme, bevor ein anderer Rabe eine Warnung krächzen kann, erwische ich manchmal ein Maul voll Federn oder zerkratze ihm die Brust, aber meistens geht mein Angriff ins Leere. Wenn ich mal nicht als Aufpasser zugegen bin, kann es vorkommen, dass die Schäferin ein Lamm findet, dem ein Rabe den Schwanz halb gehäutet, ein Auge ausgehackt oder den Rücken zerpickt hat.

Ich höre es übrigens nicht gern, wenn die Schäferin von Waffen oder Schüssen erzählt. Ich denke auch nicht gern daran, aber wenn auf der Black Sheep Farm im Herbst die Jagdsaison im November in vollem Gange ist, wird das schwierig. Das Einzige, was mir wirklich Angst einjagt, ist das Geräusch einer abgefeuerten Schrotflinte. Dann weiten sich meine Pupillen, bis meine Augen fast schwarz sind, und ich springe panisch aufs höchste Regalbrett in der Küche, wo sich sonst nur Miss Marley und Ovenmitt aufhalten, kauere mich in den hintersten Winkel und warte, bis es vorbei ist.

Mein Trauma reicht weit zurück in die Zeit, als ich als schlaksiger Teenager in meinem neuen Zuhause einzog. Als ich einmal das Wäldchen in der Nähe des Nachbarfelds erkundete, hörte ich Menschen rufen, gefolgt vom Rascheln vieler Hunde im Unterholz. Sie kamen näher und näher, deshalb lief ich rasch vor ihnen her in Richtung Feld. Dort sah ich einzelne Männer stehen, die eine Art Stock im Arm hielten. Sie standen in gleichmäßigen Abständen voneinander entfernt im Gras und starrten aufmerksam in den Himmel über dem Wäldchen. Plötzlich erwachten die Stöcke mit donnerndem Krachen zum Leben, und Fasane fielen vom Himmel und fielen mit dumpfem Aufprall überall um mich herum auf den Boden. Geschockt blieb ich wie angewurzelt stehen. Im nächsten Moment stürzten die Hunde herbei und trugen die gefallenen Fasane vorsichtig im Maul davon. Ich ergriff so hastig die Flucht, dass ich fast die Hälfte meines Fells in dem Dornengestrüpp verlor, durch das ich floh, um einem der schnüffelnden, schwanzwedelnden Viecher zu entkommen, das so zufrieden aussah wie ein Schwein an einem heißen Tag in der kühlen Schlammgrube. Zu allem Überfluss ließ ich auch noch ein paar Krallen in dem Asphalt vor der Tür der Spülküche, als ich um die Ecke und durch die Küche raste, um auf dem obersten Regalbrett Zuflucht zu suchen.

Die am Tisch sitzenden Menschen lachten. »Also wirklich, Mr. B, du Angsthase«, neckte mich die Schäferin. »Anscheinend sind dem armen Kerl ein paar Hunde der hiesigen Jagdgesellschaft über den Weg gelaufen.«

Damit hatte sie ja nicht ganz unrecht, aber was mir am meisten Angst eingejagt hatte, waren die knallenden Schießstöcke und die Fasane, die den Eierlegerinnen auf dem Hof so ähnlich waren und die, tödlich getroffen, überall um mich her zu Boden gingen. Ich fühlte mich wie das Huhn aus der Fabel, das glaubt, dass ihm der Himmel auf den Kopf fällt.

Seitdem habe ich mit Schusswaffen so meine Probleme. Immer, wenn ich es knallen höre, springe ich wie der Blitz aufs oberste Regalbrett, auf dem es mir sonst wegen der aufsteigenden Ofenhitze viel zu heiß ist. Schrotflinten sind meine einzige Phobie.

9

Abschied von den Schwalben

Die Stille des Mondes steht in scharfem Kontrast zu den im Wind rauschenden Ästen und den am Himmel dahinjagenden Wolken. Es ist beinahe drei Uhr nachts, aber an Schlaf ist nicht zu denken, wenn der Wind durch die noch belaubten Baumkronen peitscht, ihre Zweige gegen das Dach schlagen und der Regen donnernd gegen die Scheiben prasselt. Der erste Herbststurm kündigt den Wechsel der Jahreszeiten und den Abschied vom Sommer an.

Mein Schwanz zuckt, während ich mich abzulenken versuche, zum Beispiel mit Gedanken an die Schwalben, die mich, wenn ich den Hof überquere, im Sturzflug attackieren, um mich von den Nestern mit ihren Jungen fernzuhalten, und die nun bald unseren Hof verlassen. Vor dem Abflug sitzt der ganze zwitschernde Schwarm aufgereiht auf Dächern, Elektro- und Telefonleitungen. Niemand weiß, warum sie nicht einfach losfliegen. Es ist fast, als müssten sie sich versammeln, um sich gegenseitig vor dem Aufbruch zu ihrer Marathonreise Vertrauen und Mut zuzusprechen. Mit den Schwalben, die nach Süden ziehen, verschwindet auch ihre erhabene Luftakrobatik bei der Jagd auf die Insekten, die in unseren Weiden hausen. Während der langen Wintermonate kommt das Insektenleben fast völlig zum Erliegen, sodass die Schwalben nur noch wenig bis gar nichts zu fressen finden. Meine gefiederten Kontrahenten verbringen den Winter im sonnigen Südafrika. Wir sehen sie erst im nächsten Jahr wieder, wenn der irische Frühling grünt.

Etwa alle zwei Jahre unternehmen die Schäferin und ich im September einen äußerst merkwürdigen Streifzug über unser Weideland. Wir laufen jede Wiese in einer Art riesigem Zickzackmuster ab, das aussieht wie eine Reihe Ws. Es ist an der Zeit, Bodenproben zu entnehmen, um ihn auf seine Gesundheit zu prüfen. Ist er zu sauer, zu basisch oder genau richtig? Können dort auch in Zukunft Gräser und Wildkräuter bester Qualität wachsen, die unserer Zwartblesherde, den Alpakas, Pferden und Ponys reichlich Nahrung bieten?

Um den Gesundheitszustand unserer Weideböden zu bestimmen, müssen wir mit einem höchst seltsamen Gerät Bodenproben sammeln, einem Metalltrichter, über dessen breitem Ende eine Metallstange angeschweißt ist, auf die man treten und so Druck ausüben kann, bis das spitze Ende des Trichters sich in den Boden bohrt. Um den Trichter auszurichten und zu tragen, benutzt die Schäferin einen langen Stiel mit einem T-Griff. Sie unterbricht ihren Spaziergang über die Wiesen in regelmäßigen Abständen, platziert das Gerät auf dem Boden, setzt einen Fuß auf die Querstange und stößt das spitze, röhrenförmige Ende des Trichters etwa acht Zentimeter tief in den Boden. Durch den kräftigen Druck schiebt sich ein ebenso langes Stück Erde in die Trichterschale.

Während wir in unseren bizarren Mustern – vor und zurück, hoch und runter – über die Wiesen laufen, füllt sich die Trichterschale nach und nach mit etwa acht Zentimeter langen Proben unseres dünnen, nährstoffreichen Mutterbodens. Die oberen zwanzig Zentimeter des Bodens sind von entscheidender Bedeutung für alles Leben auf der Erde, denn hier wächst alles, was im Verlauf der Nahrungskette zuerst von Tieren und später von Menschen verzehrt wird. Wenn die Sonne scheint, suche ich mir manchmal ein warmes Plätzchen, lege mich hin und

sehe ihr dabei zu. Sobald wir (wenn ich mich nicht gerade aus-
ruhe und erhabenen Gedanken nachhänge) eine Wiese akribisch abgelaufen sind, schütten wir die Proben in eine Plastiktü-
te und beschriften diese mit dem Namen des Feldes und dem
betreffenden Datum. So verfahren wir auf allen Feldern, um
deren pH-Wert zu ermitteln. Die Messung des pH-Wertes ist
wichtig, um den Säuregrad, den Grad der Alkalität beziehungsweise Neutralität des Bodens zu bestimmen. Ein ausgeglichener
pH-Wert ist unerlässlich, um den Boden neutral, das heißt genau zwischen sauer und basisch, zu halten, denn nur dann
wachsen die besten Gräser und Kräuter für unsere Herde. Ist
eine Wiese zu sauer, müssen wir eventuell Kalk streuen. Dazu
hängen wir den Drehsprinkler an das Quad, um den granulierten Kalk auf den Wiesen zu verteilen. Bleibt der Boden einigermaßen neutral, können die Gräser und Wildkräuter über die
Wurzeln alle wichtigen Vitamine und Mineralstoffe aufnehmen
und werden so zu einem gesunden Futter für unsere Herde.

Ein neutraler pH-Wert hilft dem Boden auch, den Dünger
aufzunehmen, den wir darauf verteilen, wie zum Beispiel unseren gut zersetzten, mit Stroh und Holzspänen vom Winter-
schlafplatz der Schafe gemischten Hofmist. Die Überreste aus
dem Schafspferch reichern unseren Boden mit Mikroorganis-
men, Bakterien und Pilzen an und lassen sie gedeihen, und diese wiederum fördern das Wachstum saftiger, leicht verdaulicher,
gehaltvoller Kräuter und Gräser. Die Kombination aus lebens-
wichtigen Vitaminen und Mineralstoffen garantiert ein wohl-
schmeckendes natürliches Futter. Unsere Schafe bleiben gesund
und geben eine himmlisch schmeckende Milch; das Futter kräf-
tigt ihre Wolle, und ihr Mist wird gehaltvoller, was wiederum
dazu beiträgt, den Boden zu verbessern, auf dem dann wiederum üppige Gräser und Wildkräuter für die Schafe wachsen. Die

Lämmer wachsen schneller und werden kräftiger, weil ihnen schmeckt, was sie fressen. Und nicht zuletzt liefern unsere glücklichen Schafe köstliches Fleisch. Wir pflegen den Boden, weil Mutter Natur, wie jedes andere Lebewesen auch, Nahrung braucht.

Zu Beginn des Frühjahrs verteilt die Schäferin gewöhnlich einjährige, gut verrottete Sägespäne, Stroh und Mist auf den Feldern, die es am nötigsten haben. Im Herbst bewache ich diese Düngerhaufen, da man sich so herrlich auf ihnen einrollen kann, um in aller Ruhe ein Nickerchen zu halten, während um mich herum in der zunehmend kalten Luft warmer Dampf aufsteigt, ein Vorbote der nahenden Winterwinde.

Die Schäferin unterhält mich zuweilen mit Geschichten aus ihrer Studentenzeit am College in Vermont, wo sie Land- und Forstwirtschaft studierte. Einige ihrer unvergesslichsten Abenteuer ereigneten sich, während ein eisiger Wind aus dem arktischen Kanada herunterwehte und die Temperaturen im »Green Mountain State« Vermont bis auf dreißig Grad unter null fielen. Zu diesem eisigen Wetter kam noch ein unglaublich kalter Wind. In arktischer Kälte stapfte sie mit Freuden durch Schnee und Eis, um eine der Nachbarinnen des Colleges, eine betagte Dame, zu besuchen. Während die beiden sich angeregt unterhielten, saß die alte Dame in ihrem Schaukelstuhl auf der Veranda ihres alten, verwitterten, mit Schindeln bedeckten Holzhauses. Dem eiskalten Winterwetter zum Trotz bot sie ihrem Besuch immer ein frisch gefrorenes, steinhartes Orangenschmankerl an. Die Schäferin bedankte sich jedes Mal freundlich, lehnte jedoch immer taktvoll ab. Das störte die robuste Dame aus Vermont nicht im Geringsten, und sie lehnte sich im Schaukelstuhl zurück, während sie mit Hochgenuss in eine gefrorene Orange samt Schale biss, die sie sich wie einen reifen

Apfel auf der Zunge zergehen ließ. Diese reizende ältere Dame vom Lande war eben wesentlich zäher, als die Schäferin je sein würde, wie diese sich eingestehen musste. Sie lebte an einer Landstraße nicht weit von Craftsbury Common, dem Ort, in dem sich das College befand. Ein netter Farmer brachte ihr jeden zweiten Tag einen Blecheimer frische Milch vorbei, die schon nach kurzer Zeit auf ihrer Veranda gefror. Wann immer sie Milch für ihren Kaffee oder Porridge brauchte, ging sie, mit einem Löffel aus massivem Metall bewaffnet, auf die Veranda hinaus und kratzte so viel von der gefrorenen Milch ab, wie sie brauchte.

Zum Glück beschert uns das Wetter in Irland nie über einen längeren Zeitraum hinweg so niedrige Temperaturen, obwohl sich Irland auf einem Breitengrad mit Labrador befindet, einem Land, in dem Dauerfrost herrscht. Die Schäferin und ich sind froh, dass Irland durch den aus Mexiko und der Karibik kommenden Golfstrom vor einem so eisigen Klima bewahrt wird.

Die Schäferin erinnert sich immer wieder liebevoll daran, wie die kalten Winter Vermonts langsam, aber sicher in den Frühling übergingen. Der Schnee lag immer noch meterhoch, aber der Misthaufen auf der Farm des Colleges war dank des Dungs und alten Strohs aus den Ställen und der Scheune beträchtlich angewachsen. Dieser hohe, sehr warme Haufen vergor auf natürliche Weise zu Dünger für die Felder des Colleges. Die Studierenden mussten die schweren, mit Stroh und Mist beladenen Schubkarren über eine lange, schmale Holzplanke, die über den Misthaufen hinausragte, nach oben schieben, eine ziemlich wackelige Angelegenheit. Die Karren oben auf dem Haufen, der in der Winterluft dampfte, zu entladen, stellte Kraft und Gleichgewicht gleichermaßen auf die Probe. Die Schäferin erinnert sich noch immer gerne an die gemeinschaftlich verbrachten Pausen nach einem Tag harter Arbeit: Bis tief in die Nacht hinein saßen sie zusammen, redeten, spielten Banjo und Gitarre und sangen Folksongs vor dem prasselnden Feuer im riesigen steinernen Kamin in der Blockhütte der Studierenden. Wenn sie keine Lust mehr hatten, sich drinnen zu vergnügen, gingen sie in den frühen Morgenstunden nach draußen, um frische Luft zu schnappen. Dann marschierte die ganze Truppe mitsamt Musikinstrumenten und ein oder zwei übrig gebliebenen Weinflaschen kurz vor dem Morgengrauen zur Farm des Colleges hinüber. Noch immer singend saßen sie auf der Holzplanke über dem in der kalten Luft dampfenden Misthaufen und ließen die Beine baumeln. Sie beobachteten, wie über den schneeverhüllten White Mountains im Osten die Sonne aufging.

Ein weiteres winterliches Abenteuer ereignete sich an einem frischen, klaren Abend. Die Schäferin und einige ihrer Klassenkameraden zogen ihre selbst gemachten Schneeschuhe an und wanderten durch den hohen Schnee tief in den Wald hinein, bis zu einer Lichtung mit einem herrlichen Ausblick nach Nordwesten. Sie hatten fünf Flaschen billigen Wein und Streichhölzer mitgebracht, um Feuer zu machen. Sie sammelten die äußere, papierartige, trockene Rinde der Papierbirken, trockene Zweige und lange, abgestorbene Äste von den Bäumen, die rings um die Lichtung wuchsen. Es dämmerte allmählich, und sie genossen die knisternde Wärme des Feuers. Sie zogen die Schneeschuhe aus und steckten sie mit den langen Enden zuerst tief in den Schnee. Dann setzten sie sich auf die dünnen Baumstämme, die sie geholt hatten, reichten eine Flasche Wein herum und unterhielten sich leise, während das Feuer größer wurde und laut prasselte. Sie alle schauten nach Nordwesten und beobachteten, wie die atemberaubenden Nordlichter am Himmel tanzten. Ich habe gehört, die Polarlichter seien in jenem Jahr überall auf der Welt überwältigend gewesen, da der Vulkan

Mount Saint Helens im Südwesten Washingtons ausgebrochen war. Die schimmernde, körnige Vulkanasche war so hoch in die Atmosphäre gestiegen, dass sie die Leuchtkraft aller atmosphärischen Farben verstärkte, ob bei Regenbogen, Sonnenuntergängen und Nordlichtern.

Irgendwann im Laufe der Nacht beschloss die Gruppe, zum College zurückzukehren. Sie verließen den Wald und überquerten einige Felder. Die Schäferin drehte sich um und begann etwas unbeholfen rückwärtszulaufen, um die atemberaubenden Nordlichter weiter betrachten zu können. Sie hätte wirklich besser wissen sollen, dass man nicht rückwärts über Farmland läuft, und fiel plötzlich rücklings in den Schnee. Sie war über den Draht eines Elektrozauns gestolpert, der nur wenige Zentimeter aus dem tiefen Schnee herausragte. Als sie nach hinten fiel, bohrten sich die langen Enden ihrer Schneeschuhe tief in den Schnee. Ihr Oberkörper versank so tief im Schnee, dass sie kopfüber im Schnee hing, während ihre Beine noch über dem Drahtzaun lagen – der elektrisch geladen war! Da lag sie nun, vollkommen hilflos, steckte in dieser seltsamen Position fest und bekam in regelmäßigen Abständen einen Stromschlag versetzt. Ihre Klassenkameraden waren schon ein Stück vorausgegangen, drehten sich jedoch um, als sie um Hilfe rief. Als sie die Schäferin sahen, bekamen sie einen solchen Lachanfall, dass es eine Weile dauerte, bis sie ihr zu Hilfe eilten.

Endlich näherten sich ihr drei ihrer Freunde auf ihren Schneeschuhen. Sie waren schlau genug, als Erstes mit einer leeren Weinflasche den Draht des Elektrozaunes herunterzudrücken, bis er ihre Beine nicht mehr berührte. Die beiden anderen griffen nach je einer ihrer Hände und zogen sie aus dem Schnee. Eins hatte sie aus diesem Vorfall gelernt: Sie versuchte nie wieder, in Schneeschuhen rückwärtszulaufen, um die Nordlichter zu bewundern, egal, wie atemberaubend der Anblick auch sein mochte.

Hier bei uns auf der Black Sheep Farm, wo ich gerade dabei bin, der Schäferin dieses Buch zu diktieren, tobt unterdessen draußen ein heftiger Schneesturm, da »The Beast from the East«, eine schreckliche Kaltwetterfront, mit dem Sturm Emma kollidierte und uns so viel Schnee beschert wie noch nie, sodass sich die praktischen Erfahrungen der Schäferin in Vermont zweifellos als nützlich erweisen werden. Ich persönlich brauchte für meine Ausbildung ja keine Bücher. Wie bereits erwähnt, bin ich Oscar, meinem Vorgänger, auf Schritt und Tritt gefolgt und war ihm ein gewissenhafter Lehrling. Außerdem beobachtete ich die Schäferin ganz genau bei ihrer Arbeit, ging auf Mäuse- und Rattenjagd und sorgte so dafür, dass das Futter in den Ställen sauber blieb. Wie ich zuvor bereits beschrieben habe, ging ich liebend gern mit Oscar zusammen auf Jagd. Wir schlichen über die Felder, hielten nach braunen Kaninchen Ausschau, legten uns auf die Lauer und warteten leise und angespannt auf den richtigen Moment, um zuzuschlagen. Sein Tod im Jahr 2013 war ein sehr schmerzliches und einschneidendes Erlebnis für die Schäferin und für uns alle. Er fehlt mir noch immer jeden Tag.

An dem Tag, an dem Oscar starb, hatte die Schäferin die Fähre über die Irische See genommen, um das renommierte Design Festival in London zu besuchen. Der irische Handarbeitsverband präsentierte dort die von der Schäferin entworfene Zwartbles-Reisedecke als ein Beispiel irischer Handarbeitskunst. Sie nahm an der Eröffnungsgala teil, die der irische Schauspieler Stephen Rea mit einer Rede eröffnete. Wie man auf dem Foto unschwer erkennen kann, findet er unsere Decken richtig kuschelig. Am drauffolgenden Tag wurde die Schäferin fünfzig Jahre alt. Zur Feier des Tages ging sie noch einmal zum Design Festival und begab sich auf den verschiedenen Etagen der Lagerhalle auf Entdeckungsreise in die Welt des modernen Designs. Abends besuchte sie das Old Vic Theatre und sah die Schauspiellegenden James Earl Jones und Vanessa Redgrave in *Viel Lärm um nichts*. Nach der Vorstellung lernte sie die beiden Schauspieler kennen und unterhielt sich sehr nett mit ihnen. Wie sich herausstellte, hatte Vanessa Redgrave als blutjunge Schauspielanfängerin einmal mit Tyrone Guthrie, dem Großonkel der Schäferin, zusammengearbeitet.

Am nächsten Tag fuhr die Schäferin mit der Fähre zurück nach Irland. Nach den Londoner Höhenflügen wurde sie ziemlich unsanft wieder auf den Boden der Tatsachen zurückgeholt, als sie dort angekommen feststellen musste, dass man ihr Auto mit einer Kralle stillgelegt hatte. (Der Zug nach Dublin verlässt den Hafen von Rosslare eine halbe Stunde bevor die Fähre, die von Wales aus die Irische See überquert, planmäßig anlegt.) Also rief die Schäferin zu Hause an und ließ uns wissen, dass sie sich verspäten würde, weil sie warten musste, bis jemand kam, um die Kralle zu entfernen. Obendrein musste sie für die fünf Stunden Parkzeitüberschreitung eine saftige Geldstrafe zahlen.

Ihr Vater war am Telefon und überbrachte ihr die traurige Nachricht, dass Oscar gestorben war. Er hatte ihn an jenem Morgen im Stall gesehen, wo er auf dem losen Heu auf den Ballen lag. Da ich wusste, dass es Oscar nicht gut ging, hatte ich mich von ihm ferngehalten, schließlich wird niemand gern mit ungewollter Aufmerksamkeit überschüttet, wenn er sich nicht wohlfühlt. Als der Vater der Schäferin am frühen Nachmittag noch einmal nach Oscar sah, musste er feststellen, dass dieser Blut nieste und heftig zitterte. Schnell setzte er sich leise zu ihm ins Heu und begann ihn zu streicheln. Oscar hörte einen Moment lang auf zu zittern und zu niesen. Als ihr Vater Oscar hochhob und zum Tierarzt bringen wollte, fing dieser plötzlich an, unkontrollierbar zu zucken. Er starb in den Armen des Vaters, der ihn streichelte und zu beruhigen versuchte.

Der Schäferin war schwer ums Herz, als sie in ihrem zwischenzeitlich von der Kralle befreiten Wagen den Hafen von Rosslare verließ und sich auf den Heimweg machte. Am eindrucksvollen Denkmal für die Wexford Pikemen, das den Helden der irischen Rebellion im County Wexford vor zweihundert Jahren gewidmet ist, musste sie anhalten, stieg weinend aus dem Wagen und ging um die im Kreis stehenden Männer aus Bronze herum, die ihre Spieße hochhalten, um ihre gefallenen Kameraden, die United Irishmen, die Croppy Boys und John Kelly of Killanne, zu ehren. Sie wusste, dass es zu gefährlich war, mit Tränen in den Augen weiterzufahren, also versuchte sie sich abzulenken, indem sie um das Denkmal herumging und dabei eine Ballade sang, die sie über vierzig Jahre zuvor als Kind gelernt hatte.

What's the news, what's the news oh, my bold Shelmalier
With your long-barrelled guns from the sea
Say what wind from the south brings a messenger here
With the hymn of the dawn for the free
Goodly news, goodly news do I bring youth of Forth
Goodly news shall you hear Bargy man
For the boys march at dawn from the south to the north
Led by Kelly, the boy from Killane …

And poor Wexford stripped naked, hung high on a cross
With her heart pierced by traitors and slaves

Glory-o, glory-o to her brave sons who died
For the cause of long downtrodden man
Glory-o to Mount Leinster's own darling and pride
Dauntless Kelly the boy from Killanne.

Ich bin mir sicher, dass sie an der einen oder anderen Stelle wohl ihre Fantasie bemühen und raten musste, da sie den genauen Wortlaut nicht mehr im Kopf hatte. Ein paar Autofahrer schüttelten vermutlich den Kopf, als sie die Frau sahen, die offensichtlich nicht ganz bei Trost war, ständig rund um das Denkmal lief und dabei alte Rebellenlieder aus Wexford zum Besten gab – noch dazu, da sie ja eigentlich aus Kilkenny kam. Natürlich konnten sie aus der Ferne die Tränen in ihren Augen nicht sehen, sonst hätte sicher jemand Hilfe gerufen.

Leider kommt ein Unglück ja bekanntermaßen selten allein. Nachdem sie endlich wieder zu Hause eingetroffen war, ging die Schäferin wie jeden Tag über den Hof, um bei den Tieren nach dem Rechten zu sehen. Als sie sich zur Koppel begab, kamen die Pferde angetrottet, um sie zu begrüßen. Sie ging um die Tiere herum und entdeckte plötzlich eine große Wunde an Ishkas rechtem Hinterbein. Es sah fast so aus, als habe man am unteren Teil des Beines die Haut abgezogen – sie hatte sich entlang des Röhrbeins abgelöst und hing ihr bis auf die Fessel. Trotzdem lahmte Ishka nicht und schien auch keine Schmerzen zu verspüren.

Der Tierarzt wurde gerufen, um das Bein zu untersuchen und uns zu erklären, wie man eine solche Verletzung behandelte. Unterdessen machte sich die Schäferin daran, die Wunde von Lehm und geronnenem Blut zu reinigen. Ishka blieb still stehen, während die Schäferin ihr Bein mit einem rauen Tuch von dem hartnäckigen Lehm-Blut-Gemisch befreite. Ich schaute vom Fenstersims des Stalls aus zu, wo mir das kalte Wasser aus dem Schlauch und die Seifenlauge nichts anhaben konnten. Die Schäferin schnitt Ishkas Schweif auf Höhe der Verletzung ab und flocht die verbleibenden Haare, damit sie nicht in die Wunde gerieten. Als der Tierarzt schließlich eintraf, war die Wunde bereits vorbildlich gereinigt.

Der Tierarzt war ein freundlicher Mann mit sanfter Stimme: »Oje, das sieht aber gar nicht gut aus.« Er erklärte, dass derartige Wunden Monate bräuchten, um zu verheilen, da der untere Teil des Beins schlecht durchblutet sei. »Man nennt so etwas ›Hautablederung‹«, erklärte er uns. »Die Haut löst sich dabei großflächig vom Fleisch.« Der Tierarzt und die Schäferin verbanden die Wunde, und der Arzt machte für Ishka einen Termin in einer Spezialklinik für Pferde in der Curragh-Ebene im County Kildare – bekannt für ihre Pferderennen und -zucht –, damit dort der weitere Behandlungsplan festgelegt werden konnte. Ishka hatte sich vermutlich beim Herumtollen mit Mystic, einer anderen Stute, verletzt. Mystic war ein Fohlen von Silver, das die Schäferin eingeritten, trainiert und dann verkauft hatte. Irgendwann war Mystic wohl mit einem Huf, der mit einem schweren Hufeisen beschlagen war, an Ishkas Bein entlanggeschrammt und hatte die Haut am Röhrbein entlang bis zur Fessel gelöst. Lange Rede, kurzer Sinn: Es dauerte acht Monate, bis Ishkas Wunde endlich verheilt war. Die Schäferin wurde zur echten Expertin, was das Wegschneiden von wildem Fleisch angeht. So nennt man es, wenn überschießendes Granulationsgewebe wie aufgehender Hefeteig um und über die Haut rund um die Wunde wuchert. Wildes Fleisch ist stark durchblutet und wächst deshalb schneller als die normale, langsamer verheilende Haut. Es muss zurückgeschnitten werden, damit die normale Haut über die Wunde wachsen und der Heilungsprozess zum Abschluss kommen kann. Es enthält keine Nerven, sodass es zwar stark blutet, wenn man es entfernt, doch der Patient verspürt dabei keinen Schmerz.

Einmal war die Schäferin gerade dabei, das wilde Fleisch an Ishkas Bein wegzuschneiden, als ein Kleintransporter auf den Hof fuhr. Die Schäferin hatte Ishka außerhalb des großen Hofs angebunden, doch das Blut aus der Wunde lief aufgrund des abschüssigen Geländes bis in den großen Hof. Drei Jungen kamen um die Ecke, und die Schäferin rief: »Hallo!« Sie war noch immer dabei, das überschüssige Fleisch von Ishkas Bein zu entfernen, und Blut lief ihr über die Hand. Als sie schließlich aufsah, bekam sie gerade noch mit, wie zwei der Jungen den dritten auffingen, der beim Anblick der Blutlache fast ohnmächtig geworden wäre.

Sich um Ishkas Verletzung zu kümmern lenkte die Schäferin zumindest ein bisschen von Oscars plötzlichem Tod ab. Ich dagegen stellte fest, dass ich keinerlei Geschick für die Kaninchenjagd besaß, wenn Oscar mir nicht zur Seite stand. Es erforderte monatelange harte Arbeit, aber nachdem ich ein Frühjahr lang an den jungen Kaninchen geübt hatte, hatte ich den Dreh schließlich raus. Ovenmitt begleitet mich manchmal und tut, als wolle er helfen. Leider ist er ein echter Taugenichts, der nur herumsitzt, sich mit den Pfoten über die Ohren streicht, mit dem Schwanz zuckt und mich die ganze Arbeit machen lässt. Aber auch wenn er als Kaninchenjäger nichts taugt, hat Ovenmitt durchaus seine Talente bei der Jagd nach Ratten, Mäusen, Wühlmäusen und Vögeln.

Nachdem Oscar gestorben war und wir die Trauerzeit hinter uns gebracht hatten, übernahm ich ganz selbstverständlich die

Rolle der Chefkatze. Niemand, ob Hund oder Katze, wagte es, meine Autorität infrage zu stellen.

Die Chefkatze zu sein ist besonders praktisch, wenn die Schäferin die Mahlzeiten einkocht und einfriert, wenn es gerade viel gutes Essen gibt, die uns durch den kalten, bitteren Winter bringen sollen. Der September ist schließlich unser Erntemonat. Wir pflücken dann Äpfel und Birnen, und ein Mann aus der Gegend kommt vorbei, um aus den Äpfeln Cider und Apfelbrand herzustellen, die laut der Schäferin ein echter Hochgenuss sind. Außerdem ernten wir die Kartoffeln und schlachten die Hammel, die kastrierten männlichen Schafe.

Die Schäferin kocht aus den saftigen Fleischstücken, frischen Möhren, Kartoffeln, Äpfeln und Birnen einen köstlichen Lammeintopf. Ich kann ihr stundenlang dabei zusehen und helfe ihr, die passenden Kräuter und Gewürze für diese Spezialitäten auszuwählen.

Riesige Töpfe mit Ragout, Chili, Suppe, Nudelgerichten und Shepherd's Pie werden zubereitet und in Zweierportionen eingefroren. So sind wir immer vorbereitet, wenn unerwartet Gäste vorbeikommen, und können im Handumdrehen eine hausgemachte Mahlzeit auf den Tisch zaubern. Die Schäferin bedankt sich mit rohen Fleischstücken oder einem rohen Ei für meine Unterstützung. Unsere aus Katzen und Hunden bestehende Belegschaft steht mehrfach in der Woche Schlange, um ein Stück Herz oder Leber zu ergattern, die von Natur aus viele Vitamine und Mineralien enthalten. Die Innereien helfen uns dabei, uns ein dickes Fell für den bevorstehenden Winter zuzulegen.

Eine unserer schmackhaftesten Aufgaben, die wir alle mit äußerster Hingabe erledigen, besteht darin, Töpfe, Pfannen und Teller vorzureinigen, bevor sie in die Spülmaschine kommen. Manchmal bekommen wir als besondere Belohnung auch

Rohmilch. Im Gegensatz zu homogenisierter oder pasteurisierter Milch können Katzen Rohmilch nämlich gut vertragen, wie eine über zehn Jahre angelegte Studie von Dr. Francis Pottenger zur Ernährung von Katzen zeigte. Sie wurde bereits in den 1930ern und 1940ern durchgeführt und bewies, dass Katzen, die mit rohem Fleisch und Rohmilch ernährt werden, wesentlich gesünder sind als solche, die behandelte Milch und gekochte Essensreste fressen. Man sollte sich also von niemandem einreden lassen, dass Rohmilch schlecht für uns Katzen ist. Nur die pasteurisierte und homogenisierte Variante tut unserer Verdauung nicht gut. Ob Menschen lieber rohe oder pasteurisierte Milch zu sich nehmen sollten, darüber kann ich kein Urteil fällen, da wir Fleischfresser andere Eigenheiten und Vorlieben haben und ich ein leidenschaftlicher Verfechter der These bin, dass jeder nach seiner Fasson selig werden sollte. Menschen als Allesfresser haben naturgemäß eine größere Auswahl und können ihre Ernährung ganz nach ihren jeweiligen kulturellen, gesellschaftlichen, philosophischen oder ökonomischen Neigungen gestalten.

Teil IV

Winter

10

Vorboten der kalten Jahreszeit

Die Windstille lässt den Rauch aus dem Kamin als gerade, rauchgraue Dampfsäule aufsteigen. Die Sterne glitzern am klaren Nachthimmel. Das Gras wächst langsamer, die Nächte werden länger, und bald werden wir den ersten Frost bekommen. Wir fragen uns, ob es ein kalter Winter wird oder es mild genug bleibt, dass das Gras auch in der dunklen Jahreszeit langsam weiterwächst und die Schafe auf die Weide können.

Der Übergang vom Herbst zum Winter erinnert die Schäferin an ihre Zeit in den Appalachen und daran, was diesen Wechsel der Jahreszeiten dort so besonders machte. Sie wohnte damals in einer Blockhütte auf einer Farm in den Ausläufern der Blue Ridge Mountains unweit des Shenandoah-Nationalparks. Nach den ersten klirrend kalten Nächten im Herbst zog der Geruch von verbrannten Schweineborsten und ausgelassenem Schweinefett aus dem Tal zur Hütte hoch. Die Familien schlachteten die Schweine, die sie den Sommer über bis in den Herbst hinein gemästet hatten. Sie brachten die Tiere hinunter zu den eiskalten Flüssen, die in den Bergen entsprangen. Dort entfachten sie ein Feuer unter großen Kesseln, sengten die Borsten ab und ließen das Fett aus, damit sie im kommenden Jahr damit kochen konnten.

Die Schäferin erzählt oft davon, wie sie die Viehherden, für die sie mitverantwortlich war, mit dem Pferd begleitete. Eines Tages überraschte sie einen Schwarzbären, der eine Kuh belauerte. Die Kuh hatte gerade ein Kalb geworfen, und vermutlich hatte der Bär es bloß auf die schmackhafte Plazenta abgesehen, doch die Schäferin konnte nicht riskieren, dass er so nah bei dem neugeborenen Kalb und seiner Mutter blieb. Sie trieb ihr Pferd an, das geradewegs auf den Bären zugaloppierte, und brüllte aus vollem Hals, um ihn in die Flucht zu schlagen. Der Bär nahm Reißaus und versuchte, der berittenen Furie zu entkommen, die, halb Pferd, halb Frau, mit donnernden Hufen und langen flatternden Haaren auf ihn zupreschte wie eine weibliche Version von Cheiron dem Zentauren oder eine skythische Kriegerin. Der fliehende Bär war allerdings um einiges schneller, als die Schäferin vermutet hatte. Sie hatte immer geglaubt, ein galoppierendes Pferd könne mit Bären Schritt halten, doch der Bär wurde schneller und schneller und rannte in seiner Panik geradewegs gegen einen meterhohen Viehzaun. Als die Schäferin die Notlage des erschrockenen Tieres begriff, brachte sie ihr schnaubendes Pferd zum Stehen, um ihm Gelegenheit zu geben, sich zu beruhigen und nach einem Fluchtweg Ausschau zu halten. Schließlich lief der Bär am Zaun entlang, bis er den Rand der Weide erreichte, dann setzte er mit einem gekonnten Sprung hinüber und landete sicher auf der anderen Seite. Er durchquerte den kleinen Fluss, der die Viehweiden von seiner wilden Heimat trennte, und verschwand in den dichten Wäldern des Shenandoah-Nationalparks.

Hier in Irland hilft die Schäferin den Nachbarn manchmal beim Viehhüten, wie zum Beispiel vor rund einem Jahr. Wir traten gerade in den Hof, als ein fremdes Auto vorfuhr und der Fahrer auf uns zugerannt kam. Bei einem Spaziergang über die Felder, die von unserem Hof aus gesehen auf der anderen Seite des Flusses lagen, hatte er gesehen, wie eine Kuh durch den Elektrozaun eine drei Meter hohe Böschung hinuntergestürzt und ins Wasser gefallen war. Es war offensichtlich, dass sie sich nicht aus eigener Kraft befreien konnte. Vom Flusstal aus sieht man unseren Hof auf dem Hügel liegen, sodass er davon ausging, dass die Kuh uns gehörte. Als guter Nachbar war er vorbeigekommen, um uns Bescheid zu geben.

Die Schäferin überlegte kurz, wem die Kuh gehören könnte, und verständigte den Eigentümer. Dann sprang sie aufs Quad und fuhr so schnell es ging über die Straße und das Feld zum Fluss hinunter. Leider durfte ich nicht mitkommen, sodass ich nur aus zweiter Hand wiedergeben kann, was sie mir später erzählte.

Als sie eintraf, versuchte die Kuh, die an einer tiefen Stelle stand, gerade verzweifelt, den Kopf über Wasser zu halten. Die Schäferin wollte sie flussaufwärts in flacheres Wasser führen, doch die Kuh bewegte sich immer nur wenige Schritte vorwärts. Das Flussufer ist stark bewachsen, sodass sie nur mit Mühe ein Stück finden konnte, wo keine Bäume oder Büsche standen. Trotzdem gelang es dem Tier nicht, aus dem Fluss zu steigen. Der Besitzer der Kuh kam hinzu. Er watete selbst in den Fluss und versuchte, sie ein Stück flussaufwärts bis zu einer Stelle zu führen, wo das Ufer noch flacher war. Doch das Tier war zu erschöpft. Also rief die Schäferin den Tierarzt und einen weiteren Nachbarn zu Hilfe, der einen JCB-Teleskoplader besaß, die ähnlich wie ein Gabelstapler funktionieren. Dem Besitzer der Kuh, der noch immer im Wasser stand, gelang es, Gurte um die Kuh zu schlingen, während die Helfer am Ufer die Gurte an den Gabelzinken des Teleskopladers befestigten. Damit hoben sie das imposante, schwere Tier aus dem Wasser.

Zwei Tierärzte waren anwesend, für den Fall, dass etwas schieflief oder die Kuh tierärztliche Hilfe brauchte. Insgesamt waren sechs Menschen an der Rettung der Kuh beteiligt, die zwar ein bisschen mitgenommen war, sich aber zum Glück bald von all der Aufregung erholte. Die Schäferin findet es großartig, dass die Bauern einander im Notfall, ohne zu zögern, unterstützen. Sie lassen alles stehen und liegen und sind sofort da, um zu helfen.

Die Schäferin war gerade von der dramatischen Rettungsaktion zurückgekommen, als sie einen Anruf bekam, dass die Rinder eines anderen Nachbarn von der Weide ausgebrochen waren und nun mitten auf der verkehrsreichen Hauptstraße standen. Sie sprang also gleich wieder aufs Quad und brauste mit Pepper als Beifahrer los, um die entflohenen Rinder von der Straße zu treiben. Im Gegenzug halfen Nachbarn der Schäferin einmal dabei, unsere Schafe zurückzubringen, als diese ausgebüxt waren und sich auf einer öffentlichen Straße versammelt hatten, oder sie brachten uns Heu für die Tiere vorbei, wenn das Quad kaputt war oder hoher Schnee lag.

Zu den Aufgaben, die vor dem Winter erledigt werden müssen, gehören auch das Reinigen der Abflüsse, das Stapeln von Brennholz und das Anlegen von Futtervorräten für die Schafe in Form der riesigen runden Heuballen, die wir in der Scheune des Cousins der Schäferin lagern. Sein Hof grenzt an unseren, doch um von seiner Scheune zu unserem Schafstall zu gelangen, muss man drei Kilometer über holprige Straßen fahren. Egal, ob es regnet, stürmt oder schneit, die Schäferin muss die einzelnen Heuballen bei Wind und Wetter sicher auf ihren eigens angefertigten runden Heuballenanhänger verladen, den sie dann mit dem Quad, der uns als Traktor dient, nach Hause transportiert. Pepper passt als Beifahrer auf sie auf. Der Ballen kommt dann direkt zu unseren hungrigen Schafen auf die Weide, wenn das Wetter zwar gut, aber das Gras nicht hoch genug ist, oder in den Stall, wo die Schafe bei schlechter Witterung gefüttert werden.

Die Arbeit, der die Schäferin um diese Jahreszeit am wenigsten abgewinnen kann, ist das Ausmisten der Ställe. Doch die harte körperliche Arbeit erinnert sie gleichzeitig daran, dass es ihr heute bedeutend besser geht als vor zwanzig Jahren, als sie krank war. Immer wenn sie im Frühjahr den Schafstall ausmistet, im strömenden Regen auf der schlammigen Erde oder auf dem feuchten Stallboden liegt, den Arm bis zum Ellbogen in einem verstopften Rohr, denkt sie daran, wie lange sie damals mit Fieber und Schmerzen im Bett gelegen hatte. Beim Stallausmisten spürt sie die körperliche Anstrengung bis in den letzten Muskel. Sie hat nicht vergessen, welche Schmerzen sie damals ausgestanden hatte, und sie hat immer noch Angst, dass die Krankheit irgendwann zurückkehren könnte. Sie spürt, wie jeder Muskel seinen Teil dazu beiträgt, dass sie aufrecht stehen, mit schwungvollen Bewegungen mit der Heugabel durch das Stroh fahren und den Mist gabelweise auf die Schubkarre befördern kann. Es erfordert all ihre Muskel- und Willenskraft, die schwere Karre zum Misthaufen zu rollen. Die schwere Ladung wird bis auf die Spitze des Haufens gefahren und ausgekippt, dann geht es weiter mit der nächsten Fuhre.

Jeden Morgen hofft sie, dass ihr Körper den Tag über gut mitspielt. Es gibt gute und weniger gute Tage, aber selbst, wenn die wirklich schlechten Tage mittlerweile die Ausnahme sind, verlässt sie die Angst, dass sie einen Rückfall erleiden könnte, nie ganz.

Pepper und ich übernahmen manchmal die Rolle des Krankenpflegers. Das kann ein echter Vollzeitjob sein. Pepper entwickelte ein feines Gespür dafür, wann das tropische Fieber der Schäferin erneut ausbricht, und merkt es oftmals schon vor ihr. Auch wenn die Schäferin im Laufe der Jahre lernte, welche Warnsignale ihr Körper aussendet und auf welche Symptome sie achten muss, ist es oftmals doch Pepper, der sich gegen ihr Bein lehnt und spürt, dass etwas nicht stimmt. Er schmiegt sich dann so innig an sie, dass er fast umkippt, wenn sie aufsteht und einen Schritt nach vorne macht. Er macht das absichtlich, damit sie merkt, dass es an der Zeit ist, die Arbeit zu unterbrechen, sich ins Bett zu legen und auszuruhen. Denn je schneller sie sich hinlegt, desto eher geht es ihr wieder besser, und umso früher kann sie sich wieder ihren Aufgaben auf dem Hof widmen. Wenn sie im Bett liegt, überwache ich alle Arbeiten im Haus und auf dem Hof.

Wie kann ich die kräftezehrende Krankheit, die ich bereits zu Beginn des Buches andeutete und die die Schäferin immer wieder heimsucht, am besten erklären? Als sie von ihrem letzten Projekt in Südostasien nach London zurückkehrte, bekam die Schäferin auf einmal hohes Fieber. Sie genoss ihre Arbeit, die sie als den perfekten Ausgleich für ihr nicht weiterverfolgtes Studium empfand. Diese bestand darin, bei der Pflege einer Vielzahl verschiedener tropischer Tiere zu helfen. Dabei traf sie faszinierende Leute mit ähnlichen Interessen und erlebte jeden Tag neue Abenteuer. Sie liebte die Arbeit mit wilden, exotischen Tieren und die Herzlichkeit der Menschen, die sie kennenlernte und mit denen sie zusammenarbeitete.

Nach der langen Zeit, die sie in der feuchten, tropischen Hitze, Wildparks, Zoos und Regenwäldern verbracht hatte, nach den vielen Reisestunden mit den oftmals primitivsten Fortbewegungsmitteln, war sie erschöpft und spürte plötzlich, dass etwas nicht in Ordnung war. Sie war vom U-Bahn-Eingang Oxford Street bis zu den Rolltreppen gegangen, die zu den Gleisen hinunterführen. Auf der obersten Stufe der Rolltreppe, die abwärtsfuhr, fing die Welt plötzlich an, sich zu drehen. Bald darauf sah sie nur noch bunte Farben um sich kreisen. Glücklicherweise stand jemand auf der Stufe vor ihr, sodass sie die Rolltreppe nicht herunterfallen konnte. Zu Hause legte sie sich sofort ins Bett, um sich vom Jetlag und von der fieberhaften, anstrengenden Arbeit, die sie für ihre Erschöpfung verantwortlich machte, zu erholen. Sie ging davon aus, dass es ihr am Morgen besser gehen würde, wenn sie erst einmal ausgeschlafen hatte. Dem war leider nicht so. Ein Besuch in einem Krankenhaus für Tropenkrankheiten bestätigte, dass es sich um etwas Gravierenderes und weniger leicht Behandelbares als die zunächst vermutete Grippe oder Toxoplasmose handelte.

Kaum lag die Schäferin im Krankenhausbett, spürte sie, wie ihr Körper sich seinem Schicksal ergab. Es war, als wüsste er, dass er sich nun an einem sicheren Ort befand, wo er nicht mehr durchhalten musste. Sie hatte furchtbare Gliederschmerzen und rasende Kopfschmerzen, die sich anfühlten, als wäre ihr Gehirn auf die Größe einer Wassermelone angeschwollen. Während der ersten Woche im Krankenhaus testete man sie auf alle möglichen Tropenkrankheiten. Manche Tests waren zutiefst unangenehm, wie der, bei dem sie eine Kapsel, die so dick war wie ihr kleiner Finger und an dem sich ein grober Bindfaden befand, hinunterschlucken musste. Das eine Ende des Bindfadens hing aus ihrem Mund und wurde von der Krankenschwester festgehalten, während die Schäferin die Tablette und den langen Faden herunterschluckte. Danach befestigte die Krankenschwester das lose Ende des Fadens mit Klebeband an der Wange der Schäferin. Sie durfte stundenlang nichts essen, damit der Faden nicht mit Magensäure oder Verdauungsenzymen in Kontakt kam. Als die Kapsel beinahe den ganzen Weg durch den Dünn- und Dickdarm der Schäferin zurückgelegt hatte, zog die Krankenschwester den Faden langsam wieder heraus. Die Schäferin musste sich beinahe übergeben, als er durch ihren Rachen und

Mund glitt. Dieser Fadentest sollte bestimmte Arten von tropischen Parasiten nachweisen. Einer dieser Tests ergab, dass die Schäferin in den vorangegangenen achtzehn Monaten an Toxoplasmose gelitten hatte.

Toxoplasmose ist eine Krankheit, die Katzen, Schafe und Menschen befällt und die zu Fehlgeburten führen kann. Es ist weithin bekannt, dass Katzen die Krankheit übertragen, ebenso wie Nager und, wie manche behaupten, auch Vögel. Uns Katzen wird jedoch weithin unterstellt, die schlimmsten Überträger von Toxoplasmose zu sein. Angeblich machen wir Schäfern das Leben schwer, indem wir ihre Herden anstecken und sie krank machen, weshalb viele Schafhirten uns verabscheuen. Bei der modernen Tierhaltung kann man diese durch Parasiten ausgelöste Krankheit aber durch Impfungen verhindern beziehungsweise beim Menschen wenn nötig mit Antibiotika behandeln. Ich helfe der Schäferin jedes Jahr, die Impfungen durchzuführen, jeweils einen Monat bevor der Bock unsere Auen deckt. Wir verwenden verschiedene Impfstoffe, damit unsere Schafe gesund bleiben. Ich finde, Vorsorge ist besser als Nachsorge, vor allem, wenn es um die Schafe geht. Jeder Schäfer wird bestätigen, dass Schafe offenbar nichts lieber tun, als zu sterben, und das in stets neuen Variationen. Jeder, der Viehzucht betreibt, sieht immer wieder Tiere sterben und trauert um sie wie um einen verlorenen Freund. Gleichzeitig gibt uns das Leben inmitten der wundervollen Natur zwischen Geburt und Tod so viel zurück: Beharrlichkeit, Hoffnung und ja, auch Glück.

Die Schäferin erzählt mir oft, dass ihre einzigen konstanten Begleiter in all den langen Jahren, die sie im Bett verbrachte, ihre Gedanken, ihre Erinnerungen an das abenteuerliche Leben waren, das sie bis dahin geführt hatte. Sie konnte weder fernsehen noch Musik hören, um sich abzulenken, da sie von lauten

Geräuschen und flackerndem Licht Augen- und Kopfschmerzen bekam. Also starrte sie stattdessen an die Decke und ließ ihre Erinnerungen wie einen Film ablaufen, den sie auf die bröckelnde weiße Gipsdecke projizierte. Manchmal schloss sie auch die Augen und sah sich vor ihrem geistigen Auge auf einem ungesattelten Pferd über einen Sandstrand galoppieren. Sie spürte die feuchte, salzige Seeluft in der Nase und auf der Zunge und das vertraute Gefühl ihrer Muskeln, die sich im Einklang mit dem Pferd bewegten. Sie spürte die Kraft, die Nässe und den Geruch von Pferdeschweiß, wie ihr die Mähne ins Gesicht wehte, als das Pferd in einen beruhigenden, rhythmischen Galopp verfiel. Sie erinnerte sich an das Geräusch und das aufspritzende Wasser, wenn die Hufe auf wellenüberspülten Strand trafen und sich mit Schwung wieder abstießen.

Das erste Jahr verbrachte sie überwiegend im Bett und ruhte sich aus. Sie pflanzte einen Avocadokern und beobachtete, wie er keimte und wuchs. Ein Jahr später war die Pflanze so groß, dass die Schäferin sie vor die Tür ihrer Kellerwohnung verbannen musste. Sie war äußerst betrübt, als sie einem unerwartet frühen Frost zum Opfer fiel. Es war natürlich kein böser Wille, aber solche Dinge passieren eben. Die Schäferin erzählt manchmal, dass eine ihrer lebhaftesten Erinnerungen an die Zeit ihrer erzwungenen Bettruhe ist, wie sie in Virginia auf dem Sofa im Wintergarten ihrer Eltern mit Blick auf eine stattliche sibirische Ulme lag. Der Baum stand von der Veranda aus gesehen ein kleines Stück den Hügel hinunter an der Grenze zum Nachbargrundstück. Die Schäferin erinnert sich gut an die vielen Stunden, die sie jeden Tag damit verbrachte, den Baum im Wechsel der Jahreszeiten anzusehen. Im Rückblick kann sie vor ihrem geistigen Auge eine Art Film im Zeitraffer abspielen, wie die stattliche Ulme im Frühjahr ihr zartgrünes, im Sommer ihr dunkelgrünes, im Herbst ihr buntes Blätterkleid trägt, dieses nach und nach ablegt, bis sie im Winter ganz kahl, manchmal mit Schnee bedeckt oder mit Eiszapfen behängt ist, die in der Wintersonne glitzern.

Wenn der November kommt, kündigt sich der nahende Winter bereits durch den Frost an, der unter den Pfoten knirscht. Die letzten Vorkehrungen müssen getroffen werden, um unsere Schafe unterzubringen, bis sie ihre Lämmer zur Welt bringen, damit die Neugeborenen vor der rauen Witterung geschützt sind. Zuallererst muss der Stall geräumt und der Boden von Schafmist befreit werden. Dann wird eine Schicht getrockneter Holzspäne, die wir zu Jahresanfang von einem lokalen Baumpfleger erhalten, auf dem Stallboden verteilt. Holzspäne dämmen und nehmen Feuchtigkeit auf. Danach kommt das goldene Stroh obendrauf. Das ist für mich das Highlight, denn manchmal gibt es Mäuse zu jagen, die aus dem Stroh huschen. Das Stroh ist außerdem mollig warm und schützt vor den schneidend kalten Winterwinden. Man sieht mich und Ovenmitt dann oft zusammengerollt im Stroh liegen.

Sobald der Stall winterfest ist, können unsere Mutterschafe dort einziehen. Der Bock hat sie im Oktober gedeckt, und nun wird per Ultraschall überprüft, mit wie vielen Lämmern die jeweiligen Auen trächtig sind: mit einem, zwei, drei oder gar keinem.

Das Ablammen muss sorgfältig geplant werden; die Schäferin wendet zu diesem Zweck ein modernes Verfahren, die sogenannte Brunstsynchronisation an, die sicherstellen soll, dass all unsere Schafe ihre Lämmer mehr oder weniger zur gleichen Zeit zur Welt bringen. Dieser strikte Zuchtplan ermöglicht es der Schäferin, das Ablammen allein zu bewältigen, da sie dann nur zwei Geburtstermine mit einer zehntägigen Pause hat, in der sie den Schlafentzug ausgleichen kann. Ganz schön clever, wie ich finde.

Dann beginnt die Winterfütterung, je nachdem, wann unsere Auen ihre Lämmer bekommen, wie viel Gras wir auf den Weiden haben und wie nass oder trocken das Land und das Wetter sind. Ich beobachte jetzt vor allem die Hufe unserer Böcke und Auen, denn sie neigen gelegentlich zu Regenräude. Dabei handelt es sich um eine Krankheit, die man mit einer extrem starken Fußpilzerkrankung beim Menschen vergleichen kann – wobei diese eher schmerzhaft ist, als dass sie juckt, und obendrein dazu führen kann, dass das Tier lahm wird. Ovenmitt leistet der Schäferin gerne Gesellschaft und unterhält sie, wenn sie ein Schaf auf den Rücken gedreht hat, um sich dieses bakteriellen Problems anzunehmen. Sie reinigt und trocknet dann den Huf des Schafes, der durch den Bakterienbefall aufgerieben und wund ist, mit einem groben Tuch. Anschließend sprüht sie ein blaues Spray auf den Huf, welches das Antibiotikum Chlortetracyclin enthält und den Pilz abtötet und austrocknet. Einen Tag später ist für das Schaf normalerweise alles überstanden.

Nach sechs Wochen, genauer gesagt, zwei siebzehntägigen Zuchtzyklen, wird es Zeit, dass die Schäferin den Bock von den Auen trennt. Wenn seine Arbeit getan ist, kommt er wieder zu den anderen Böcken, die solange nicht zu ihrer Herde durften. Sie müssen danach eine Woche bis zehn Tage auf engem Raum gehalten werden, damit sie sich nicht gegenseitig umbringen, wenn sie kämpfen, um zu klären, wer von ihnen das Sagen hat.

Da das Land auf der Black Sheep Farm sehr hügelig ist, kann ein Bock, der auf einem Abhang auf einen anderen Bock losgeht, leicht großes Unheil anrichten, was tatsächlich einmal vorkam, als die Schäferin die Böcke zu früh wieder auf die Weide gelassen hatte. Ich hatte einen meiner üblichen Beobachtungsposten auf einem Zaunpfosten eingenommen und sah zu, wie die Tiere nach draußen gelassen wurden. Ein Bock rannte den Hügel hinauf, machte oben kehrt und stürmte wieder herunter, wobei er immer mehr Geschwindigkeit aufnahm. Ein anderer Bock, den wir »Waliser« nennen, stellte sich ihm entgegen. Der angreifende Bock krachte mit derartiger Wucht gegen den Waliser, dass dieser auf dem Rücken landete und bewusstlos liegen blieb. Die Schäferin rannte auf die Weide, um den aggressiven Bock zu vertreiben, der immer noch seinen am Boden liegenden Kontrahenten attackierte. Alle, die den Vorfall mitangesehen hatten, waren überzeugt, der Waliser, dem Blut aus der Nase floss, müsse tot sein. Die Schäferin musste ihn mehrere Wochen lang aufpäppeln, bis er schließlich wieder auf die Beine kam. Es kostete zwar viel Zeit und Mühe, ihn durchzubringen, doch sie mochte die zähen Zwartblesschafe aus den Walisischen Bergen im Allgemeinen und ihn ganz besonders. Der Waliser hatte Glück und überlebte. Die Schäferin lernte daraus und ließ die Böcke nie wieder so früh zurück auf die Weide.

Wenn die Böcke ihre Aggression überwunden haben, gönnen sie und Smudge sich bis zur nächsten Brunstzeit einen zehnmonatigen Urlaub, in dem nur Essen, Schlafen und Relaxen auf dem Programm stehen.

Die Tage werden kürzer, und wir verbringen nun mehr Zeit vor dem Küchenofen und wärmen uns auf, nachdem wir die Tiere zweimal täglich mit Heu gefüttert und nach dem Rechten geschaut haben. Da es immer früher dunkel wird und die trächtigen Auen im Abstand von acht Stunden gefüttert werden müssen, findet unsere abendliche Runde im Schein der Taschenlampe oder der Quadscheinwerfer statt. Wenn es morgens langsam hell wird, ist die morgendliche Dämmerung manchmal von einer atemberaubenden Schönheit. Die Schäferin schaut dann gebannt zu, wie es über dem Flusstal immer heller wird und vor einer Kulisse schwarzer Winterbäume Nebel in weichen Grau-, Silber-, Rosa- und Violetttönen aufsteigt. In solchen Momenten muss ich manchmal meine Krallen in das Bein der Schäferin versenken, um sie zur Eile anzutreiben. Schließlich müssen unsere Schafe gefüttert werden, unsere Hunde haben auch Hunger, ich will mein zweites Frühstück, und sie braucht wahrscheinlich auch eine Kanne Schwarztee und heißen Porridge.

An Regentagen gehe ich morgens zum Farmhaus, sobald ich höre, dass die Schäferin sich fertig macht, die Zähne putzt, die Spülung ihres Katzenklos betätigt und dann nach unten stapft, um die Küchentür zu öffnen. Dort stehen wir Katzen jeden Morgen und warten auf sie. Wir waren immerhin die ganze Nacht draußen und jagten Mäuse und Ratten, während die Hunde im Haus in ihren kuscheligen Betten auf der faulen Haut lagen. Ich strecke die Vorderpfoten aus und wetze an der roten Spülküchentür ungeduldig meine überaus erfolgreichen Jagdwaffen. Man hört, wie der Schlüssel langsam im Schloss gedreht wird. Big Fellow findet dieses Geräusch unerträglich und bellt mit seiner tiefen, ohrenbetäubend lauten Stimme. Endlich öffnet sich die Tür, und die Hunde springen an mir vorbei hinaus in den Regen. Mein Schwanz, an dem Regentropfen glitzern, zuckt hin und her, mein nasses Fell liegt glatt am Körper. Ich schlendere in die Küche und hinterlasse überall Pfotenabdrücke auf den Fliesen. Da ich immerhin die ganze Nacht hindurch hart arbeitete, fordere ich nun energisch mein erstes Frühstück ein. Ovenmitt springt nach mir durch die Tür, schüttelt sich den Regen aus dem getigerten Fell und versucht, sich an der Hose der Schäferin trocken zu reiben. Wie es seine Art ist, beschwert er sich miauend über alles und jeden und verlangt ebenfalls sein Frühstück. Die Schäferin öffnet den Deckel des

Eimers mit unserem Katzenfutter und verteilt unser Futter mit einer aus einem Plastikmilchkarton zurechtgeschnittenen Schaufel.

Während Ovenmitt und ich uns unserem Frühstück widmen, kommen die Hunde zurück in die Küche gesprungen. Big Fellow jault ungeduldig, während die Schäferin sich die Stiefel anzieht, die Bear ihr gleichzeitig zu entreißen versucht, um damit in den Regen hinauszulaufen. Schließlich hat sie es jedoch geschafft, die Stiefel anzuziehen, und streift sich die raschelnde, wasserdichte Hose über. Jetzt fehlen nur noch Regenjacke und Hut. Nachdem sie mir kurz über den Rücken und Ovenmitt über den Schwanz gestreichelt hat, begibt sie sich bei Wind und Wetter auf ihren morgendlichen Kontrollrundgang. Mit einem eifrigen Miau zockele ich hinter ihr her und versuche mit ihrem zügigen Gang Schritt zu halten, was bei meinen kürzeren Katzenbeinen nicht immer ganz leicht ist, vor allem wenn es nass und matschig ist. Unterwegs bringe ich sie auf den neuesten Stand, was in der Nacht passiert ist, damit wir gut vorbereitet in den neuen Tag starten können.

An den langen Winterabenden unterhält mich die Schäferin am Küchenofen oft mit amüsanten und kurzweiligen Geschichten über ihr früheres Leben als Schauspielerin oder wie sie zur Landwirtschaft kam. Sie hat ein paar Lieblingsgeschichten, wie zum Beispiel die, in der ein gewisser Ichabod Crane vorkommt. Ein seltsamer Name – möglicherweise kommt er aus Holland, wie meine Zwartblesschafe ursprünglich auch. Diese Geschichte gibt sie gern an Halloween zum Besten. Sie erzählt, dass das Haus, in dem sie lebte, als sie im Hinterland von New York Morgan-Pferde einritt und trainierte, einst einem Lehrer namens Jesse Merwin gehört hatte. Er sollte später als Ichabod

Crane in *Die Legende von Sleepy Hollow,* einer Geschichte über einen kopflosen Reiter des amerikanischen Autors Washington Irving, bekannt werden.

Die Bauweise des Hauses war typisch für die niederländische Kolonialzeit. Es bestand aus hölzernen Schindeln und hatte eine große Steintreppe, die zu einer kleinen Veranda hinaufführte. Ringsum standen stattliche alte Bäume, und durch die kleinen Fenster blieb es in den heißen Sommermonaten im Haus angenehm kühl. Linker Hand befand sich ein moderner Bau mit einer Küche und einem weiteren Eingang, der öfter benutzt wurde als die eigentliche Haustür. Farmhäuser betritt man ohnehin selten, wenn überhaupt, durch die Eingangstür. Wenn man in den Küchenanbau kam, waren drei Türen zu sehen: eine direkt gegenüber, die in den hinteren Teil des Hauses führte, eine weitere, versetzt an der gleichen Wand, durch die man in den Rübenkeller des ursprünglichen Hauses gelangte und die vor dem Anbau der Küche nach draußen geführt hatte. Durch die dritte Tür auf der rechten Seite gelangte man in den Rest des Hauses und ins Esszimmer. Dieser Raum hatte wiederum drei Türen. Eine lag an der gegenüberliegenden Wand und führte ins ursprüngliche Haus, das aus dem Schlafzimmer des Besitzers und einem gemütlichen Wohnzimmer bestand. Durch die zweite Tür kam man zu einem kleinen Gästezimmer mit einem Bett, das ebenfalls im ursprünglichen Haus lag. Über die dritte Tür gelangte man zu einer schmalen, steilen Treppe, die zu den beiden unter dem Dachvorsprung gelegenen Schlafzimmern hinaufführte. Alle Türen im alten Teil des Hauses hatten klassische alte Metallhaken und Metallschlösser, die beim Öffnen und Schließen knirschten und klirrten. War es draußen stürmisch, wurde das Geräusch zu einem lauten Klappern.

Die Schäferin wohnte in dem Raum am oberen Ende der

steilen Treppe. Als sie eines Abends von einer Feier anlässlich des amerikanischen Nationalfeiertags auf einer anderen Farm zurückkehrte, betrat sie die Küche durch den Seiteneingang und schloss die Tür ab. Sie bemerkte, dass die Kellertür offen war und dort noch Licht brannte. Also ging sie hinüber und rief die Treppe hinunter, da sie vermutete, dass ihre Chefin sich dort unten aufhielt, doch sie bekam keine Antwort. Da ihre Chefin eine ältere Dame war und sie das Licht nicht einfach ausmachen wollte, ging die Schäferin hinunter in den Keller, doch dort war niemand. Sie stieg also die Kellertreppe wieder hinauf, schaltete das Licht aus, schloss die Kellertür, trat über die Schwelle von der Küche zum Esszimmer und machte das Licht in der Küche hinter sich aus.

Als sie gerade weitergehen wollte, hörte sie, wie eine Tür sich öffnete und das Licht hinter ihr anging. Sie fuhr herum, um sich bei ihrer Chefin zu entschuldigen, dass sie ihr das Licht ausgemacht hatte, stellte jedoch fest, dass sie immer noch allein war. Verwundert ging sie zurück in die Küche, öffnete die Kellertür und sah nach unten. »Hallo?« Keine Antwort.

Die Schäferin begann sich zu fragen, ob sie sich auf der Feier eventuell einen Drink zu viel genehmigt hatte. Sie schlich sich auf Zehenspitzen zum Schlafzimmer ihrer Chefin und fand diese dort tief schlafend vor. Also ging sie zurück in die Küche, schloss die Kellertür und schaltete das Licht aus. Sie durchquerte das Esszimmer, doch auf halbem Weg zur verschlossenen Tür, die zur steilen Treppe und zu ihrem Schlafzimmer führte, hörte sie, wie sich die Kellertür erneut öffnete – und diesmal ging das Küchenlicht an.

Die Schäferin rannte quer durchs Esszimmer zur Treppe, um Zuflucht in ihrem sicheren Schlafzimmer zu suchen. Sie riss die Tür auf, hastete über die Schwelle, knallte die Tür hinter sich zu und stürzte die Treppe hinauf. Kaum hatte sie die Hälfte erklommen, da begannen sich die beiden Türen am Fuß der Treppe zu öffnen und wieder zu schließen. Sie fielen ins Schloss und wurden wieder entriegelt, als würde jemand auf der anderen Seite sie unentwegt öffnen und gleich darauf wieder schließen. Der Schäferin erzählte mir, in diesem Moment hätten ihr buchstäblich die Haare zu Berge gestanden, wie bei einem dieser karikaturartigen Bilder von Katzen an Halloween. Sie stürzte die verbliebenen Stufen hinauf, rannte um die Ecke, sprang ins Bett, schaltete die Nachttischlampe ein und machte die ganze Nacht kein Auge zu.

Am nächsten Morgen stieg ihr der vertraute Duft von Kaffee und dem Frühstücksburger ihrer Chefin in die Nase. Sie entspannte sich etwas und begab sich nach unten. Bevor sie die Sache ansprechen konnte, dankte ihr die Chefin, dass sie die Türen verriegelt und überall das Licht ausgemacht hatte. »Aber ... aber ... aber ...«, stotterte sie und begann, ihre Geschichte von den sich öffnenden und schließenden Türen und dem an- und ausgehenden Licht zu erzählen. »Oh, da hat Jesse Merwin dir wohl einen kleinen Streich gespielt«, lachte ihre Chefin. »Keine Sorge, er ist ein sehr umgänglicher Geist und tut keiner Menschenseele etwas zuleide.« Es versteht sich von selbst, dass die Schäferin dafür sorgte, dass sie in den darauffolgenden Nächten so müde war, dass es ein Leichtes für sie war, bei Licht einzuschlafen. Ein echter Angsthase, wenn ihr mich fragt!

Ihre zweitliebste Geschichte trägt den Titel »Beim Sterben ist jeder der Erste«. Ich habe den Film selbst nie gesehen, aber die Schäferin erzählt manchmal davon, wie sie in den Blue Ridge Mountains im US-Bundesstaat Virginia lebte und zu Pferd große Entfernungen zurücklegte. Einer ihrer damaligen Freunde hatte sogenannte »Distanzpferde«, und beide arbeiteten daran, die Pferde so zu trainieren, dass sie möglichst weite Strecken zurücklegen konnten. Die Schäferin war eine gute Reiterin und genoss die langen Ausritte in die Appalachen. Wenn die Hunde, die sie begleiteten, sich nicht zu weit vom Weg entfernten, konnte sie viele wilde Tiere sehen, wilde Truthähne, Hirsche, Rotluchse und Braunbären.

Einmal ritten sie während der Pfeil-und-Bogen-Jagdsaison durch Virginia. Diese geht der normalen Jagdsaison mit Gewehren voraus, während dieser Zeit ist es den Einheimischen erlaubt, auf diese nachhaltigere Weise wilde Truthähne, Hirsche und Bären zu erlegen.

Sie waren zu diesem Zeitpunkt schon seit einigen Stunden unterwegs, und die Hunde liefen ihnen ein Stück voraus. Plötzlich sprang einer von ihnen zur Seite und bellte überrascht, verschreckt und wütend. Im gleichen Moment scheute das Pferd der Schäferin und drehte sich sichtbar erschrocken um die eigene Achse. Wenige Meter vor ihnen stand ein mit Pfeil und Bogen bewaffneter Mann in Tarnkleidung und mit Tarnfarbe im Gesicht am Berg. Etwas weiter entfernt, am Fuß eines steilen Abhangs, stand ein weiterer Mann, ebenfalls von Kopf bis Fuß in Tarnkleidung, aber mit einem Gewehr bewaffnet, was zu Beginn der Jagdsaison streng verboten ist. Die Schäferin und ihr Begleiter waren klug genug, möglichst leise und schnell den Berg hinunterzureiten, um auf einem anderen Weg nach Hause zurückzukehren. Nach einigen Kilometern erreichten sie einen Gebirgsbach, der zwischen den Felsen hinuntertoste. Als sie den steinigen Wasserlauf vorsichtig durchquerten, hörten sie plötzlich ein Geräusch. Sie sahen auf und entdeckten die beiden bis an die Zähne bewaffneten Männer, die ein Stück flussaufwärts auf Felsbrocken standen und zuschauten, wie die Pferde sich einen Weg durch den Fluss bahnten; die Waffen hatten sie auf die beiden Reiter gerichtet. Da sie sowohl strategisch als auch waffentechnisch klar unterlegen waren, suchten die Schäferin und ihr Gefährte so schnell wie möglich das Weite. Sie hatten die Wut der Jäger auf sich gezogen, indem sie bei der Pirsch ihre Beute aufgeschreckt hatten.

Umso dankbarer bin ich, dass unser kleines Stück Land am Ufer der Nore liegt. In den grünen Feldern hier begegnet man keinen mit Pfeil und Bogen bewaffneten Männern oder gefährlichen Pumas. Alles, was es hier zu hören gibt, ist das Blöken der schokobraunen Schafe, das Singen der Vögel und gelegentlich das Bellen eines Fuchses, und das alles vor der blauen Kulisse der Blackstairs Mountains in der Ferne.

11

Weihnachten auf der Black Sheep Farm

Je weiter der Dezember voranschreitet, umso kürzer werden die Tage und umso länger die Nächte. Die Wintersonnenwende, der kürzeste Tag des Jahres, ist am 21. Dezember. Auf meine Schafbeinskala umgerechnet entspricht das rund fünfeinviertel Schafen.

Meist machen sich die Schäferin und ich uns nach einem aus heißer Suppe oder Lammeintopf bestehenden winterlichen Mittagessen gemeinsam mit unserer Hundekolonne auf, um einen kleinen Stechpalmzweig mit leuchtend roten Beeren und einen kleinen Eichenzweig mit gesunden Knospen zur Feier der Wintersonnenwende zu finden. Pepper ist dann immer wahnsinnig aufgeregt, und seine Hinterbeine zucken vor Erregung, wenn wir die Äste pflücken, denn er weiß, dass Abenteuer auf ihn warten. Pepper bellt selten, und es muss normalerweise schon ein Dachs, ein Fuchs oder manchmal auch ein Fremder auf dem Hof vorbeikommen, um ihm ein tiefes, sonores »Wuff« zu entlocken. Er ist klug genug, um Fahrzeugmotoren am Geräusch auseinanderhalten zu können, und wenn es das Auto der Schäferin ist, bleibt er mucksmäuschenstill.

Stechpalme und Eiche stehen für den mythologischen Kampf, den der Stechpalmenkönig und der Eichenkönig um die Vorherrschaft führen, während das Jahr langsam, aber unaufhaltsam zur Neige geht. Einer der Monarchen regiert, wenn die

Tage länger werden, der andere, wenn sie kürzer werden. Der Winter- und der Sommersonnenwende kommt eine besondere Bedeutung zu, weil sie die längste Nacht und der längste Tag des Jahres sind. Immer zur Tagundnachtgleiche liefern sich die Könige eine Schlacht, die den Wechsel der Jahreszeiten markiert. Wenn das Sommerlicht am längsten Tag des Jahres am hellsten strahlt oder es am kürzesten Tag des Jahres im tiefsten Winter besonders dunkel ist, ist jeweils einer der beiden Könige am stärksten.

Der Stechpalmenkönig ist am Tag der Wintersonnenwende auf dem Höhepunkt seiner Macht, bevor die Tage wieder länger werden und die Wiedergeburt der strahlenden Sonne und des Lichts das Leben auf der Erde wieder aufblühen lässt. Die Frühlingswärme gibt dem Eichenkönig Kraft, sodass die Knospen bersten, die Blätter sich entfalten und Blüten erblühen. Am Tag der Sommersonnenwende herrscht der Eichenkönig, der seine sattgrünen Blätter weit ausgebreitet hat und dessen Eicheln zu reifen beginnen. Auch bei der Tagundnachtgleiche im Juni bleibt der Eichenkönig dominant. Erste Hinweise auf den kommenden Winter gibt es im September, wenn sich die Blätter des Eichenkönigs mit braunen Rändern zu kräuseln beginnen, während er sich darauf vorbereitet, seine mächtige Krone aus Blättern abzulegen und die Eicheln zu verstreuen. Nun hüllt sich wieder der Stechpalmenkönig in sein Herrschergewand, seine stacheligen grünen Blätter leuchten hell in der Herbstsonne, und seine grünen Beeren färben sich allmählich rot.

Zur Wintersonnenwende trifft sich die Schäferin mit ihren menschlichen Freunden. Pepper, der schon immer für Abenteuer fern des heimatlichen Hofs zu haben war, begleitet sie, wohingegen ich eher der Typ bin, der lieber zu Hause bleibt. Nach einer langen Fahrt über schmale, kurvige Nebenstraßen stellen sie ihre Autos am Fuße eines Hügels oberhalb des Dorfes Tullaghought ab. Dann wandern sie einen langen, gewundenen, matschigen und steinigen Fahrweg (in Irland *boreen* genannt) hinauf, der von hohen Hecken gesäumt wird, bis sie ein mit Maschendraht abgedichtetes Tor erreichen. Da das Tor normalerweise verschlossen ist, klettern sie darüber und heben Pepper ebenfalls hinüber. Als Nächstes müssen sie um einen breiten, flachen See herumlaufen, der manchmal von einer Eisschicht bedeckt ist. Falls es dick genug ist, werfen die Menschen Steine, die über die Eisfläche springen und dabei ein witziges Tock-tock-tock-Geräusch machen. Pepper sagt, es erinnert ihn ein bisschen an Steinehüpfen, wenn er sie über das Eis springen sieht. Er liebt es, den Steinen hinterherzujagen, passt aber gut auf, dass das Eis nicht zu dünn ist.

Bei ihrer Wanderung auf den Berg kommen sie an einer alten Farm mit verfallenen, von Moos überwucherten Ruinen vorbei. Nachdem sie den schlammigen Bauernhof hinter sich gelassen haben, schlängelt sich der von Bäumen überwucherte Pfad bergauf, der auf beiden Seiten von mit Moos und Farn überwucherten Steinmauern eingerahmt wird. Weiter geht es über einen steileren Abschnitt den Berg hinauf, über ein Feld und über den Kamm, bis sie schließlich das Passage Tomb von Baunfree erreichen. Baunfree ist ein Steinkreis, der auf einem kleinen Plateau liegt und von dem aus man einen spektakulären Blick auf Süd-Kilkenny, Ost-Tipperary und Waterford hat. Da die in dieser Blickrichtung angelegten Wälder mittlerweile ziemlich hoch gewachsen sind, kann man seit einiger Zeit das Meer hinter Waterford nicht mehr sehen.

Die Gruppe erreicht das Plateau kurz vor Sonnenuntergang. Die Schäferin legt den kleinen Stechpalmenzweig mit den Beeren und den Eichenzweig mit den dicken Knospen auf den höchsten Stein, um die Erbauer des alten monumentalen Steinkreises zu ehren. Aus ihrer Thermoskanne gießt sie jedem einen Schuss selbst zubereitete heiße Schokolade in einen Zinnbecher. Gemeinsam stoßen sie auf das neue Jahr an, in dem die Tage wieder länger werden.

Pepper liebt diesen Ausflug, denn wenn er ganz oben auf dem Hügel steht, steigen ihm die Gerüche des Tages aus allen Himmelsrichtungen in die Nase. Wenn er nach Hause kommt, redet er von nichts anderem, und ich komme nicht umhin, einen Anflug von Neid zu empfinden, dass die Schäferin mich nicht an diesem Ritual teilnehmen lässt.

Pepper erzählt mir, dass sie bei Einbruch der Dunkelheit im Licht der Taschenlampen zu ihren Autos zurückkehren und zum Pub fahren, wo sie sich mit heißem Portwein aufwärmen. Auf dem Weg dorthin kommen sie an einem Haus vorbei, das mit allen möglichen Weihnachtsbeleuchtungen dekoriert ist. Also kommen sie an diesem Tag mit zwei sehr unterschiedlichen irischen Welten in Berührung: auf der einen Seite die beeindruckenden alten Bauwerke, an denen längst vergangene Stämme bereits die Rückkehr der längeren Tage und des Sonnenlichts begrüßten, und im krassen Gegensatz dazu die blinkenden bunten modernen elektrischen Lichterketten in der tiefschwarzen Nacht.

Manchmal, glaube ich, führt sie ihre Pilgerreise anlässlich der Wintersonnenwende auch zum Passage Tomb von Knockroe, einem Zeremonienort aus der Jungsteinzeit, der am Südhang des Kilmacoliver Hill liegt. Wenn man von dort aus am Tag der Wintersonnenwende westwärts auf den Berg Slievenamon im County Tipperary blickt, befinden sich die Steine exakt auf einer Linie mit der untergehenden Sonne. Und wenn es trotz des Winterwetters nicht allzu bewölkt ist, fällt ein Strahl der untergehenden Sonne genau zwischen zwei kunstvoll behauenen Steinen an der Rückseite des Grabes hindurch.

Dasselbe Phänomen ist im Winter an den Gräbern von Newgrange, Knowth und Loughcrew zu beobachten. Newgrange ist wahrscheinlich das bekannteste von ihnen, da um die Wintersonnenwende das Licht der aufgehenden Sonne direkt in die Grabkammer fällt, doch Knockroe gehört zu den am aufwendigsten verzierten Gräbern außerhalb des Boyne Valley, sodass in den letzten Jahren immer mehr Menschen zur Wintersonnenwende nach Knockroe kommen und es viel schwieriger geworden ist, diesem Ehrfurcht gebietenden Schauspiel am 21. Dezember beizuwohnen.

Vor langer Zeit, als die Schäferin noch ein kleines Mädchen war, besuchte sie mit ihrem Großvater, ihrer Schwester, einem Cousin und einigen Freunden des Großvaters Newgrange, wo sie ein Picknick veranstalteten. Archäologen hatten schon lange, bevor die Besuchermassen kamen, mit der Restaurierung der historischen Stätte begonnen. Da die umliegenden Felder mit Brennnesseln und Disteln übersät waren, hatten sie es sich auf dem grasbedeckten Hügel bequem gemacht und ihre Sandwiches mit geschnittenen Tomaten, die sie an diesem Morgen frisch aus dem Gemüsegarten der Farm gepflückt hatten, verspeist.

Es entging den Archäologen nicht, dass die Besucher sehr an Newgrange interessiert waren, und so fragten sie den Großvater der Schäferin, ob er eine Leiter hinuntersteigen wolle, um das Innere eines anderen alten Hügels zu besichtigen. Der wollte sehr gerne. Die Schäferin folgte ihm und kletterte ebenfalls die Leiter in die dunkle Grabkammer hinunter. Der Archäologe leuchtete mit seiner Taschenlampe über ihre Köpfe durch das Eingangsloch, damit sie besser sehen konnten.

Die Schäferin verstand nicht viel von den archäologischen Details, die besprochen wurden, aber es war ein unvergessliches Erlebnis für sie. Die beiden kletterten wieder aus der Grabkammer und folgten dem Archäologen durch einen zweiten Tunnel zum hinteren Teil des inneren Ganges. Dort befand sich eine riesige Steinschale, die fast den gesamten freigelegten Raum ausfüllte.

Der Archäologe sagte zu der jungen Schäferin: »Klettere ruhig in die große Schüssel hinein, du wirst wahrscheinlich das letzte Kind sein, das das Vergnügen haben wird. Wir errichten nämlich gerade ein Gitter am Eingang der Kammer, um die Schale vor Vandalismus zu schützen.« Die Schäferin erinnert sich noch gut daran, wie sie im Schneidersitz in der riesigen, glatt gehauenen Steinschale saß und das helle Sommersonnenlicht durch den Eingang leuchten sah. Die Schale war offensichtlich vor der Errichtung des Ganges in das Grab gestellt worden, da es schlichtweg unmöglich war, sie durch den engen Korridor zu transportieren. Somit saß die Schäferin als Kind in einer steinzeitlichen Schale, die älter war als die ägyptischen Pyramiden.

Am Weihnachtsmorgen funkeln die Sterne hell und gestochen scharf am schwarzen, mondklaren Himmel. Es ist ganz still – nur in der Ferne hört man eine paarungswillige Fähe nach ihrem Partner rufen, und die Frostschicht auf den Feldern ist in der morgendlichen Dämmerung noch dicker als sonst.

Wenn das Ablammen beginnt, verbringen wir viel Zeit im Schafstall, beobachten die Tiere und warten auf die neue Lämmergeneration. Ich habe mein Winterfell aufgeplustert, um mich vor der Kälte zu schützen, bin immer auf der Lauer und leiste der Schäferin Gesellschaft. Mein Schüler Ovenmitt macht uns ebenfalls seine Aufwartung und nimmt auf dem Schoß der

Schäferin Platz. Danach klettert er auf den Rücken einer freundlichen Aue, die sich zu Füßen der Schäferin niedergelassen hat und so ganz nebenbei ihre Zehen wärmt. Die Schäferin trinkt eine Tasse Tee, die sie fest umklammert hält, um ihre Hände zu wärmen, und steht bereit, falls sie gebraucht werden sollte. Alle Augen sind auf eine Aue gerichtet, die bald ihr Lamm zur Welt bringen wird. Das einzige Geräusch ist das Rascheln des Strohs, wenn sie sich um die eigene Achse dreht und mit den Hufen scharrt, während sie sich auf die Geburt des Lammes vorbereitet. Ovenmitt und ich schnurren, weil wir das gemütliche Beisammensein genießen. Der Rest der Herde döst im Stroh oder käut in aller Ruhe Futter wieder. Die Zeit webt in diesen besinnlichen Tagen ein Muster in unser Leben, das ihm Struktur verleiht und uns hilft, die hektischen Zeiten, die ebenfalls Teil unseres Lebens sind, zu verarbeiten.

Vor Weihnachten fürchtet die Schäferin jedes Jahr, es könne nicht genügend Eier für den Eierpunsch geben. In den kalten Wintermonaten mit ihren kurzen Tagen legen die Eierlegerinnen traditionell weniger Eier. Sie legen eine Ruhepause, eine Art Eierlegewinterschlaf ein. Also sammelt die Schäferin die wenigen Eier ein und hält sie streng unter Verschluss für den Morgen in der Weihnachtszeit, an dem sie sich mit ihren in der Nachbarschaft lebenden Verwandten und Gästen zum Feiern trifft und hausgemachten Eierpunsch ausschenkt.

Wenn sich das Haus kurz vor Weihnachten mit Freunden und Verwandten füllt, findet eine Party in der Küche statt, bei der der Christbaumschmuck gebastelt wird. Farbige Papiergirlanden haben in unserem Haus eine lange Tradition, in den letzten Jahren sind Popcorn- und Cranberry-Girlanden dazugekommen.

Und so gehen wir raus auf die Felder und sammeln Stechpalmen und Efeu, um das Haus damit zu schmücken. Die Schäferin und ich kundschaften meist schon im Herbst aus, wo die Stechpalmenbeeren am dicksten sind. Dann bleibt nur noch zu hoffen, dass nicht alle von hungrigen Vögeln verspeist werden, bevor sie uns als Weihnachtsdekoration dienen können.

Die Weihnachtszeit weckt bei der Schäferin immer auch traurige Erinnerungen, da ihre Großmutter 1996 drei Tage vor Weihnachten starb. Die Schäferin kam damals zum ersten Mal nach dem Kampf gegen die tropische Krankheit zurück nach Irland. Ihre Mutter und ihr Vater begleiteten sie. An den Flughäfen musste sie einen Rollstuhl benutzen, da sie nach ihrer dreijährigen Krankheit noch sehr geschwächt war.

Auf der frühmorgendlichen Fahrt vom Flughafen in Dublin durch die irische Winterlandschaft versuchte die Schäferin, aufrecht auf der Rückbank zu sitzen, um die im Winterschlaf versunkene Landschaft vor ihrem Fenster vorbeiziehen zu sehen, doch sie war einfach zu erschöpft, legte sich auf die Rückbank und nahm nur noch die Gerüche wahr, während sie nach Süden Richtung County Kilkenny fuhren. Sie erkannte die typischen Gerüche der Landwirtschaft wieder, besonders den sirupartigen, fermentierten Geruch des Gärfutters, mit dem die Bauern ihre Schafe und Rinder im frühen Morgenlicht fütterten. Während sie sich ihrem Ziel näherten, erwachten in den Dörfern, die sie durchfuhren, langsam die Menschen und fachten die Feuer in ihren Kaminen an. Der angenehm in der Nase prickelnde Geruch von verbranntem Torf drang sogar durch die geschlossenen Fenster – ein weiterer olfaktorischer Willkommensgruß Irlands an die Schäferin, nach der langen Zeit, die sie in New York, London und im Fernen Osten und zur Erholung im Haus ihrer Eltern in Virginia verbracht hatte. Es roch nach Heimat.

Nachdem sie ausgeschlafen hatte, fuhren die Schäferin und ihr Vater am nächsten Tag ins Krankenhaus, um die Großmutter zu besuchen. Sie lag mit geschlossenen Augen im Krankenhausbett, atmete gleichmäßig und schien ruhig zu schlafen. Die Schäferin fragte eine Krankenschwester, ob ihre Großmutter wieder aufwachen würde und ob sie auch so wüsste, dass die Schäferin zu Besuch sei. Die Krankenschwester erwiderte, dass der letzte noch funktionierende Sinn das Hören sei. Sie solle also mit ihrer Großmutter sprechen und sie wissen lassen, dass sie bei ihr war. Die Schäferin setzte sich auf den Stuhl neben dem Bett und griff nach der warmen Hand ihrer Großmutter, die auf dem sauberen weißen Krankenhauslaken lag. Sie blieb eine ganze Weile so sitzen, während ihr Erinnerungen von früher durch den Kopf gingen.

Die Schäferin hatte ihre Großmutter zuletzt vor drei Jahren gesehen, als sie, damals noch sehr krank, auf ihrer Reise von London zurück zu ihren Eltern in den USA einen Zwischenstopp auf der Farm eingelegt hatte. Ihre Großmutter hatte sie trotz ihrer überaus schmerzhaften Arthritis in den Knien und Hüften jeden Tag in ihrem Zimmer im Obergeschoss besucht. Die Schäferin blieb einen Monat lang im Bett und lauschte den Geräuschen im Haus und auf dem Hof. Wind und Regen peitschten ans Fenster, Hunde bellten, und in der Ferne muhten Kühe aus Vorfreude auf die Fütterung. Sie hörte, wie die Krähen jeden Morgen ihren Schlafplatz in den Bäumen neben dem Haus verließen und der Welt lautstark krächzend verkündeten, dass sie ihre in der Baumkrone gelegenen Schlafzimmer verlassen hatten. An ruhigen Tagen, wenn die alten Fensterrahmen nicht im Wind oder Regen klapperten, konnte sie hören, wie die Krähen flatternd und krakeelend zu ihrem Nachtlager zurückkehrten. Sie wünschte, sie hätte genug Kraft, um nach unten zu gehen und dort mit ihrer Oma am Holzfeuer zu sitzen, doch ihre Krankheit fesselte sie weiter ans Bett. Ihre Mutter trug

Holzscheite und Torfbriketts nach oben, entfachte das Feuer im Kamin in ihrem Zimmer und hielt es in Gang. Dennoch verbrachte sie die meiste Zeit allein mit ihren Gedanken.

Während diese Erinnerungen in ihr aufstiegen, begann die Schäferin mit ihrer Großmutter zu sprechen, die regungslos im Krankenhausbett lag. Die Schäferin blieb bei ihr sitzen, während ihr Vater den Gesundheitszustand der Großmutter mit den behandelnden Ärzten besprach. Sie war fromm, liebte klassische Musik und Kirchenlieder.

Die Schäferin ging zwar selten in die Kirche, kannte aber einige Kirchenlieder und Spirituals auswendig. Sie entschied sich dafür, ein altes afroamerikanisches Spiritual zu singen. Sie erinnerte sich, dass ihre Großmutter oft erwähnt hatte, dass jemand »über den Jordan gegangen« sei. Sie summte zuerst eine Einleitung und sang dann sanft und leise, zu ihrer Großmutter hinabgebeugt, damit nur sie den Text hören konnte und Krankenschwestern, Ärzte oder andere Patienten in den anderen Zimmern auf der Etage nicht gestört wurden.

Swing low, sweet chariot,
Coming for to carry me home.
Swing low, sweet chariot,
Coming for to carry me home

I looked over Jordan, what did I see,
Coming for to carry me home.
A band of angels coming for me,
Coming for to carry me home.

Swing low, sweet chariot,
Coming for to carry me home.

Swing low, sweet chariot,
Coming for to carry me home.

If you get there before I do,
Coming for to carry me home.
Tell all my friends I'm coming, too,
Coming for to carry me home.

Während die Schäferin sang, spürte sie eine ganz leichte Bewegung in der Hand, die sie hielt. Hatte ihre Großmutter sie gehört? Wusste sie, dass die Schäferin bei ihr war? Sie sang lauter, kraftvoller, dann sah sie im hellen Wintermorgenlicht Tränen aus den geschlossenen Augen ihrer Großmutter laufen. Sie lag weiterhin bewegungslos da, und die Tränen liefen über ihre blassen Wangen. Während die Schäferin auf ihren Vater wartete, sang sie das Lieblingslied ihrer Großmutter, das diese der Schäferin und ihren Geschwistern oft vorgesungen hatte, als sie noch klein waren.

Bis heute hört die Schäferin in ihrem musikalischen Gedächtnis das Volkslied des jungen Mädchens in der Stimme ihrer Großmutter:

I am a young maiden and my story is sad
For once I was courted by a brave sailor lad.
He courted me strongly by night and by day
But now my dear sailor has gone far away.

If I were a blackbird, I'd whistle and sing
And I'd follow the ship that my true love sails in
And on the top rigging I'd there build my nest
And I'd pillow my head on his lily-white breast.

He promised to take me to Donnybrook fair
To buy me red ribbons to tie up my hair
And when he'd return from the ocean so wide
He'd take me and make me his own loving bride.

If I were a blackbird, I'd whistle and sing
And I'd follow the ship that my true love sails in
And on the top rigging I'd there build my nest
And I'd pillow my head on his lily-white breast.

His parents they slight me and will not agree
That me and my sailor boy married will be
But when he comes home, I will greet him with joy
And I'll take to my heart my dear sailor boy.

Als sie zu Ende gesungen hatte, legte sich Stille über den Raum. Und wieder überschwemmten Erinnerungen die Schäferin: Sie sah sich inmitten von Zinneimern stehen, die mit frischen Schnittblumen aus dem Garten gefüllt waren; die unterschiedlichsten Düfte von Bartnelken, Teerosen und Wicken lagen in der Luft. Ihre Großmutter sang, während sie gemeinsam die Blumen mit Bast zusammenbanden, um sie am nächsten Tag auf dem Markt zu verkaufen.

Der Vater der Schäferin kam zurück und sagte ihr, dass sie die Großmutter am Nachmittag noch einmal besuchen würden. Sie verließen das Krankenhaus und fuhren zur Farm, um dort zu Mittag zu essen und die Mutter der Schäferin für den Nachmittagsbesuch im Krankenhaus abzuholen. Als sie auf den Hof fuhren, kam ihnen die Mutter schon entgegen: »Ich habe gerade einen Anruf vom Krankenhaus bekommen. Sie haben gesagt, dass Mama gestorben ist, kurz nachdem ihr gegangen seid.« Die

Schäferin war zugleich sehr traurig und sehr froh. Froh, dass sie vor ihrem Tod Zeit mit ihrer Großmutter hatte verbringen können und dass sie die beiden Lieder für sie gesungen hatte.

Einen Tag vor Weihnachten wurde die Großmutter neben dem Großvater auf dem Friedhof bei der kleinen Kirche begraben, auf dem bereits mehrere Generationen ihrer Familie ruhten. Die Eltern der Schäferin hatten hier geheiratet, und die Schäferin war hier getauft worden. Sie feierten ein sehr ruhiges Weihnachtsfest. Im engen Familienkreis wurden keine Geschenke ausgetauscht. Viele Freunde luden sie zu einem weihnachtlichen Festmahl zu sich ein, doch sie zogen es vor, auf der Farm zu bleiben und dort zu essen, was ihnen Freunde und Verwandte vorbeibrachten, darunter frische Eier, eine Flasche Sekt, ein geräucherter Lachs, frisch gebackenes Brot, Milch und ein Topf hausgemachte Marmelade. Weihnachten begann für sie mit Toast, Marmelade und einer starken Kanne Barry's Tea. Das Weihnachtsessen bestand aus Rührei, Räucherlachs mit Kapern und Sekt. Sie gingen zusammen an die frische Luft und sorgten sich nicht ums Kochen, sondern verbrachten einfach Zeit im Kreis der Familie.

In manchen Jahren geht es um Weihnachten sehr geschäftig zu, wenn die Schäferin und ich uns sowohl um das Ablammen als auch um die Festtagsvorbereitungen kümmern müssen. Wenn diese Ereignisse zusammenfallen, kann es vorkommen, dass die Schäferin zu spät zum Essen kommt, weil ein Schaf lammt. Sie schaut dann zwischen jedem Gang im Stall vorbei, ob das Lamm wohl gleich zur Welt kommt. Wenn das Haus am Weihnachtstag voll mit Besuch ist und ein Schaf zu lammen beginnt, schlüpfen alle in ihre Stiefel, um die Geburt mitzuerleben. Wenn das Lamm gesund auf die Welt gekommen ist und bei seiner Mutter säugt, kehren alle an den Tisch zurück und feiern das neue Leben, das an diesem Festtag begann.

Da die Familie der Schäferin zur Hälfte aus Amerikanern besteht, wird Weihnachten nicht so groß gefeiert wie Thanksgiving, aber das Essen nimmt immer noch eine bedeutende Rolle ein. Traditionell begeht die Familie der Schäferin den Tag mit Freunden und Verwandten, die zu Besuch kommen und frischen, hausgemachten Eierpunsch mit einem Schuss Brandy trinken. Der erste Gang der Hauptmahlzeit besteht aus Räucherlachs auf Schwarzbrot. Welches Geflügel dann auf den Tisch kommt, hängt davon ab, wie viele Familienmitglieder und Gäste zum Abendessen kommen. Sind es nur wenige Gäste, ist es eine Ente, bei großen Gesellschaften ist es ein Truthahn, und wenn die Gästezahl irgendwo dazwischenliegt, gibt es Gans. Als Beilage gibt es Röstkartoffeln, Rosenkohl mit Walnüssen, Bratensoße und zum Nachtisch einen mit Brandybutter übergossenen und flambierten Plumpudding.

Von dieser uralten Tradition ist die Familie nur zweimal abgewichen: als die Großmutter starb und bei der Eiseskälte im Jahr 2010, als die Rohre eingefroren waren, kein Wasser mehr aus der Leitung kam und die Zentralheizung ausfiel. Die Schäferin und ihre Gäste mussten Wasser aus der Grundwasserquelle auf dem Feld holen und in Eimern zum Haus und zum Stall hinüberschleppen. Die Schäferin erinnert sich daran, dass aus dem Quellwasser Dampf in die eisige Luft aufstieg, während ringsherum alles gefroren war. Sie muss schmunzeln, wenn sie an die Einwegteller und -tassen denkt, die in jenem Jahr auf den Tisch kamen, da an einen Abwasch nicht zu denken war. Manchmal bleiben uns gerade die Weihnachtsfeiertage in Erinnerung, die von der Tradition abweichen, egal, ob der Anlass ein schöner oder ein trauriger war.

Die Schäferin nimmt oft Gäste mit, wenn sie das neue Jahr in Saint Canice's, der Kathedrale auf dem Hügel über meiner Heimatstadt Kilkenny, mit Glockengeläut begrüßt. Zum Abendessen gibt es dann eine große Schüssel hausgemachtes Bohnen-Hackfleisch-Chili mit Reis, und im Anschluss machen sich alle auf den halbstündigen Weg in die Stadt, um gegen 23.30 Uhr an der Kathedrale zu sein. In der Kathedrale folgen sie den Glöcknern durch eine kleine Tür und steigen die schmale, gewundene, durch jahrhundertelange Abnutzung ausgetretene Steintreppe in den Glockenturm hinauf. Sie betreten den Raum, wo die Glockenstränge aus Löchern in der Decke herunterhängen. Wenn Mitternacht näherrückt, läuten die Glöckner das alte Jahr mit gepolsterten Klöppeln aus, die einen dem dahinscheidenden Jahr angemessenen gedämpften Ton erzeugen. Fünf Minuten vor Mitternacht huschen mehrere Glöckner eine weitere Steintreppe hinauf bis auf das Dach der Kathedrale, das sie überqueren, um durch eine hölzerne Klappe in den Glockenraum zu gelangen, wo sie die ledernen Schalldämpfer von den Klöppeln entfernen. Ein Countdown wird begonnen für den Glöckner, der die Glocke schlägt: »Drei, zwei, eins …« Der Glöckner zieht am Glockenstrang, das Seilrad beginnt sich zu drehen, und er oder sie ruft: »Drei, zwei, eins, vorbei«, wenn die Glocke zur vollen Stunde läutet. Nach zwölf Schlägen wird ausgerufen, welche Glocke als Nächstes geläutet werden soll, und bald schallt das Läuten der Glocken von St. Canice's und aller anderen Kirchen, die sich beteiligen, durch die ganze Stadt und erfüllt die klirrend kalte, mitternächtliche Luft.

Das alte Jahr ist nun ausgeläutet, das neue beginnt mit mehr und mehr Lämmern, die zu allen möglichen Tages- und Nachtzeiten auf die Welt kommen. Manchmal sind die Winter bitterkalt, und gerade dann sind das ausgeglichene Temperament und die nährstoffreiche Milch der Zwartblesschafe von großem Nutzen, weil man die warme, gelbliche Anfangsmilch, auch Kolostrum genannt, braucht, um die ums Überleben kämpfenden neugeborenen Lämmer damit zu ernähren. Als um Weihnachten 2010 herum unsere Wasserleitungen eingefroren waren und die Schäferin gezwungen war, Wasser in Eimern von unserer Grundwasserquelle in den Stall zu schleppen, pfiff der Wind so kalt, dass die frisch geborenen nassen Lämmer, die der eisigen Luft ausgesetzt waren, schnell unterkühlt waren. Die Schäferin rieb die Neugeborenen mit frischem Stroh trocken, melkte die Schafe und verabreichte den Lämmern das Kolostrum über einen Schlauch. Dazu führte sie den langen, dünnen Schlauch durch das Maul des Lammes bis in den Magen ein, bis sie sicher war, dass die Flüssigkeit nicht versehentlich in die Lungen fließen konnte. Sobald der Schlauch richtig saß, zog die Schäferin eine Spritze mit Kolostrum auf und drückte den Kolben, bis die Milch durch den Schlauch in den Magen des Lammes floss.

Um die Lämmer warm zu halten, hängte sie Wärmelampen im Stall auf oder setzte die noch feuchten, neugeborenen Lämmer kurzerhand ins linke untere Fach des Ofens, um sie zu trocknen und zu wärmen. In Hochzeiten wurden bis zu drei Lämmer im unteren Ofen erwärmt und getrocknet, und zwei hockten unter den Wärmelampen zum Schutz vor dem lebensgefährlich kalten Wind. Seit diesem Extremwinter hoffen wir immer auf unser normales mildes irisches Wetter – was nicht bedeutet, dass es keine anderen Herausforderungen gibt, die uns während des Ablammens erwarten.

Sie liegt zwar mittlerweile schon fast zwanzig Jahre zurück, aber wenn ich sie danach frage, erzählt die Schäferin mir von ihrer Anfangszeit auf der Farm. Im Frühjahr nach dem Tod ihrer

Großmutter beschloss sie, nach Irland zurückzukehren und von nun an dauerhaft auf der Farm zu leben. Sie war damals noch zu schwach für die Landarbeit, spazierte aber durch den von Brombeersträuchern, Brennnesseln und Eschensprösslingen überwucherten Garten. Sie entdeckte eine vergessene Rhabarberpflanze und schnitt ein paar Stängel ab, um Kompott daraus zu kochen. Ein paar kümmerliche Kohlköpfe, die sich ebenfalls von selbst verbreitet hatten, schmorte sie mit Kümmel in Butter und geröstetem Sesamöl an. Sie pflückte die jungen Brennnesseln, die sie dünstete oder zu Suppe verarbeitete. In den Sommermonaten sammelte sie die verschiedensten Beeren – Himbeeren, Stachelbeeren, Loganbeeren, Schwarze und Rote Johannisbeeren – im dichten Unterholz. Diese wurden entweder sofort verzehrt oder zu Marmeladen und Kompott eingekocht und für später eingefroren. Im Herbst trugen die Apfel-, Feigen-, Birnen- und Pflaumenbäume reichlich Früchte, und die Zweige der Haselbäume hingen, schwer von Nüssen, tief herab. Wieder kehrte sie mit einer reichen Ernte zum Haus zurück. Sie las die Früchte aus, kochte Kompott für den Gefrierschrank und Marmelade. Bald hatte sie genügend Kraft, um weitere Arbeiten im Garten anzugehen. Sie schnitt Bäume zurück, die seit über zwanzig Jahren nicht gestutzt worden waren, und entfernte totes Holz, so wie sie es von ihrem Großvater gelernt hatte.

Da sie am Frühlingsende nach Irland gekommen war, hatte sie nur leichte Kleidung mitgebracht. Als der Winter nahte, versorgten alte Freunde sie mit abgelegter Winterkleidung, und sie richtete sich zunehmend häuslich auf der Farm ein. Während der vielen Jahre, die sie in der Fremde verbracht hatte, war die Schäferin mit der Kunst der Fotografie in Berührung gekommen. Nach achtzehn Monaten, in denen sie sich langsam von ihrer Krankheit erholt hatte und wieder kräftiger geworden war, bekam sie Gelegenheit, Fotografie in Kilkenny City und Thomastown zu unterrichten. Im folgenden Frühjahr schenkte ihr der Bauer mit den Locken die ältesten Lämmer von jenen Mutterschafen, die Drillinge zur Welt gebracht hatten, und so begann ihr Leben als Schäferin. Damals waren die Felder noch an einen benachbarten Bauern verpachtet. Also trennte sie einen Teil des Gartens und Rasens rund um das Haus mit Paletten ab, um Weideflächen für die Schafe zu schaffen. Ihre Kraft kehrte langsam zurück, und ihr Leben folgte von nun an dem bäuerlichen Rhythmus der Jahreszeiten. Die Schafherde wurde immer größer, und als der Bauer, der das Land gepachtet hatte, schließlich fortging, nahm sie das Heft selbst in die Hand und kümmerte sich von da an auch um die kleinen grünen Felder rings ums Haus, um die Stallungen und den Obstgarten.

12

Ein gefährliches Virus

Mit dem Januar bricht die Zeit der Winterlämmer an. Die Schäferin hat langjährige Erfahrung mit dem Ablammen und erzählt mir oft von dem Bauernhof in Wicklow, wo sie 1982 wie erwähnt sieben Tage die Woche arbeitete, mit nur einem einzigen freien Tag in ihrer gesamten Zeit dort.

Auf dem Hof lebte auch ein Au-pair-Mädchen, das sie eines Tages einlud, mit nach Dublin zu fahren, wo sie in einem teuren Einkaufszentrum zur Maniküre gehen wollte. Die Schäferin schaute auf ihre Hände, die nach mehreren Wochen des Ablammens nicht mehr sauber zu kriegen waren, begleitete sie aber trotzdem. »Vielleicht ist eine Maniküre ja genau das Richtige nach der wochenlangen harten Arbeit«, dachte sie sich. Sie zeigte der Nagelpflegerin ihre Hände und fragte: »Was würden Sie hier empfehlen?« Alle Farbe wich aus dem Gesicht der Frau. »Für solche Hände kann ich gar nichts tun! Das Einzige, was ich Ihnen raten kann, ist, sie mit Vaseline einzuschmieren und Plastiktüten darumzuwickeln, während Sie ein heißes Bad nehmen.«

Eitel war die Schäferin nie – ein Bauernhof ist einfach kein Ort für die allerneueste Mode. Sie bevorzugt praktische, warme Kleidung und trägt ihre graue Mähne zum Pferdeschwanz gebunden, damit sie ihr nicht ins Gesicht weht, wenn sie mit mir loszieht, um nach der Herde zu schauen.

Wenn im Laufe des Januars immer mehr Lämmer zur Welt kommen, verbringe ich viel Zeit draußen im Schafstall, wo ich meist auf einem Heuballen sitze. Dort ist man vor Wind und Wetter geschützt, aber trotzdem an der frischen Luft, weil der Stall zum Hügel hin offen ist. Es hat viele Jahre gedauert, bis unser Stall schließlich zu dem wurde, was er heute ist. Als die Schäferin auf den Hof zog, war er nicht viel mehr als eine schmuddelige Ecke am Windrad-Feld mit in die Jahre gekommenen Steinmauern auf zwei Seiten, verrotteten, mit Spinnweben überzogen Holzpfosten und einem Blechdach. Das Dach hätte ein passables Küchensieb abgegeben, als Schutz gegen Regen taugte es hingegen weniger. Daneben befand sich ein nicht zu übersehender Schutthaufen mit Steinen, Ziegeln, rostigen Rohren, Drahtzaunresten an verrotteten Pfählen und den verrosteten Überresten des alten Stalldachs. Er war von Disteln, Brennnesseln und büschelweise grobem Gras überwuchert, aber die Lämmer tänzelten, tobten und tummelten sich dort trotzdem mit Vorliebe und versuchten, sich gegenseitig herunterzudrängen.

Irgendwann wurde der alte Schuppen abgerissen. Der Boden aus festgestampfter Erde wurde ausgehoben und durch eine Drainage aus Kies und einen Kiesboden ersetzt. Neue Stahlpfeiler wurden errichtet und ein neues Blechdach aufgesetzt. Im ersten Jahr genossen die Mutterschafe und Lämmer den in zwei Bereiche aufgeteilten Stall ganz besonders. Eine kleine Böschungsmauer an einem Ende sorgte dafür, dass der Boden trotz Hanglage eben war. Die Lämmer rannten gerne darin herum, aus dem Stall heraus und den kleinen Hügel hinauf, um dann von der Böschungsmauer ins saubere, trockene Stroh zu springen. Sie hüpften im Kreis und tollten herum, während ihre Mütter fraßen.

Die Schäferin stand oft an die Wand gelehnt, wie ein Flamingo auf nur einem Bein, den Fuß des angewinkelten Beins flach an der Wand, sodass ich eine vortreffliche Sitzgelegenheit auf ihrem Schoß hatte, von der aus ich das Treiben beobachten konnte, ohne Angst haben zu müssen, dass mir jemand versehentlich auf den Schwanz trat.

Im Laufe der Jahre wurde der Stall ausgebaut und ein Betonboden gegossen. Davor befindet sich ein kleiner eingezäunter Bereich, wo die Schafe geimpft, mit Medikamenten versorgt, geschoren, gekennzeichnet, entwöhnt, verkauft oder im Fall von Krankheiten behandelt werden können. Im Schutz der beiden massiven Wände und einer Holzlamelle gegen den Wind auf der dritten Seite helfe ich der Schäferin oft bei der Arbeit. Es ist ein hervorragender Ort für das Ablammen in den Wintermonaten. Hier gibt es genügend frische Luft, sodass die Schafe nicht überhitzen, und solange kein beißend kalter Nordostwind direkt in den Stall weht, ist es für die Lämmer tief im Stroh bei ihren warmen, wolligen Müttern äußerst gemütlich.

Früher stand ein bequemer alter Stuhl mit Holzbeinen und grüner Pferdehaarpolsterung im Stall. In der Ablammzeit konnte ich mich darauf zusammenrollen oder ihn mit der Schäferin teilen, während wir darauf warteten, dass eine Aue ihr Lamm bekam. Doch in einem Sommer war einer der Hofbesucher so begeistert davon, dass die Mutter der Schäferin ihm den Stuhl kurz entschlossen schenkte. Durch sein Schattendasein in der Stallecke war er dermaßen mit staubigen Spinnenweben übersät und sah so trostlos aus, dass sie nicht erkannte, dass es unser geliebter und bequemer Lammzeitstuhl war. Es gibt ein Foto aus der Zeit, als Pepper jung war und unsere Lammverschläge noch aus alten Holzpaletten bestanden, auf dem man sehen kann, wie er dort seine Aufgabe erfüllt.

Vor langer Zeit, als das Ablammen noch im Frühjahr stattfand, waren wir gerade dabei, die Schafe auf dem Feld zu versorgen, als der Schäferin auffiel, dass eine Suffolk-Texel-Mischung offenbar keinen Appetit hatte. Sie fuhr sich ständig mit der Zunge über das Maul, ein klares Anzeichen dafür, dass sie bald ablammen würde. Es war das bereits beschriebene große weiße Schaf, unser berühmt-berüchtigtes Great White Yoke, das seinen eigenen Kopf hatte. Ich half der Schäferin, sie vom Rest der Herde auf der Weide zu trennen, und wir brachten sie in den Stall. Sie war in diesem Jahr die erste Aue in unserer Herde, die ablammen würde, also hofften wir sehr, dass die Geburt gut verlaufen würde. Die Schäferin hatte die Aue mit einem Zwartblesbock gepaart, und wir erwarteten mindestens zwei Lämmer. In den Vorjahren hatte es bei dieser Aue nie Komplikationen gegeben. Sie bewältigte die Geburt immer allein, bekam mindestens zwei Lämmer und kümmerte sich vorbildlich um sie.

Als nach ein paar Stunden die Fruchtblase sichtbar wurde, wussten wir, dass die Geburt unmittelbar bevorstand. Eine halbe Stunde später platzte sie, doch noch immer war kein Lamm zu sehen. Die Schäferin inspizierte den Geburtskanal und entdeckte zwei Hinterläufe – eine äußerst gefährliche Geburtslage, denn wenn ein Lamm mit den Hinterbeinen zuerst geboren wird, atmet es oft schon ein, bevor es den Geburtskanal ganz verlassen hat. Dann besteht die Gefahr, dass das Lamm das Fruchtwasser einatmet und ertrinkt. Also packte die Schäferin das Lamm bei den Hinterbeinen und zog es so schnell wie möglich heraus. Leider war der ansonsten gut entwickelte kleine Widder bereits tot.

Beherzt griff die Schäferin tiefer in den Geburtskanal und suchte nach seinem Zwilling, der ebenfalls mit den Hinterbeinen voran lag. Sie zog den hustenden und spuckenden, aber lebendigen Zwilling sofort heraus, entfernte das Fruchtwasser aus seinen Nüstern und setzte ihn seiner Mutter vor die Nase, damit sie ihn ablecken und eine Bindung zu ihm aufbauen konnte. Dann griff sie noch einmal tief in den Geburtskanal der Aue hinein, um sicherzugehen, dass sich dort kein weiteres Lamm befand – und bekam prompt einen Drilling zu fassen. Die Schäferin spürte, wie er zappelte, was alles andere als ein gutes Zeichen war, denn auch bei ihm bestand aufgrund seiner Lage die Gefahr, dass er Fruchtwasser einatmete und ertrank. Also zog die Schäferin auch das dritte Lamm so schnell wie möglich heraus, säuberte rasch seine Atemwege und packte es dann bei den Hinterbeinen, drehte sich um die eigene Achse und schwang das Lamm um sich herum, um die eingeatmete Flüssigkeit aus der Lunge zu entfernen. Dabei sahen wir, dass das letzte Lamm eine kleine Aue war. Bald begann sie, normal zu atmen. Die Schäferin rieb sie und ihren Bruder kräftig mit frischem, sauberem Stroh ab, um sie zu trocknen und sie dazu anzuregen, sich zu bewegen. Als sie damit fertig war, atmeten beide ohne Probleme, reckten die Köpfe und blökten leise, während The Great White Yoke sie sauber leckte und zufriedene, beruhigende Laute von sich gab.

Als die Schäferin und ich den Geburtsstall verließen, sagte sie: »Eine Drillingsgeburt mit den Hinterbeinen voran – was für ein Pech. Da kann man selbst das zweite lebende Lamm verlieren, wenn man es wie ein Hubschrauberblatt im Kreis schwingt.«

Wenn ein Lamm im Mutterleib heranwächst, schwimmt es in einem warmen Meer aus Fruchtwasser, das es vor Erschütterungen schützt. Gefährlich wird es erst, wenn die Geburt näherrückt. Bei Lämmern, die sich so gedreht haben, dass sie nicht mit den Vorderbeinen und dem Kopf voran durch den Geburtskanal gleiten, sondern mit den Hinterbeinen zuerst, steigt die Gefahr, dass sie durch das Einatmen von Geburtsflüssigkeit sterben. Das Risiko, an der eingeatmeten Flüssigkeit zu ersticken, ist sehr hoch, wenn nicht sofort Gegenmaßnahmen ergriffen werden. Hält man ein Lamm jedoch an den Hinterbeinen fest und dreht sich im Kreis, sorgen die Zentrifugalkräfte dafür, dass das eingeatmete Fruchtwasser aus der Lunge geschleudert wird. Ich kann nur jedem empfehlen, sich zu ducken, wenn dies geschieht, es sei denn, man möchte eine Ladung zähflüssigen Fruchtwassers ins Gesicht bekommen. Das ist Ovenmitt einmal passiert, als er auf einem Heuballen saß und mit den Pfoten nach den Vorderhufen des Lammes schlug, das die Schäferin gerade im Kreis schwang.

Als ich später mit der Schäferin nachschaute, wie es den Lämmern ging, stand der kleine Bock schon aufrecht und versuchte, bei The Great White Yoke zu säugen. Die kleine Aue war leider nicht aufgestanden – sie lag immer noch auf dem Boden und kühlte zusehends aus. Wir rieben sie erneut kräftig mit Stroh ab. Dann versuchte sie, der kleinen Aue dabei zu helfen, das Kolostrum, die erste Milch nach der Geburt, direkt aus der Zitze ihrer Mutter zu trinken. Dazu kniete sie sich so hinter das Mutterschaf, dass sich das wollige Hinterteil des Muttertiers genau vor ihr befand, und hob das Schaf an, bis es sich hinsetzte und alle viere von sich streckte. Wenn man das richtig macht, lehnt sich das Mutterschaf entspannt an die Person, die es festhält. Mit einer Hand legte sie die kleine Aue auf die warme, unbehaarte Haut zwischen den Hinterbeinen und dem Bauch des Muttertiers, sodass ihr Kopf sich ganz in der Nähe der mütterlichen Zitzen befand, griff nach einer Zitze und zog vorsichtig daran, um den wachsartigen Verschluss zu lösen, damit die Milch fließen konnte. Danach führte sie den Kopf der kleinen Aue zur

Zitze, während sie diese mit der anderen Hand festhielt. Sie schob den kleinen Finger in das Maul des Lammes, damit es sich öffnete. Sobald sich die Zitze im Maul des Lammes befand, fing die Schäferin an, sie zu melken, und das Lamm begann sofort zu schlucken. So wurde die kleine Aue sowohl gewärmt als auch gesäugt und bekam die Kraft, die Beine zu bewegen und eigenständig zu stehen.

Als es ihr besser zu gehen schien, ließ die Schäferin sie allein, doch als sie eine halbe Stunde später zurückkam, um nach dem Rechten zu sehen, zitterte das Lamm am ganzen Körper. Sie stellte eine Wärmelampe in der Nähe auf, damit sie trotzdem bei ihrer Mutter bleiben konnte. Später am Abend begleitete ich die Schäferin auf dem Abendrundgang zu den ersten Lämmern der Saison. Leider ging es der kleinen Aue sehr schlecht. Sie zitterte nur noch schwach, ihre Nüstern waren eiskalt, und ihr Atem ging röchelnd. Sie war völlig unterkühlt, und uns blieb nur noch ein Versuch, ihr Leben zu retten, indem wir sie so schnell wie möglich aufwärmten. Also nahmen wir sie mit in die Küche und schnappten uns die nächstbeste Zeitung, zufälligerweise das *Irish Farmers Journal*. Wir legten es wie eine Decke über sie und setzten sie in das Warmhaltefach des AGA-Herdes.

Wir wachten die ganze Nacht bei der kleinen Aue. Oscar und ich wachten abwechselnd ganz oben auf dem Ofen. Er schlüpfte sogar zu ihr in das Warmhaltefach, um sie mit seiner eigenen Körperwärme zu wärmen.

Schließlich bemerkten wir, dass das Lamm aufgehört hatte zu zittern. Es hatte auch schon ein paar Mal geblökt und versucht aufzustehen. Trotzdem kam es zurück in den Ofen, weil die Schäferin meinte, seine Nüstern seien immer noch zu kalt.

Erst nach zwei Uhr morgens atmete die Schäferin auf, sagte, das Lamm werde überleben, und setzte es kurzerhand in einen

Hundekäfig mit Stroh direkt neben dem Ofen. Die Schäferin ging ins Bett, leider erst nachdem sie Oscar und mich in die eisige Nacht zurückgeschickt hatte. Wir rannten in den mit Stroh ausgelegten Stall, um uns aufzuwärmen und nach verirrten Ratten oder Mäusen zum Jagen oder Spielen Ausschau zu halten. Es wurde eine lange Nacht ohne eine einzige Maus, um uns abzulenken. Erst am Morgen erfuhren wir, dass unser erstes Lamm der Saison die Nacht überstanden hatte. Wie durch ein Wunder hatte es dank der Fürsorge unseres Teams überlebt – ein gutes Omen für diese Ablammsaison.

Wir steckten unsere Köpfe zusammen: Was wäre nach der bewegten Nacht, die wir mit ihr gehabt hatten, ein passender Name für die kleine Aue? Wir beschlossen, sie, in Anlehnung an den AGA-Ofen, Aggee zu nennen. Das passte perfekt zu ihr. Sie lebt bis heute auf unserem Hof und bringt Jahr für Jahr ihre eigenen Lämmer zur Welt. Aggee ist das einzige erwachsene Mutterschaf, das ich mit einem sanften Kopfstoß begrüße, vorausgesetzt, dass die anderen Mutterschafe nicht eifersüchtig werden, weil sie sich vernachlässigt fühlen.

Die Lammzeit im Januar unterscheidet sich kaum von den anderen Monaten, aber der erste Monat des Jahres ist auch die Zeit, in der die Sorge vor dem Schmallenberg-Virus (SBV) umgeht, denn dann werden die Schäden, die es anrichtet, bei den Lämmern sichtbar. Das Virus, das Missbildungen bei neugeborenen Lämmern und Kälbern hervorruft, ist nach der hübschen deutschen Kleinstadt Schmallenberg benannt, in der es zum ersten Mal auftrat. Ich erinnere mich noch gut, wie ich der Schäferin einmal dabei half, ein infiziertes Lamm zur Welt zu bringen. Es war mitten in einer kalten Januarnacht. Das heißt, sie war nicht nur kalt, sondern bitter, geradezu klirrend kalt. Da der Wind sogar meinen dicken Pelz durchdrang, hatte ich es mir in der Scheune mit aufgeplustertem Fell auf einem süß duftenden Heuhaufen gemütlich gemacht, döste vor mich hin und lauschte mit halbem Ohr nach Nagern. Als ich hörte, wie die Hintertür des Farmhauses ins Schloss fiel, begab ich mich nach draußen und sah die Schäferin auf den Schafstall zugehen, wobei sie sich vorbeugen musste, um sich vor dem Wind zu schützen. Sie trug mehrere Schichten Winterkleidung. Ich atmete die kalte Luft ein und wurde sofort wieder munter. Der Himmel sah aus, als hätte eine Katze ihre Krallen in ein schwarzes Samttuch gedrückt und das Sternenlicht würde durch die Löcher scheinen. Ich gähnte, streckte mich, fuhr mir mit der Pfote über das Gesicht und folgte der Schäferin dann in den Schafstall. Die Arbeit rief.

Beim ersten Tor hatte ich die Schäferin eingeholt und ließ sie wissen, dass ich zur Stelle war und ihr mit Rat und Tat zur Seite stehen würde. Ich folgte ihr über die Schwelle und unterhielt mich mit ihr in meiner Sprache, die sie nach den vielen gemeinsamen Jahren versteht. Ich teilte ihr mit, dass an diesem Abend weder Mäuse noch Ratten ihre Aufwartung gemacht hatten, dass ich sie aber gern zum Ablammstall begleiten würde, um dort nach dem Rechten zu schauen. Ich hatte den Rundgang davor verpasst und wusste deshalb nicht, dass sie bereits ein Mutterschaf im Auge hatte, das erste Anzeichen dafür zeigte, später am Abend abzulammen.

Im Stall wachten einige Schafe kurz auf. Die Schäferin hatte wohlweislich das Licht brennen lassen, anstatt es jedes Mal ein- und auszuschalten, um die schlafenden Mutterschafe nicht zu erschrecken. Ganz nebenbei hilft mir das Licht während der Ablammzeit enorm bei der Jagd auf Ratten und Mäuse, was es gleich doppelt praktisch macht. Wir entdeckten das lammende Schaf und wussten instinktiv, dass etwas nicht in Ordnung war.

Ich schaute von außen in den großen Ablammverschlag hinein und ließ die Schäferin wissen, dass sie das Schaf am besten still und leise in den kleinen Verschlag bringen sollte. Sobald das Mutterschaf im Verschlag war, ging sie den Ablammeimer holen, in dem sich alles befindet, was man für komplizierte Geburten braucht. Mein Instinkt sagte mir, dass diese Geburt die ganze Nacht in Anspruch nehmen würde, also schlich ich zu meinem Lieblingsplatz in einer Ecke des Verschlags und setzte mich mit dem Rücken zur Steinmauer, damit sich kein Schaf von hinten anschleichen und an meinem flauschigen Schwanz schnüffeln konnte. Das tun sie nämlich gern – und ich hasse es.

Nachdem die Schäferin mit dem Ablammeimer zurückgekehrt war, hob sie die Aue hoch und drehte sie auf die Seite. Das Mutterschaf verhielt sich eigentlich genau so, wie wir es vom normalen Ablammen kennen: Sie fuhr sich mit der Zunge übers Maul, um sich darauf vorzubereiten, das neugeborene Lamm abzulecken, streckte und reckte sich und stieß ein ersticktes »Mäh« aus, als die natürlichen Wehen einsetzten. Ich beobachtete all das mit Argusaugen, und die Schäferin sagte zu mir: »Ja, ja, ich weiß – irgendetwas stimmt nicht, Mr. B.«

Da wir im Ablammstall vor dem Wind geschützt waren, zog die Schäferin ihren Mantel aus und legte ihn ein gutes Stück von mir entfernt in die gegenüberliegende Ecke des Verschlags. Ich war sauer, weil sie offensichtlich nicht bedacht hatte, dass ich vielleicht gerne darauf sitzen würde, um ihn für sie warm zu halten. Ich musste sie zurechtweisen, indem ich an den Holzwänden des Verschlags entlangstrich und mich demonstrativ auf den warmen Mantel setzte. Ich vergaß sogar für einen Moment, dass ich mich damit der Gefahr aussetzte, dass Schafe meinen Schwanz beschnüffelten. Aber die Lammgeburt war schließlich wichtiger, und sie versprach, kompliziert zu werden.

Das Ablammen hat leider auch seine unschönen Seiten, darauf sollte man vorbereitet sein – aber die Schäferin und ich sind nun schon seit so vielen Jahren dabei, dass wir uns daran gewöhnt haben und verstehen, dass alles Teil der Natur ist. Bei Schafen gibt es Lebenszyklen genau wie beim Menschen. Nachdem die Schäferin Gleitmittel auf ihre rechte Hand aufgetragen hatte, griff sie in den Geburtskanal des Mutterschafs und stellte fest, dass er sich nur teilweise geweitet hatte.

»Oje, Mr. B, das sieht nicht gut aus!« Sie seufzte. Irgendetwas stimmte ganz und gar nicht.

»Muss es denn ausgerechnet dieses Schaf sein?«, fragte sie resigniert, denn es handelte sich um ein ganz erstklassiges Tier, das gerade erst zu meiner Herde gestoßen war. Es kam bereits trächtig zu uns und war von einem Bock begattet worden, der nicht mit unseren anderen Schafen verwandt ist. Wir hatten vor, unsere Zucht durch Lämmer zu verbessern, die nicht mit unseren Schafen verwandt waren, und hofften, dass mindestens ein Bock unter den Lämmern sein würde. Dies würde unseren Genpool erweitern und unserer Herde reinrassiger Schafe zugutekommen.

Die Schäferin tastete sich weiter vor, versuchte, das Lamm herauszuziehen, und massierte den Geburtskanal, um ihn zu weiten und das Lamm zu fassen zu bekommen. Dies dauert seine Zeit, denn die Schäferin muss im gleichen Moment ziehen, in dem das Schaf presst, die beiden arbeiten sozusagen im Team. Sie zog ein Kleidungsstück nach dem andern aus, die alle auf einem Haufen in der Ecke des Verschlags landeten, da sie bei der Arbeit zunehmend ins Schwitzen geriet.

In dem Moment beschloss Ovenmitt, seine Aufwartung zu machen, und strich um den Verschlag herum. Ich übernahm die Aufgabe, den Haufen ausgezogener Kleidungsstücke warm zu halten, und übertrug Ovenmitt das Mantelwärmen. Die Schäferin hatte zu diesem Zeitpunkt trotz der eisigen Kälte und dem Wind, der um den Stall pfiff, nur noch ihr schlichtes schwarzes T-Shirt an. Der Schweiß rann ihr nur so von der Stirn, während sie versuchte, das Lamm herauszuziehen. Etwas lief hier gewaltig schief. Die Schäferin überlegte laut, ob sie einen benachbarten Schäfer zu Hilfe rufen sollte, aber mittlerweile war es halb zwei in der Früh, und sie besann sich eines Besseren. Sie wusste, wenn sie wirklich Hilfe brauchte, gab es gleich mehrere Bauern und Schäfer in der Nachbarschaft, die sie fragen konnte. Sie alle würden sich nur schnell ein paar Kleidungsstücke überwerfen und direkt auf den Weg machen, aber die Schäferin klingelte während der Ablammzeit nur ungern Leute aus dem Bett, wenn ohnehin alle übernächtigt waren.

Ich reckte mich, gähnte und richtete von meinem bequemen Wachposten aus ein paar aufmunternde Worte an die beiden. Natürlich nicht in Menschensprache. Das wäre albern. Ich miaute vielmehr genau zum richtigen Zeitpunkt in Katzensprache meine Unterstützung. Ovenmitt stellt sich da wesentlich ungeschickter an, was nicht verwunderlich ist, wenn man bedenkt, wie jung und unerfahren er noch ist. Er sprang immer wieder in den Verschlag, um bei der anstrengenden Lammgeburt zu »helfen«. Die Schäferin war darüber nicht gerade erfreut, da sie selbst alle Hände voll damit zu tun hatte, Geburtshilfe zu leisten. Ovenmitt muss noch lernen, dass man die menschlichen Untergebenen die harte Arbeit machen lässt, um anschließend den Ruhm einzuheimsen. Aber er kann einfach nicht die Pfoten davon lassen.

Einmal habe ich erlebt, wie Ovenmitt etwas passierte, was mir bisher erspart geblieben ist. Er hatte zwar ein besonderes, aber zum Glück wenig folgenschweres Pech. Als er im letzten

Winter versuchte, der Schäferin bei einer Lammgeburt zu helfen, platzte plötzlich die Fruchtblase der Aue, und er bekam das Fruchtwasser ab.

Die Schäferin konnte sich kaum mehr einkriegen vor lauter Lachen, als er völlig durchnässt das Weite suchte. Mitten im Ablammstall hielt er inne, um den Schaden zu begutachten und sich das Fell sauber zu lecken. Eine zweite Aue, bei der die Geburt ebenfalls unmittelbar bevorstand, gesellte sich zu ihm und begann ihn ebenfalls energisch abzulecken. Ich erinnere mich noch an seinen perplexen Gesichtsausdruck, als die Aue ihm forsch mit der Zunge mitten zwischen den Ohren hindurchfuhr. Die Schäferin kriegte gleich den nächsten Lachanfall und musste sich am Zaun festhalten, damit sie nicht umfiel. Unsere Schäferin lacht gern und viel, und sie sagte, Ovenmitt habe ihr in dieser Woche den besten Anlass dafür geliefert. Doch diesmal gab es leider gar nichts zu lachen. »Was ist bloß mit dem Lamm los?«, seufzte die Schäferin. Sie hatte ein Bein angewinkelt, damit das Mutterschaf nicht aufstehen konnte, während die Schäferin zugange war und zog. Sie legte eine kleine Pause ein, um ihr Bein auszustrecken.

Normalerweise sieht man beim Lammen nach dem Platzen der Fruchtblase als Erstes die beiden Vorderzehen des Lammes – fast als wollte es ins Leben hineinspringen. Dann kommen die Hufe, die Fesselgelenke und die Vorderbeine zum Vorschein. Die Schnauze des Lammes liegt, oft mit heraushängender Zunge, auf den Vorderbeinen. Manchmal bleibt das Lamm im Geburtskanal stecken, wenn sein Kopf zu groß ist oder der Kanal sich nicht ausreichend geweitet hat. Wenn ein Lamm festsitzt, muss die Schäferin beherzt zupacken. Das Ziehen lässt das Mutterschaf kurz vor Schmerz aufblöken, doch wenn der Rest des Lammes dann problemlos herausflutscht, macht sich die frischgebackene Mutter sogleich daran, ihr Lamm hingebungsvoll abzulecken.

Die Schäferin versuchte weiter verzweifelt, das Lamm zur Welt zu bringen. Sie zerrte, zog und drehte das Lamm dabei langsam. Das Mutterschaf lag völlig erschöpft auf der Seite und keuchte zwischen den Wehen. Die Schäferin musste es nicht einmal mehr festhalten. Obwohl es eisig war, tropfte der Schäferin der Schweiß von der Stirn, die sie sich mit den Ärmeln des T-Shirts abwischte.

»Ich kriege seine Beine nicht gerade. Man könnte meinen, sie sind steif«, sagte sie. Ihre Arme waren mit Gleitgel, Fruchtwasser und auch etwas Blut besudelt – was alles vollkommen normal ist, von den sich quer stellenden Beinen des Lammes einmal abgesehen. Als der Geburtskanal vollständig geweitet war, griff die Schäferin hinein und band eine saubere feste Schnur um die starren Vorderbeine des Lammes. Sie zog die Beine und den Kopf vorsichtig den Geburtskanal hinunter und brachte das Lamm mit einem kräftigen Ruck zur Welt.

Wir alle richteten unseren Blick auf das Lamm und wussten, dass es, egal, was wir taten, nicht lange leben würde. All seine Gliedmaßen waren verkrümmt und starr. Der Kopf war missgebildet, es hatte nur ein Auge. Eines der Hinterbeine war falsch herum gewachsen.

»Oh, nein, nicht noch ein Schmallenberg-Lamm«, seufzte die erschöpfte, verschwitzte Schäferin. Ein mit dem Virus infiziertes Lamm ist ein schwerer Schlag für jeden Schäfer.

Das Mutterschaf lag nach der traumatischen Geburt erschöpft und keuchend auf dem Stallboden, war aber sichtlich froh, dass es überstanden war. Nach ein oder zwei Minuten drehte die Aue langsam den Kopf, begutachtete das halb tote, stark missgebildete Lamm und blökte. Den ganzen Abend hindurch hatte sie sich darauf gefreut, ihr Lamm zu sehen, hatte sich gedreht und es gesucht, nachdem ihre Fruchtblase geplatzt war. Doch das Lamm wurde gerade einmal drei Minuten alt, dann setzte die Atmung aus, und das Herz hörte auf zu schlagen. Es starb schneller, als die bitterkalte Winternacht ihm die Körperwärme entziehen konnte.

Wenn ein Lamm tot geboren wird, leckt die Aue es trotzdem sauber. Sie stupst es an, um es aufzuwecken und zum Aufstehen zu animieren, doch sobald der leblose Körper ausgekühlt ist, verliert die Aue das Interesse. Ich sah auch schon oft, wie Mutterschafe Lämmer verstoßen, die krank sind oder missgebildet zur Welt kommen. Das Schaf spürt, dass das Lamm nicht lebensfähig ist, und lässt es in Ruhe sterben. Gelingt es dem Lamm, trotz seiner Missbildung aufzustehen, schiebt die Aue es oft vom gesunden Zwilling weg und lässt es nicht säugen. Das Mutterschaf handelt dabei rein instinktiv. Es weiß, dass es sich um das gesunde Lamm kümmern muss, darum muss sie das andere Lamm sterben lassen.

Niedergeschlagen erhob sich die Schäferin langsam, beugte sich vor, hob das tote Lamm hoch und stieg über das Tor des Verschlags. Das Mutterschaf ließ sie darin liegen, damit es sich von den stundenlangen Strapazen erholen konnte. Ich versuchte immer noch, ihre Kleidung warm zu halten, indem ich mich darin einkuschelte. Natürlich ist es traurig, wenn ein Lamm stirbt, aber so geht es in der Natur nun einmal zu. Es ist ein ständiger Kreislauf von Geburt und Tod, ganz egal, ob es einem gefällt oder nicht.

Ovenmitt räumte seinen Platz, als die Schäferin ihren Mantel anziehen wollte. Sie verließ den Stall, kehrte aber kurz darauf mit Antibiotika zurück, die sie dem Schaf zum Schutz vor Infektionen verabreichte. Sie gab ihm auch ein Stärkungsmittel aus Vitaminen und Mineralien und versorgte es mit frischem Wasser und Heu. Dieses Mutterschaf würde kein verwaistes Lamm zum Stillen bekommen, denn das Ablammen war für sie schon kräftezehrend genug gewesen. Die Schäferin trocknete es ab und gab ihm eiweißarme Nahrung, um die Milchproduktion zu stoppen. Sobald sie sich ausreichend erholt hatte, würde sie den Rest des Winters bei den jüngeren Jährlingsschafen verbringen.

Gegen zwei Uhr zog die erschöpfte und enttäuschte Schäferin ihre Wintersachen wieder an und kehrte zum Haus zurück. Da ich mein warmes Plätzchen auf ihren Sachen verloren hatte, verließ ich ebenfalls den Verschlag und rollte mich im Stall im sommerlich süß duftenden Heu zusammen. Ovenmitt trottete der Schäferin hinterher und unterhielt sich mit ihr über die Ereignisse der Nacht. Er baute darauf, dass sie ihn mit in die Küche nehmen würde, wo er es sich neben dem warmen Herd bequem machen konnte. Mir war klar, dass dieser Plan nicht aufgehen würde, es war reines Wunschdenken von Ovenmitts Seite. Aber er ist nun einmal von Natur aus ein unverbesserlicher Optimist. Tatsächlich gesellte er sich kurz darauf zu mir und rollte sich im windgeschützten Stall gemütlich im Heu zusammen. Vielleicht hatten wir ja Glück, und eine Maus würde für etwas Abwechslung sorgen und uns bis zur Morgendämmerung und zum Frühstück die Zeit vertreiben.

Am nächsten Morgen, nachdem wir die Mutterschafe mit den neugeborenen Lämmern in den Verschlägen gefüttert, mit Wasser versorgt und kontrolliert hatten, im Ablammstall nach dem Rechten gesehen und alle anderen Schafe gefüttert hatten, rollte ich mich auf dem AGA-Herd zusammen, um mich ein bisschen aufzuwärmen. Mein Ohr zuckte, als ich nun das Gekreische der Krähen statt des Mähens vernahm, mit dem die

Schafe zuvor ihr Frühstück eingefordert hatten. Die Krähen krächzten, pickten und kämpften um die paar einsamen Körner in den Futtertrögen am Feldrand, die die Schafe übrig gelassen hatten. Die Schäferin starrte mit vor Erschöpfung glasigen Augen in ihre Tasse Tee. Durch meine eigenen halb geschlossenen Augen konnte ich erkennen, dass es die gute, erfüllende Art von Erschöpfung war, die man nach geleisteter schwerer Arbeit verspürt.

13

Ein Schmuddelmonat

In den Februar fällt der Jahrestag meiner Ankunft auf der Black Sheep Farm und der ersten Tage, die ich dort gemütlich vor dem Herd verbrachte. Nach irischer Überlieferung ist der Februar der erste Frühlingsmonat, wobei ich das angesichts des eisig kalten Windes, des Schneeregens und der kahlen Bäume offen gesagt für ein Gerücht halte.

Die bekannteste Göttin der irisch-keltischen Mythologie ist Brigid. Sie ist die Hüterin des Wassers, der Quellen, der Fruchtbarkeit und der Heilung. Die irischen Dichter lieben sie, und viele irische Gemeinden auf dem Land begehen am ersten Tag im Februar ein Fest zu ihren Ehren. Zu diesem Anlass flechten sie ein Kreuz aus Binsen, Schilf oder Stroh; es soll an das alte irische heidnische Fest Imbolc erinnern, mit dem das Ende des Mittwinters und der Beginn des Frühlings gefeiert wurde. Das heidnische Imbolc entwickelte sich zum heutigen Mariä Lichtmess und zum Murmeltiertag, die ebenfalls die Mittwinterzeit und die Hoffnung auf den nahenden Frühling feiern. Es wird angenommen, dass das Kreuz der heiligen Brigida aus vorchristlichen Zeiten stammt und auf das legendäre symbolische Sonnenkreuz zurückgeht, das vermutlich für die vier Jahreszeiten stand.

Im Februar hat man eigentlich schon die Nase voll vom Winter, aber manchmal hält er noch ein paar meteorologische Paukenschläge für uns parat. Als im Februar 2014 das Sturmtief Darwin über unsere am Rand des Atlantiks gelegene Insel zog, machte ich es mir spontan vor dem Herd gemütlich und ließ den Sturm Sturm sein, doch die Schäferin war den ganzen vorherigen Tag damit beschäftigt, alles sturmfest zu machen, was Darwin hinwegfegen konnte. Sie brachte die Pferde und Schafe in die Ställe und sperrte die Eierlegerinnen in der Nacht zuvor in ihrem Haus ein. Alle waren mit Nahrung, Wasser und einem sicheren Dach über dem Kopf versorgt, da man uns zum Glück früh genug vor Darwin gewarnt hatte.

Dass die Warnungen nicht übertrieben gewesen waren, zeigte sich, als der Sturm dreißig Bäume auf unserem Land umknickte, die ihrerseits Zäune zerstörten und alte Steinmauern zum Einsturz brachten. Glücklicherweise wurde das Haus nur von einem einzigen umstürzenden Baum getroffen, sodass wir lediglich ein paar zerbrochene Schieferschindeln und eine verbogene Regenrinne zu beklagen hatten, die wir wieder in eine brauchbare Form zurückhämmerten. Die Arbeit an den Zäunen und Mauern nahm Zeit in Anspruch, und die umgestürzten Bäume versorgten uns mit Brennholz für mehrere Jahre. Die Schäferin sagt heute noch manchmal beim Anblick des gestapelten Brennholzes: »Sturmtief Darwin sei Dank.«

An den meisten Februartagen hat der Winter uns noch fest im Griff, und die Schäferin und ich müssen bei unserer Morgenrunde über Schneestreifen steigen, die in den schattigen Rinnen des Berges oder der hügeligen Landschaft noch nicht weggetaut sind und die ein Streifenmuster auf dem Feld hinterlassen. Dann begleite ich die Schäferin zur Winterfutterstation, und die Hunde trotten uns hinterher. Wir prüfen, ob noch genug Heu in der Rundraufe ist oder ob wir einen neuen Ballen holen müssen. Während die Sonne sich an diesen winterlichen Tagen schon wieder verabschiedet, überlegen wir, ob es Zeit für einen neuen Rundballen ist, damit die Schafe genug zu fressen haben.

An einem bestimmten Abend im Februar, als die Sonne unter- und der Halbmond aufging, flog ein einsames Schwanenweibchen über unser Flusstal. Die letzten Strahlen der untergehenden Sonne tauchten ihr weißes Gefieder in ein warmes, rosafarbenes Licht. Wir hörten das pfeifende Geräusch ihrer Flügel, während sie das Flusstal durchquerte. Sie rief nach ihrem Partner, doch es kam keine Antwort. Das hohe Trillern hallte durch das Flusstal. Wir hatten auf der Weide am Hang innegehalten und beobachteten sie. Die Hunde und ich verfolgten ihre Flugbahn vom höchsten Punkt des Hügels aus, wo wir uns fast auf Augenhöhe mit ihr befanden. Die Schäferin war ergriffen von der tragischen Schönheit dieses Moments und erzählte uns, sie habe gehört, der Partner des Schwanenweibchens sei auf einem Feld weiter flussaufwärts tot aufgefunden worden. Offenbar war er von einem Fuchs oder einem streunenden Hund gerissen worden.

Es wurde immer kälter, und die Schäferin kehrte mit uns über die Felder zum Haus zurück. Schon auf dem Weg stieg uns der Duft von heißem Stew in die Nase, der uns aus dem Küchenschornstein durch die eisige Luft entgegenwehte.

Das Tolle an unserem AGA-Herd – mal ganz abgesehen davon, dass man darin unterkühlte Lämmer aufpäppeln kann und dass Katzen, Hunde und Menschen, die aus der Eiseskälte kommen, sich daran aufwärmen können – ist um diese Jahreszeit, dass der Duft aller gekochten Gerichte durch den Schornstein in der kalten Winterluft schon von Weitem zu riechen ist. Er zieht bis in die Höfe, die Gärten und die nahe gelegenen Felder und macht uns allen Appetit aufs Abendessen, ein köstliches Zwartbleslamm-Stew. Die Schäferin bestand darauf, dass ich das Rezept hier einfüge:

4 – 6 Esslöffel Olivenöl

2 – 3 rote Zwiebeln, gewürfelt

1 Prise Meersalz

1 Esslöffel grober schwarzer Pfeffer

4 Zwartbles-Lammkoteletts (oder 2 Pfund Lammkoteletts aus der Schulter)

2 – 3 Birnen, geschält, entkernt und klein geschnitten

2 – 3 Äpfel, geschält, entkernt und klein geschnitten

2 Esslöffel frischer Salbei (oder 1 Teelöffel geriebener Salbei oder 2 Teelöffel Salbeiblätter)

1 Butternusskürbis, geschält, entkernt und gewürfelt

5 große Karotten, geschält und klein geschnitten

2 – 3 Esslöffel Olivenöl bei mittlerer Hitze erhitzen. Zwiebeln, Meersalz und Pfeffer dazugeben. Unter ständigem Rühren andünsten, bis die Zwiebeln glasig sind. 2 – 3 Esslöffel Olivenöl und die Lammkoteletts dazugeben und auf jeder Seite ca. 4 Minuten anbraten. Birnen, Äpfel und Salbei hinzufügen, dann Kürbis und Karotten. Abdecken und im Herd bei 150 °C (Gasherd: Stufe 2) fünf Stunden garen. Herausnehmen und durchrühren. Die Temperatur im Herd auf 180 °C (Gasherd: Stufe 4) erhöhen. Das Gericht zurück in den Ofen stellen und weitere 45 Minuten garen. Vor dem Servieren Knochen entfernen.

Guten Appetit!

Dieser Abend hielt allerdings noch eine weitere Überraschung für uns bereit. Als wir die Küche betraten, empfing uns die hysterische Mutter der Schäferin schon an der Tür. »Eine Fledermaus! Eine Fledermaus fliegt durchs Haus. Mach schnell, fang sie ein, bevor sie sich in den Vorhängen verfängt und stirbt!«

Ich hatte keinen blassen Schimmer, was vor sich ging, und widmete mich meinem Futternapf, den die Schäferin gerade aufgefüllt hatte. Als Nächstes fütterte sie Big Fellow, Bear, Pepper und Puddlemaker.

»Das hat doch noch Zeit, das kannst du später machen, wenn du die Fledermaus gefangen hast«, beharrte die Mutter der Schäferin.

Zum Glück erwiderte diese: »Lass mich erst die Hunde füttern, damit sie abgelenkt sind, wenn ich mich um die Fledermaus kümmere.«

Genau das tat sie dann auch, und wir fraßen uns satt und zogen uns an einen gemütlichen Ort zum Verdauungsschläfchen zurück. Dann ging das Theater auf einmal richtig los.

Miss Marley lag in der komfortablen Schüssel auf dem großen Küchenschrank, während Ovenmitt seinen Lieblingsplatz direkt vor dem Ofen eingenommen hatte, um möglichst viel Wärme abzubekommen. Als die Schäferin die Tür öffnete, die unsere Küche mit dem Rest des Hauses verbindet, hatte sie die Lichter im Nebenraum ausgeschaltet, sodass es stockdunkel war. Wir hörten, wie die Schäferin jemanden aufforderte, sich doch bitte schön ins Helle zu begeben. Ehe wirs uns versahen, kam die Fledermaus plötzlich in die Küche geflattert. Ihre Ankunft wurde vom lauten Klappern der großen Tonschale begleitet, als Miss Marley aufsprang, um hinter ihr herzujagen. Als Nächstes hörte man Ovenmitt auf den Küchentisch springen. Ich erklomm die Stufen zur Spülküche, wo Miss Marley und Ovenmitt bei dem Versuch, die Fledermaus zu erwischen, beeindruckende Luftakrobatik-Kunststücke vollführten. Ich warf mich beherzt ins Schlachtgetümmel, während die Fledermaus wild über unseren Köpfen kreiste. Geschickt wich sie unseren ausgestreckten Pfoten mit den ausgefahrenen Krallen, den an Stromkabeln von der Decke hängenden Glühbirnen und den behandschuhten Händen der Schäferin aus.

Die Hunde standen nur herum und beobachteten das Tohuwabohu mit einem im Laufe der Jahre perfektionierten irritierten Blick. »Na ja, was soll man da machen?«

Nur Puddlemaker, unser jüngster Hund, hüpfte aufgeregt im Kreis herum. Die Schäferin wäre fast über das nur rattengroße Tier gestolpert, als sie versuchte, die Fledermaus zu fangen. Ich nutzte den unübersichtlichen Moment der chaotischen Verfolgungsjagd, um auf einen hohen Hocker vor dem Waschbecken zu springen. Von dieser erhöhten Position aus konnte ich die Fledermaus leicht erreichen, wenn sie in den Sturzflug hinter die Teekannen auf dem Fensterbrett ging. Ich wollte meinen sorgsam ausgeklügelten Plan gerade in die Tat umsetzen, da hörte ich plötzlich die Schäferin schreien, ich solle das gefälligst sein lassen. Wie durch ein Wunder hatte sie die Fledermaus zu fassen bekommen. Sie rief ihrer Mutter zu, dass die Fledermaus gefangen war. Wir nahmen unsere Beute in Augenschein. Es handelte sich um eine Fledermausart, die in unserer Nachbarschaft sehr verbreitet ist, eine sogenannte Zwergfledermaus.

Normalerweise befinden sich Fledermäuse bei derart kaltem Wetter noch im Winterschlaf. Die Schäferin ahnte schon, dass etwas mit dem Tier nicht stimmte. Sie hielt es in der hohlen Handfläche und hinderte es mit dem Daumen vorsichtig am Wegfliegen. Ich schaute ihr über die Schulter, während sie das Tier untersuchte. Schnell stellte sie fest, dass es viel zu dünn war und wahrscheinlich deshalb zu früh aus dem Winterschlaf erwacht war. Es hatte seine Fettreserven für den Winter zu schnell aufgebracht.

Die Schäferin griff nach einer ihrer unzähligen Ein-Milliliter-Spritzen, mit denen sie den Schafen Medikamente verabreicht, wenn sie krank sind. Sie füllte die Spritze mit einer Mischung aus Wasser und Traubenzucker und gab sie der Fledermaus tropfenweise. Die verschlang gierig jeden einzelnen Tropfen.

Leider war es zu spät, um an diesem Tag noch Mehlwürmer aus der Tierhandlung zu bekommen. Also vermischte die Schäferin ein bisschen trockenes Katzenfutter mit warmem Wasser und zerdrückte es. Nachdem die Fledermaus das eingeweichte Futter gefressen und getrunken hatte, setzte die Schäferin sie in einen mit einem Stoffgeschirrtuch ausgelegten Karton auf dem warmen Küchenregal. Es war offensichtlich, dass die Fledermaus noch mehr nahrhafte Mahlzeiten brauchte, ehe sie ihren Winterschlaf fortsetzen konnte.

Auf unserer Farm leben viele Fledermäuse. Ihr Zuhause sind der Dachboden unter dem Schieferdach, die Hohlräume in unseren Bäumen und die Löcher in den Steinmauern auf den Feldern und in den Gärten. Wenn wir in den Sommermonaten die Mauern ausbessern, entdecken wir oft kleine Löcher. Wir stecken dann immer ein kleines Stück trockenes Moos in den Eingang und schauen am nächsten Morgen nach, ob das Moos zur Seite geschoben wurde. Falls ja, lebt darin eine Fledermaus, und wir markieren das Loch mit einem roten Pfeil, damit wir sie nicht versehentlich einmauern.

Auf dem Dachboden hinterlassen die Fledermäuse eine Menge Dreck. Wenn sie in der Morgendämmerung zum Schlafen zurückkehren, landet ihr Kot oft auf den Fensterscheiben und Simsen. Einmal haben abends gleich zwanzig Fledermäuse in unserem Haus ihre Runden gedreht. Die Schäferin und ihre Familie hatten zu dem Zeitpunkt gerade eine Menge Gäste, die nicht gerade erfreut darüber waren, die Nacht mit den über ihnen im Dunkeln herumflatternden Fledermäusen zu verbringen, die sich im schlimmsten Fall sogar in ihren Haaren verfingen. An diesem Abend bewies die Schäferin, dass sie nicht nur Talent für das Hüten von Schafen, sondern auch für das Hüten einer Fledermauskolonie hatte. Sie ging von Raum zu Raum und verscheuchte die Fledermäuse so sanft wie möglich aus den Räumen, damit unsere Gäste in Ruhe schlafen konnten.

Ihr Menschen mögt Fledermäuse unheimlich und hässlich finden, aber für uns Katzen sind sie ein fantastisches Spielzeug, und wenn ich sie jage, bin ich ganz aufgekratzt. Tatsächlich sind sie wichtig und nützlich, weil sie Insekten fressen. Obendrein sind sie eine geschützte Tierart. Es ist verboten, sie am Nisten zu hindern. Die Schäferin ist der Meinung, dass der beste Weg, die Fledermauspopulation auf unserem Hof zu kontrollieren, darin besteht, an bestimmten Orten auf ihre Bedürfnisse abgestimmte Fledermaushäuser aufzustellen.

Die Schäferin ist nicht allein mit ihrer Tierliebe für alles, was kreucht und fleucht. Immer mehr Landwirten wird bewusst, dass selbst die winzigsten Insekten, Würmer und Pilze unabdingbar sind, wenn wir fruchtbaren Boden haben wollen. Nur so können innovative Ideen die Nahrungsmittelproduktion auch für kommende Generationen voranbringen. Denn diesen zum Teil mikroskopisch kleinen Organismen verdanken wir die Blüten in unseren Gärten und auf unseren Feldern. Sie belohnen uns mit einer Fülle köstlicher Speisen, die sich diese natürliche chemische Unterstützung zunutze machen, erklärte mir die Schäferin. »Chemisch« heißt für sie, wie es die Natur beabsichtigt hat, und steht nicht etwa für chemische Zusatzstoffe, die die Menschen in ihrer Arroganz erfanden und die manchmal die natürliche Chemie der Natur aus dem Gleichgewicht bringen.

Die Schäferin ist der Ansicht, dass wir als intelligente Landwirte uns an das halten sollten, was der amerikanische Physiker Richard Feynman einmal sagte: »Der Wissensschatz der Wissenschaft besteht aus Feststellungen von unterschiedlichem Sicherheitsgrad – manche Aussagen sind höchst ungewiss, andere fast sicher, aber eine absolute Sicherheit gibt es nicht. Wenn in einer Sintflut alle wissenschaftlichen Kenntnisse zerstört werden würden und nur ein Satz an die nächste Generation von Lebewesen weitergereicht werden könnte, welche Aussage würde die größte Menge an Informationen in den wenigsten Worten enthalten? Ich bin davon überzeugt, dass dies die Atomhypothese wäre, die besagt, dass alle Dinge aus Atomen aufgebaut sind – aus kleinsten Teilchen, die permanent in Bewegung sind, einander anziehen, wenn sie ein klein wenig voneinander entfernt sind, sich aber gegenseitig abstoßen, wenn sie aneinandergepresst werden. In diesem einen Satz werden Sie mit ein wenig Fantasie und Nachdenken eine enorme Menge an Informationen über die Welt entdecken.«

Die Schäferin sagt: »Es ist immer gut, Zweifel zu säen, damit Gedanken natürlich reifen und der Geist mit ihnen wachsen kann. So können wir jeden Tag etwas Neues dazulernen und erfahren.«

Natürlich hält uns dieses Tamtam, das um Fledermäuse gemacht wird, nicht davon ab, unserem Lieblingssport nachzugehen, wenn eine Fledermaus in unser Haus kommt. Genauso wie ich den unverwechselbaren Klang von einem Ei, das aufgeschlagen wird, bis zum anderen Ende des Feldes hören kann, oder wie Miss Marley aufspringt, wenn sie einen Dosenöffner hört, genauso wenig können wir drei still sitzen, wenn eine Fledermaus im Haus ihre Runden dreht.

Im Februar zieht es uns bei Regen in den Wald, wo man die hellgrünen Narzissen- und Glockenblumentriebe aus dem Winterlaub sprießen sehen kann. Krähen halten Kaffeekränzchen in den kahlen Baumkronen ab. Schreckt man sie auf, fliegt der schwarze Schwarm krächzend auf und davon. Läuft man unter Haselnussbäumen mit ihren baumelnden Kätzchen hindurch, bestäuben sie einem das Fellkleid mit Pollen. Wenn man sich danach den Pelz putzt, landen die Pollen direkt in der Nase, und man muss ein paarmal niesen. Der nächste Sturm ist schon im Anmarsch, man hört ihn durch die winterlich kahlen Bäume pfeifen. Strömender Regen prasselt auf meinen Rücken, wenn ich dabei helfe, die Schafe auf den Weiden zu versorgen. Ich habe die Nase voll von Winterwetter und schmuddeligem Schlamm und bin dankbar für mein warmes Fell und die Gewissheit, dass die Schäferin bald einen Tee im Haus trinken wird, denn dann werde ich ihr in die Küche folgen, mir das Wasser aus dem Fell schütteln und es mir vor dem Herd gemütlich machen.

Nachwort

Hier oben auf dem grünen Hügel ist es himmlisch still. Kein Traktoren-, Auto- oder Menschengeräusch dringt in mein pelziges Ohr. Nur das Rascheln der Bäume, der Gesang der Vögel, das Keckern eines grauen Eichhörnchens, das Krächzen der Krähen, der Schrei eines Falken in der Ferne, der Ruf eines Bussards, das Muhen einer Kuh. Der tauende Boden nimmt die Wärme des Südwinds auf. Ich sitze völlig regungslos, doch mein Geist arbeitet unentwegt. Ich höre, wie der Boden atmet, während er Stück für Stück auftaut. Es knistert, gluckst und schmatzt, wenn die Eiskristalle schmelzen und die Feuchtigkeit wieder von der Erde aufgesogen wird.

Das Eis schmilzt, und ein Duft nach frischem Gras, Blättern und Unkraut steigt von der feuchten Erde auf. Der von Würmern und einem ganzen Ökosystem aus Pilzen und Schimmelpilzen zersetzte und verdaute Mist gibt mithilfe der morgendlichen Brise Bakterien in die warme Luft ab. Auf weiten Teilen unseres Planeten ist es die oberste, nur knapp zwanzig Zentimeter dicke Schicht aus fruchtbarer Erde, die uns ernährt, aus der wir bestehen, der wir entstammen und in die wir auch wieder zurückkehren werden.

Die Schäferin formuliert es so: »Gesegnet sind die, die den Boden zum Wohle der anderen anerkennen, nähren, achten, pflegen und verstehen. Und selbst die, die den Boden missbrauchen, benutzen, ausplündern, vergiften und Rohstoffe anbeten, die aus der Tiefe gezogen oder abgebaut werden, müssen essen.«

Die Schäferin erklärt mir, dass sie eine Veränderung in der

Welt spürt, die Sehnsucht der Menschen, die inmitten von Betonwüsten leben, zum Boden zurückzukehren und ihn zu achten, ja sogar zu verehren, und diejenigen zu schätzen, die sich um ihn kümmern und mit ihm leben. Diese kulturelle Entwicklung hin zu mehr Anerkennung für diejenigen, die Landwirtschaft betreiben und Lebensmittel produzieren, nahm ihren Anfang, als Menschen in kleinen Gemeinschaften vor langer Zeit Nahrung gegen andere Dinge tauschten. Bevor das Öl zu dem Rohstoff wurde, mit dessen Hilfe die Menschen sich mit Energie versorgen, sich kleiden, den Boden düngen und heizen, bot der gesunde Boden genug Nahrung, Kleidung und Wärme für alle.

Ich glaube, sie hat recht. Durch meine langjährigen Streifzüge über die Felder der Black Sheep Farm weiß ich, wie wichtig unser Boden ist und wie gut er sich unter meinen gespreizten Pfoten anfühlt. Klug bewirtschaftete und sorgsam gepflegte Erde ist ein Gewinn für alle. Wenn man sich zum Essen an einen Tisch setzt, sollte man sich einen kurzen Moment Zeit nehmen, um der Erde oder dem Gott, an den man glaubt, für seine Existenz zu danken. Denn erst der gesunde Boden ermöglicht uns das Leben auf diesem wunderschönen blauen Planeten, der in unserem Teil des Universums seine Bahnen um die Sonne zieht.

Ich bin unendlich dankbar dafür, dass die Schäferin damals auf Jaszia hörte, als diese ihr vor vielen Jahren vorschlug, in dem Geschäft für Toilettensitze vorbeizuschauen und sich die Katze dort anzusehen, und dass sie mich mit auf die Black Sheep Farm nahm. Damals war ich eine ignorante Stadtkatze, heute dagegen bin ich ein sachkundiger Landbewohner. Und ich glaube, ich kann mit Fug und Recht behaupten, dass die Abenteuer, die ich hier erlebte, und die Arbeit, die ich im Laufe der Jahre auf der Black Sheep Farm leistete, einzigartig sind.

Epilog

Die Schäferin spricht

Der Tod gibt unserem Leben Sinn.
Er verleiht der Zeit Wert und Gewicht.
Denn Zeit wäre sinnlos, gäbe es zu viel davon.

Ray Kurzweil

Februar 2019

Heute früh trat ich hinaus in die stille Dunkelheit. Als ich die Pferde fütterte, schimpfte ein Rotkehlchen, weil ich es zu zeitig geweckt hatte. Es piepste, hüpfte hin und her, um dann aufgeplustert und sein Revier behauptend loszuwettern. Ich wanderte den Pfad hinunter, um die Lämmer zu füttern, während sich aus dunklen Schatten allmählich Bäume und sanfte Hügel lösten. Vögel begannen zu zwitschern und tönten umso lauter, je mehr das Morgenlicht an Kraft gewann. Ich musste an den Februar des Vorjahres denken, als uns die Kältewelle »*The Beast from the East*« scharfe Winde und Tiefschnee bescherte. Damals hatte Mr. B mir zugeschaut, genau wie jetzt, als ich mich mitten im schlimmsten Sturm 48 Stunden am Stück im Ablammstall abmühte.

Jetzt erscheint mir das Wetter vergleichsweise mild, ein weicher Schleier dunstigen Violetts liegt über diesem Tag der heiligen Brigid, der, aus dem heidnisch irischen Fest des Imbolc hervorgegangen, die halbe Strecke zwischen der tiefen, kalten Dunkelheit der Wintersonnenwende und der Hoffnung markiert, die mit dem zunehmenden Licht der Frühjahrs-Tagundnachtgleiche einhergeht. Sobald ich meine Arbeit erledigt habe, mache ich mich auf den Weg zu meinem Morgentee. Die Hunde laufen vergnügt hinter mir her. Auf halber Höhe sehe ich am Waldrand hohe vergilbte Gräser zittern, während sich ein dunkler Katzenkörper durch sie hindurchschlängelt, das Fell von Tautropfen benetzt. Und alsbald begrüßt uns, wie jeden Morgen, ein Miauen und Schnurren von Mr. B. Ich freue mich, denn dieser Winter war hart für meinen Katzenfreund. Seit drei Wochen ist er kränklich; immer wieder musste ich ihn in die verhasste Transportbox zwängen, um die inzwischen schon normale Fahrt zum Tierarzt zu machen. Möglich, dass er eine Infektion hat; schon öfter musste er über Nacht bleiben, um intravenös Antibiotika verabreicht zu bekommen. Doch jetzt scheint er wieder der Alte zu sein, und zusammen setzen wir unseren Weg in Richtung warme Küche und Frühstück fort.

Mr. B ist relativ munter. Er hat sich eine gesunde und ungewöhnlich feudale Mahlzeit, bestehend aus Brathähnchen und gehackten rohen Leber- und Herzstückchen, schmecken lassen. Doch jetzt, da der Tierarzt mich befragt und ich erwidere, dass es Mr. B besser gehe, vertraue ich ihm auch an, dass mir sein geschwollener Bauch nicht behagt.

Während ich ihn halte, untersucht der Arzt seinen Bauch und schüttelt den Kopf. »Das sieht nicht gut aus.« Er ertastet eine Geschwulst, die zwei Wochen zuvor noch nicht da war.

Nun helfe ich, Mr. B festzuhalten, während der Tierarzt ihm den Bauch röntgt. Doch weder mein ungeübter noch der sichere Blick des Veterinärs können etwas Eindeutiges erkennen. Der Arzt nennt mir drei Optionen. Erstens kann ich zum Einholen einer Zweitmeinung nächsten Montag mit Mr. B nach Dublin fahren. Zweitens kann ich einen exploratorischen Eingriff vornehmen lassen, um zu sehen, ob der vermutete Tumor operabel ist; sollte er sich als zu groß erweisen, könnte der Tierarzt Mr. B schmerzlos einschläfern. Drittens kann ich ihn mit nach Hause nehmen, um nochmals das Für und Wider einer OP zu erwägen.

Da wir späten Freitagnachmittag haben, beschließe ich Letzteres. Doch kaum dass ich auf dem Hof der Farm angekommen bin und Mr. B rausgelassen habe, klingelt mein Telefon. Es ist der Tierarzt, der mir rät, ihn postwendend in die Praxis zurückzubringen. Seine Kollegen haben sich die Röntgenaufnahme noch einmal vorgenommen und glauben, dass es ein Darmverschluss sein könnte. Mr. B wehrt sich heftig, als ich ihn erneut in die verhasste Kiste stecke.

Schon beim Betreten der Praxis werde ich vom vierköpfigen Ärzteteam empfangen. Wir bringen Mr. B in einen mit Ultraschall ausgestatteten Raum. Sein herrliches weiches Bauchfell muss dran glauben, wird restlos abrasiert, dann halten zwei Tierärzte ihn fest, während zwei andere abwechselnd den Ultraschalldetektor über seinen Bauch bewegen. Keiner kann mit Gewissheit sagen, ob es sich um einen Tumor oder nur einen Verschluss handelt. Wieder gibt es drei Optionen: exploratorischer Eingriff, um zu sehen, ob sie etwas ausrichten können, zweitens, ihm bei Entdeckung eines Tumors den Bauch wieder zuzunähen und ihn für die ihm noch verbleibende Zeit, wie kurz auch immer, nach Hause zu bringen. Die dritte Option tritt nur ein, sofern ein Tumor festgestellt wurde und inoperabel ist – um ihn dann einzuschläfern, wobei er dank Narkose völlig schmerzfrei bliebe. Keine der Optionen klingt wirklich gut.

Ich muss Mr. B zu dieser Sofort-OP dem Ärzteteam überlas-

sen, während ich nach Hause rase, um ohne ihn seine Herde zu
füttern. Als ich die Praxis verlasse, läuft im Radio zufällig RTÉ
Radio One. Moderator Ray Darcy ist auf Sendung, und eine
Gruppe von Volksmusikanten mit ihm im Studio. Als ich aus
dem Dorf auf die Straße zur Farm einbiege, stimmt eine junge
Frau, Sibéal, »The Parting Glass« an. Es ist wohl die schönste In-
terpretation dieses Liedes, die ich je gehört habe –, vielleicht
auch, weil ich mich in diesem gesteigerten Gefühlszustand be-
finde.

Während ich lausche, weiß ich instinktiv, dass ich meinen
Freund, den ich vierzehn Jahre kenne, nun das letzte Mal sehen
werde. Ich begreife, dass dieses Lied Mr. Bs Abschiedsgeschenk
an mich ist. Ich weine, während Sibéals wunderbare Stimme
laut und klar aus dem Autoradio perlt.

Die Rührung weicht rasch – zwangsläufig – praktischen Not-
wendigkeiten. Daheim beginne ich sofort mit der Abendfütte-
rung von Mr. Bs Herde, ein einsames Geschäft ohne meinen
Katzenfreund. Das Telefon klingelt erneut, und als ich rangehe,
sagt mir der Tierarzt, dass Mr. Bs Zustand sich rapide ver-
schlechterte. Sie hätten einen massiven Tumor entdeckt, mit
dem er bestenfalls nur noch wenige Tage überlebt und vorher
noch starke Schmerzen erlitten hätte. Als mich der Arzt daher
bittet, ihn – um ihm Schlimmeres zu ersparen – einschläfern zu
dürfen, kann ich nur zustimmen. Und so endet das Leben Mr.
Bs, dieser erstaunlichen Katze, die zu kennen ich die Ehre hatte
und mit der ich 14 Jahre lang zusammenleben durfte.

Ich lehne an einer Steinmauer, und Trauer überwältigt mich.
Ich kriege kaum genug Luft, um zu flüstern, ob der Tierarzt Mr.
B bitte wieder zusammennähen und ihn in seine verhasste Trag-
box legen kann. Ich lege auf, halte mich an der Mauer fest und
schluchze unkontrolliert. Doch ich gestatte mir nur einige Mi-

nuten: Ich muss seine Schafe zu Ende füttern, ehe ich ihn abhole. Denn ist er erst mal daheim, das weiß ich, werde ich nicht mehr dazu in der Lage sein.

Ich rufe eine Freundin an, damit sie mich zur Praxis fährt. Zu diesem Zeitpunkt bin ich nicht fahrtüchtig. Daheim lege ich Mr. B auf eine seiner Zwartbles-Wolldecken und dann in eine der Kisten, in denen ich meine Reisedecken in alle Welt verschicke. Darin stelle ich Mr. B an einen seiner Lieblingsplätze, die Ecke des AGA-Herds. Dann setze ich Wasser auf, um mir einen Tee mit Whiskey zu machen. Meine Freundin und ich erheben ein letztes Mal unser Glas auf Mr. B.

Als sie gegangen ist, schreibe ich eine E-Mail an Familie und Freunde, um ihnen von Mr. Bs Tod zu erzählen. Danach hören die Hunde und ich ein lautes Kratzen an der Hintertür. Es klingt fast nach Mr. Bs gewohntem Ersuchen um Einlass. Ungewöhnlich ist, dass sämtliche Hunde aufgeregt loskläffen. Sie rasen zur Tür. Ich mache auf. Doch da ist kein großer, stattlicher, wolliger Kater, sondern nur sein Geist, während die Hunde in die Nacht hinausheulen.

Am nächsten Tag wird ein Grab ausgehoben. Mr. B fährt zum letzte Mal auf dem Quad, während wir in den Garten hinausziehen, um ihn zu begraben, gemeinsam mit unseren Grabbeigaben: frischen Frühlingsblumen aus dem Garten, einem Brigittenkreuz (weil er an ihrem Tag gestorben ist), das ich aus frischem Stroh geflochten habe, sowie einem Nest aus Zwartbles-Wolle, in dem drei köstliche Eier ruhen. Schließlich noch zwei Fotos, eins von seinem schönen allsehenden Auge, das andere von ihm, wie er von seinem Lieblingstorpfosten aus seine Schafherde überblickt.

Ich habe einen Abschiedsgruß für meinen Katzenfreund verfasst.

Schon Lichtmess, doch noch liegen Frostknochen in filigranen Mustern – wie Schatten kahler Winterbäume. Mr. Bs Lebensfeuer ist nie erloschen. Die Krankheit hat es nur gedämpft. Durch Wind, Regen und Schnee hat Mr. B mich begleitet. Ist mir gefolgt, wohin keine gewöhnliche Katze sich gewagt hätte. Er war an meiner Seite, als eine lange Ablammnacht bis in den Morgen dauerte. Saß neben mir und sah zu, wie der dämmernde Indigo-Himmel graute und es schließlich tagte. An heißen Tagen liebte er Fahrten auf dem Quad, den Kopf in die kühlende Brise gereckt.

Das Leben ist aus ihm gewichen. Er liegt jetzt begraben, wo die Wildblumen wachsen. Seine Reste sind dort, wohin die Sonne allmorgendlich ihre ersten Strahlen schickt, um den gefrorenen Winterboden zu wärmen. Für immer ruht er auf der Hügelkuppe, von der aus man auf Felder, den Fluss und die fernen Blackstairs-Berge blickt. Von seiner ewigen Ruhestätte übersieht er noch immer die Wiesen, auf denen seine Zwartbles-Herde weidet.

Nach und nach wird von ihm nur die Erinnerung bleiben, doch das ist der Lauf der Natur: Wir überschätzen unsere Bedeutung im großen Plan des Lebens; denn wichtig ist, wie wir leben. Sein Tod erinnert mich, dass die Natur grausam sein kann, denn jedes Lebewesen wird geboren, um zu sterben. Also lebe das bestmögliche Leben. Das hat Mr. B mich gelehrt. Er hat jeden Tag genossen, keinen Augenblick auf Belangloses verschwendet, und er hatte einen Riesenspaß an den einfachen Dingen, etwa einem frisch gelegten, noch warmen Ei. Leben hieß für ihn einfach: sich mitreißen lassen, sich oben halten und hoffentlich nicht Schiffbruch erleiden; und wenn doch, würde er, bereit zum nächsten Abenteuer, gleich wieder aufspringen.

Inzwischen ist es Juni, und ich schreibe am Schlusskapitel von Mr. Bs Leben. Oft halte ich inne, um mich zu sammeln und die richtigen Worte zu finden. Ich starre aus dem Fenster in den Sommersonnenschein – ein willkommener Kontrast zum kalten Licht des verdrießlichen Winters. Ich spüre: Die Natur in ihrer allumfassenden Kraft ist auf meiner Seite. Sie hüllt mich auch weiterhin in ihre saisonalen Gewänder. Der Schmerz um Mr. Bs Verlust hat an Schärfe verloren. Ich finde Ruhe in einer satten Zufriedenheit, da ich so wunderbare Erinnerungen habe. Jeder Winkel der Black Sheep Farm steckt voller Erinnerungen an Mr. B und unsere vielen gemeinsamen Abenteuer. Das tröstet mich, wenn ich zu einem weiteren Arbeitstag in meine Stiefel steige. In Gedanken wird Mr. B immer bei mir sein.

Suzanna Crampton
Juni 2019

Aus dem Englischen von Maria Mill

Danksagung

Zuallererst muss ich Mr. B dafür danken, dass er mir erlaubte, all das aufzuschreiben, was ich über sein Leben auf dem Bauernhof zu wissen glaube. Er wusste ganz genau, was er wollte, und gab mir strenge Anweisungen. Auch wenn er schon viele Interviews gab, ist dies immerhin sein erstes Buch.

Wir übernehmen jetzt für Mr. B den letzten Feinschliff, und ich möchte die Gelegenheit nutzen, mich bei all jenen zu bedanken, die mir in den unterschiedlichsten Bereichen helfend zur Seite standen. Ich könnte viele nennen, muss mich aber auf einige wichtige beschränken. Zu ihnen gehören in jedem Fall Pat, Alex und Sally, die einfach immer für mich da waren, wenn ich Hilfe brauchte. Ich möchte mich ebenfalls bedanken bei: meiner Agentin Marianne Gunn O'Connor, die sich in die Geschichte des Schäfers auf vier Pfoten verliebte und mir zutraute, sie zu erzählen. Charlie Redmayne, dem CEO von Harper Collins, der das Projekt lieb gewann und der irischen Schäferin, die bisher in erster Linie Entwürfe für Schafswolldecken zu Papier gebracht hatte, die Chance gab, auch die Lebensgeschichte ihrer Katze aufzuschreiben. Vicky Eribo, meiner Lektorin bei Harper Collins, die viele Stunden damit verbrachte, redaktionelle Korrekturen mit mir am Telefon durchzugehen, nachdem Sturm Emma und die extreme Kältewelle für einen gewaltigen Schneesturm gesorgt hatten, der uns Landwirte viel Zeit kostete. Dem Designteam, das aus meinen Fotos ein so schönes Buchcover erstellte. Beim gesamten Team von Harper Collins und ganz besonders bei der Marketingabteilung.

Bei Alison Walsh, die mir stets unterstützend zur Seite stand, als ich mit meinem allerersten Buch in eine ganz neue Welt vorstieß. Alisons aufmerksame Überarbeitungen und freundlichen Hinweise waren ebenso wertvoll wie ihre ausgezeichneten Fragen. Meinen wunderbaren Eltern Julia und Richard Crampton bin ich für so vieles zu Dank verpflichtet, dass ich hier unmöglich alles aufzählen kann. Insbesondere haben sie mir dabei geholfen, mein Ziel nicht aus den Augen zu verlieren und unsere Familiengeschichte korrekt wiederzugeben. Mein Vater brachte mir viel bei, insbesondere bei der Textbearbeitung, aber auch vieles andere durch sein großes Wissen. Dank geht zudem an Susan Wilde, die zwölf Tage lang bei uns auf dem Hof war, um die Schafe nachts im Auge zu behalten. Sie übernahm die nächtlichen Rundgänge durch den Schafstall und das Warten auf die Geburt der Lämmer. Sie rief mich nur hinzu, wenn sie das Gefühl hatte, dass etwas nicht stimmte, oder wenn die Geburt tatsächlich losging. Wenn sie mich nicht rief, konnte ich die meisten Nächte fünf bis sechs Stunden schlafen. Die 24 Stunden, in denen ich praktisch gar nicht schlief, gleich mehrere Lämmer auf die Welt brachte und es sogar noch schaffte, zwischen dem Essen und dem Versorgen der Tiere ein bisschen zu schreiben, werde ich so schnell nicht vergessen. Der Tierarzt Tommy Heffernan sah mein Manuskript durch, um sicherzustellen, dass mir bei den Themen Tierhaltung und Tierkrankheiten keine groben Fehler unterlaufen sind. Ich bin sicher, dass es Landwirte gibt, die ganz andere Ansätze und Techniken nutzen, um ähnliche Ziele zu erreichen. Deborah Robson und ihr Buch »The Fleece and Fiber Sourcebook« war Anlaufstelle für alle Fragen rund um Wolle, und sie war so nett, meine Fragen in detaillierten E-Mails zu beantworten. Sollte ich dennoch Fehler gemacht haben, so gehen diese ganz allein auf mein Konto, weil ich nicht verstanden habe, was diese Spezialistin mir geduldig zu erklären versuchte.

Unentbehrlich war auch die Unterstützung meines Nachbarn Simon Mosse, der mir bei allen Fragen zur Landwirtschaft, zu Traktoren und zum Schafehüten jederzeit mit Rat und Tat zur Seite stand. Ich hoffe, dass das Buch, nun da es endlich fertig ist, vielen Menschen Freude bereitet. Wenn es genügend Leser findet, kann Mr. B mir ja vielleicht von seinen Verkaufseinnahmen einen Traktor kaufen.

Es gibt noch unzählige andere Menschen, die ich hier erwähnen und mit deren Namen ich ein weiteres Buch füllen könnte. Deshalb muss ich mich darauf beschränken zu sagen, dass ich von diversen Seiten Ermutigung, Unterstützung und Hilfe bekam und auch brauchte, um mein erstes Buch zu schreiben und dennoch die Arbeit auf dem Hof nicht zu vernachlässigen.